추천사

최소영 작가의 챗GPT에 관한 새 책, 『챗GPT, 저는 이렇게 쓰고 있어요』는 한마디로, 털이 복슬복슬한 곰 인형을 안고 내일은 무엇으로 재미있는 나날을 보낼지 꿈꾸며 잠들던 청소년 시절을 떠올리게 한다. 이른바, '슈퍼 AI 시대'의 도래는 인간으로 하여금 갖가지 정의되지 않은 불안감을 안겨 주었고, 우리는 종종 미래 사회에 대한 여러 가지 암울한 경고를 격언으로 삼아 최첨단 기술 사회를 수세적 자세로만 바라보곤 했다. 이 책은 그런 독자들로 하여금 '따뜻한 기술'이 열어 갈 미래를 기다리게 해 준다.

이 책에서 챗GPT의 이용은 '일상'이라는 사소한 개인의 영역에서 출발한다. 나의 의견과 생각을 전달해야 하는 발표 준비에서는 젠스파크를 이용한 AI 슬라이드 제작법을 친절히 설명하고, 심지어는 사내 위키를 만들고자 하는 사람들의 공공의 선의를 구현해 보려는 시도까지 책임감 있게 조언한다. 즉, 개인의 삶에서 시작한 챗GPT 이용이 공공이라는 삶의 공동체 영역까지 친절하게 펼쳐져 있다.

이 책은 독자들로 하여금 새로운 AI 시대를 살아갈 수 있도록 섬세하게 돕는다. 또, 첨단 기술 지식이 낯선 사람이라도 자신의 삶을 소중하게 다듬고 함께 미래 사회를 꿈꾸어 나아갈 수 있도록 돕는다. 이 책이 이 모든 선의를 지닐 수 있는 이유는, '첨단'이라는 이름의 사용료와 가치가 특정한 누군가나 자본에 점유되어 갇히는 것을 과감히 벗어나, 정보의 가치를 함께 고민하고, 문제를 함께 헤쳐 나아가려 하는 공공의 책무가 곳곳에 배어 있기 때문이리라. 책의 어느 구석에서도 윤리를 직접 발설하지 않지만, 책 내용 전반을 걸쳐 인간에 대한 섬세한 예의가 서려 있어서 읽는 내내 즐겁다.

때로는 어설프고 때로는 미숙했던 기술 앞에서의 내가 비로소 챗GPT의 무언가를 이용하면서 그것을 '소비'가 아닌 '놀이'로 받아들이게 되었을 때, 이 책은 그 소명을 다한 것이리라. 따뜻한 미래가 친절한 첨단 기술의 모습으로 내 삶에 도래해 내 미래의 일상을 미리 돌보려 할 때, 나는 그것을 '혁신'이라고 부른다. 그러니, 이 책은 혁신을 연습하는 오늘의 일기장 같다.

김상용 | 서강대학교 아트&테크놀로지학과 교수

AI가 인간의 생산성과 산업 전반을 바꾸고 있다는 뉴스는 매일 쏟아지지만, 여전히 많은 분들이 'AI를 어떻게 잘 활용할 수 있을까'에 막막함을 느낍니다. 아이러니하게도, AI는 인류가 만든 기술 중 가장 쉽게 다가갈 수 있는 형태로 발전하고 있습니다. 이 책은 일상 속 작은 활용부터 업무에서의 실제 사례까지, AI를 우리 삶에 녹여내는 다양한 방법을 담고 있습니다. 모든 해답이 이 책 안에 들어있지는 않겠지만, 이 책이 AI와 더 가까워지고 자신만의 활용법을 만들어갈 수 있는 좋은 출발점이 되길 바랍니다.

이도엽 | DirectorLabs CEO & Co-Founder

이 책은 마치 제주도 현지 친구와 함께 여행을 떠나는 듯한 경험을 선사합니다. 대부분의 사람은 챗GPT를 한두 번 써본 '관광객'처럼 경험하지만, 이 책은 그 너머의 세계로 안내합니다. 현지인이 알려주는 숨은 맛집과 비밀 해변처럼, 우리가 미처 알지 못했던 챗GPT의 진짜 활용법을 보여줍니다. 이 책은 단순히 도구를 배우는 것을 넘어, AI와 함께 새로운 사고방식과 일의 방식을 경험하게 합니다. 익숙한 풍경 속에서 전혀 다른 길을 발견하고 싶다면, 이 책이 그 여정의 시작이 될 것입니다.

김덕중 | Firb AI 연구소장

- 이 책은 2025년 10월 버전 챗GPT 5 모델을 기준으로 하고 있습니다. 프로그램의 업데이트로 일부 메뉴와 화면 구성이 변경될 수 있습니다.
- 책 본문에 기재된 URL 주소 등은 추후 변경될 수 있습니다.
- 같은 프롬프트를 입력해도 챗GPT의 답변은 다를 수 있습니다.

챗GPT
저는 이렇게 쓰고 있어요

데일리 프롬프트 발행인
최소영 지음

일상부터 업무까지! 나의 고민을 해결해 주는 챗GPT 활용 팁북
챗GPT, 저는 이렇게 쓰고 있어요
This is how I use ChatGPT

초판 발행 · 2025년 11월 11일

지은이 · 최소영
발행인 · 이종원
발행처 · (주)도서출판 길벗
출판사 등록일 · 1990년 12월 24일
주소 · 서울시 마포구 월드컵로 10길 56(서교동)
대표 전화 · 02)332-0931 | **팩스** · 02)323-3895
홈페이지 · www.gilbut.co.kr | **이메일** · gilbut@gilbut.co.kr

기획 및 편집 · 안수빈(puffer@gilbut.co.kr), 최근혜(kookoo1223@gilbut.co.kr)
표지 및 본문 디자인 · 최주연 | **제작** · 이준호, 손일순, 이진혁
영업마케팅 · 전선하, 박민영, 서현정 | **영업관리** · 김명자 | **독자지원** · 윤정아 | **유통혁신** · 한준희
교정교열 · 안혜희 | **전산편집** · 권경희 | **CTP 출력 및 인쇄** · 대원문화사 | **제본** · 신정문화사

- 잘못 만든 책은 구입한 서점에서 바꿔 드립니다.
- 이 책은 저작권법에 따라 보호받는 저작물이므로 무단전재와 무단복제를 금합니다.
  이 책의 전부 또는 일부를 이용하려면 반드시 사전에 저작권자와 (주)도서출판 길벗의 서면 동의를 받아야 합니다.
- 인공지능(AI) 기술 또는 시스템을 훈련하기 위해 이 책의 전체 내용은 물론 일부 문장도 사용하는 것을 금지합니다.

ⓒ 최소영, 2025

ISBN 979-11-407-1635-7 13000
(길벗도서번호 007218)

정가 18,800원

독자의 1초를 아껴주는 정성 길벗출판사

(주)도서출판 길벗 | IT교육서, IT단행본, 경제경영, 교양, 성인어학, 자녀교육, 취미실용 ▶ www.gilbut.co.kr
길벗스쿨 | 국어학습, 수학학습, 어린이교양, 주니어 어학학습, 학습단행본 ▶ www.gilbutschool.co.kr

페이스북 · facebook.com/gilbutzigy
블로그 · blog.naver.com/gilbutzigy
인스타그램 · gilbut.it

뉴스레터 '데일리 프롬프트' 구독자 여러분,
늘 곁을 지켜준 가족과 크루들,
이 여정을 끝까지 독려한 반려자 J,
그리고 꼼꼼히 원고를 봐주신
길벗출판사 최근혜 & 안수빈 에디터님께
깊이 감사드립니다.

◆ **Prologue** ◆

"AI가 정말로 나의 고민을 해결해 줄 수 있을까?"

2023년 5월 1일, 저는 '데일리 프롬프트(Daily Prompt)'라는 작은 뉴스레터를 처음 세상에 내놓았습니다. 그땐 AI가 막 사람들 입에 오르내리기 시작하던 시기였고, 저 역시 처음엔 유용한 프롬프트를 사람들과 나누는 정도의 가벼운 마음으로 시작했습니다. 하지만 시간이 흐를수록 뉴스레터는 활용법뿐만 아니라 우리의 삶은 어떠해야 하는지 본질적인 고민도 함께 나누는 장이 되었습니다.

AI 기술의 발전 속도는 여전히 놀랍습니다. 몇 달, 아니 몇 주 사이에도 세상이 달라집니다. 기계가 글을 쓰고, 그림을 그리며, 영화까지 만들어내는 시대가 눈앞에 펼쳐졌죠. 많은 사람이 AI가 자신의 일을 빼앗을까 봐 불안해하기 시작했고, 또 다른 사람들은 어떻게 하면 이 새로운 흐름을 잘 활용할 수 있을지 고민하고 있습니다.

오랜 기간 뉴스레터를 발행하며 매번 반복해서 도달하는 결론이 있습니다. 바로 '사람은 사람에게 이입한다.'는 것입니다. 기술의 중심엔 언제나 사람이 있습니다. AI가 아무리 발전하고 세상을 바꿔놓는다고 해도 우리는 결국 사람의 이야기에 울고 웃고, 사람과 사람 사이에서 위로와 영감을 얻습니다. 처음 프롬프트를 나누던 그 마음 그대로, 이 책 역시 사람을 생각하며 쓰게 되었습니다.

이 책에서 다루는 고민이 모든 사람의 상황을 대표할 수는 없겠지만, 저와 비슷한 고민을 가진 분들께 작게나마 길잡이가 되길 바랍니다. 저 역시 이 책을 쓰면서, 늘 책상 위에 펼쳐두고 볼 수 있는 책이 되길 바라는 마음으로 집필했습니다.

이 책이 여러분 곁에서도 그렇게 펼쳐져 있기를 바랍니다. 막막할 때마다 작은 꿈과 희망을 놓치지 않도록, 사랑과 용기를 잊지 않도록 돕는 한 권의 책이 되기를 진심으로 바랍니다.

저자 **최소영** 드림

✦ Contents ✦

Part 1 · 데일리 챗GPT

일상 속 삶의 깊이 더하기

1. 생리적 욕구 충족을 위한 챗GPT 활용법

Episode #01 | 아침 루틴 최적화하기 — 23
- 스마트워치로 수면 사이클 모니터링하기 — 25
- 챗GPT로 수면 데이터 분석하기 — 26
- 고급 음성 모드로 지시에 따라 침대에서 벗어나기 — 28
- 작업 기능으로 잔소리 메시지 자동화하기 — 29

Episode #02 | 건강한 식단 관리하기 — 31
- 리브레 2로 혈당 변화 모니터링하기 — 33
- 챗GPT로 혈당 데이터 분석하기 — 34
- 메모리와 작업 기능으로 매일 아침 식단 추천받기 — 36

Episode #03 | 스트레스 관리하고 마음 챙기기 — 40
- 챗GPT로 나의 현재 상황과 감정 파악하기 — 42
- 챗GPT로 ABCDE 기법 활용하기 — 43
- 고급 음성 모드로 음성 가이드에 따라 명상하기 — 46
- 직업 기능으로 매일 감사 일기 작성하기 — 47

2. 안전과 안정감을 위한 챗GPT 활용법

Episode #04 | 스미싱 문자의 위험에서 벗어나기　50
- 챗GPT로 스팸 문자 검증하기　51
- 실시간 웹 검색으로 문자의 진위 여부 확인하기　53
- 챗GPT로 스미싱 문자를 클릭했을 때 조치법 안내받기　54
- 챗GPT로 스미싱 문자 안내글 작성하기　55

Episode #05 | 기후 변화에 대비하기　57
- 실시간 웹 검색으로 오늘의 날씨 물어보기　58
- 고급 음성 모드로 외출 전 준비물 점검하기　60
- 맞춤 설정으로 챗GPT의 답변 유도하기　61

Episode #06 | 안전한 1인 여행 준비하기　65
- 실시간 웹 검색으로 여행지의 치안 정보 확인하기　66
- 챗GPT로 여행자보험 비교하고 약관 요약 받기　67
- 프로젝트 기능으로 세부 여행 계획 세우기　69
- 캔버스 기능으로 여행 준비물 체크리스트 만들기　72

3. 사회적 연결과 사랑을 위한 챗GPT 활용법

Episode #07 | 가족 생일 기념하기　76
- 실시간 웹 검색으로 특정 지역의 진짜 맛집 찾기　77
- 챗GPT로 파티 초대장 이미지 만들기　79
- 챗GPT로 어머니를 위한 노래 작사하기　80
- 수노로 어머니를 위한 생일 축하곡 만들기　82

Episode #08 | **관계 개선을 위해 나를 되돌아보기** 84
- 챗GPT로 평소 내 대화 패턴 되돌아보기 85
- 고급 음성 모드로 공감 표현 연습하기 87
- 챗GPT와 롤플레잉을 통해 대화 연습하기 88
- 챗GPT로 진심 어린 사과의 글 작성하기 90

Episode #09 | **은퇴 후 인생 2막 시작하기** 92
- 실시간 웹 검색으로 지역 봉사활동 찾아보기 94
- 고급 음성 모드로 지식 정리하기 95
- 음성 대화 내용을 기반으로 에세이 작성하기 96
- 챗GPT로 블로그 포스팅 준비하기 98

4. 존경과 자존감을 위한 챗GPT 활용법

Episode #10 | **아이와 잘 소통하는 트렌디한 아빠 되기** 101
- 심층 리서치 기능으로 요즘 트렌드 조사하기 102
- 제미나이로 요즘 유행하는 유튜브 영상 추천받기 106
- 제미나이로 유튜브 영상 내용 요약하기 107
- 리서치 결과에 대해 자녀와 대화 나누기 108

Episode #11 | **취미를 감각 있게 기록하는 인스타그램 운영하기** 110
- 고급 음성 모드로 인스타그램 피드 분석하기 111
- 챗GPT로 사진이나 이미지 피드백 받기 113
- 챗GPT로 작품에 스토리 더하기 114
- 챗GPT로 팔로워와 더 자연스럽게 소통하기 115

Episode #12 | **내 글에 자신 없을 때 응원과 격려받기** 117
- 캔버스 기능으로 내가 쓴 글 피드백 받기 118
- 챗GPT로 내가 쓴 글의 문체와 장점 분석하기 121
- 챗GPT에게 오늘 하루 칭찬받기 122
- 캔버스 기능으로 감정 키워드 달력 만들기 122

5. 자아실현 욕구를 위한 챗GPT 활용법

Episode #13 | **내 취향을 담은 음악 유튜브 채널 운영하기** 127
- 수노로 나만의 음악 만들기 128
- 챗GPT와 함께 유튜브 음악 채널 기획하기 131
- 챗GPT로 채널에 어울리는 음악 프롬프트 작성하기 133
- 챗GPT로 음악에 어울리는 이미지 생성하기 135

Episode #14 | **감정을 시각화한 이미지 다이어리 만들기** 137
- 챗GPT로 하루의 감정을 상징하는 특별한 메타포 찾기 138
- 메타포를 반영한 AI 이미지 생성하기 139
- 메모리 기능으로 이미지 생성 자동화하기 141
- 감정 이미지를 출력해 '감정 다이어리' 만들기 143

Episode #15 | **필름 사진의 감성을 살린 영상 만들기** 145
- 챗GPT로 여행지의 촬영 스폿 찾아보기 146
- 제미나이로 필름 사진 수정하기 147
- 소라로 필름 사진을 감성적인 영상으로 만들기 149

Part 2 · 프로 챗GPT

업무에 효율성 더하기

6. 시간과 체력 확보를 위한 챗GPT 활용법

Episode #16 | 회의록 정리하고 효율적으로 활용하기 ... 155
- 레코드 모드로 회의 녹음 및 요약하기 ... 157
- 에이전트 모드로 지난 회의 자료 빠르게 검색하기 ... 160
- 회의록을 기반으로 업무 목록 작성하기 ... 162

Episode #17 | 해외 고객과의 미팅에 대비하고 실시간 통역하기 ... 165
- 고급 음성 모드로 비즈니스 영어 표현 연습하기 ... 166
- 손 메모 정리하고 영문 이메일 초안 작성하기 ... 169
- 에이전트 모드로 다국어 프레젠테이션 자료 제작하기 ... 172
- 지메일의 제미나이로 영문 이메일 초안 작성하기 ... 173

Episode #18 | 꼼꼼한 일정 관리로 우선순위 지키기 ... 176
- 에이전트 모드로 캘린더 일정 분석해 업무 구조 파악하기 ... 177
- 에이전트 모드로 일정의 우선순위 정하기 ... 179
- 에이전트 모드로 일정 한 번에 수정하기 ... 180
- 제미나이로 구글 캘린더에 일정 반영하기 ... 183

7. 협업과 성장, 팀워크와 자기 개발을 위한 챗GPT 활용법

Episode #19 | 흩어진 프로젝트 자료를 한곳에 모으기 — 186
- 에이전트 모드로 이메일과 문서에서 정보 찾기 — 188
- 심층 리서치로 경쟁사 홍보 캠페인 분석하기 — 190
- 챗GPT로 캠페인 아이디어 브레인스토밍하기 — 193
- 챗GPT로 팀 브리핑 작성하기 — 194
- 퍼플렉시티로 전문 자료 웹 검색하기 — 196

Episode #20 | 데이터 분석 자동화하고 보고서 작성하기 — 198
- 에이전트 모드로 만족도 설문 분석 및 요약하기 — 200
- 에이전트 모드로 결과 보고서 자동으로 작성하기 — 202
- 젠스파크로 보기 좋은 발표 자료 만들기 — 204

Episode #21 | 토익을 넘어 비즈니스 영어까지 정복하기 — 208
- 스터디 모드로 주차별 공부 계획과 목차 생성하기 — 209
- 단어카드와 연상법으로 어휘력 키우기 — 212
- 고급 음성 모드로 회화 연습과 발음 교정하기 — 215
- 세서미로 AI와 자연스럽게 대화 나누기 — 216

8. 고객의 마음을 읽고 소통하는 챗GPT 활용법

Episode #22 | 반복되는 고객 문의에 대응하기 — 219
- 에이전트 모드로 신제품 출시에 맞춘 FAQ 만들기 — 221
- 에이전트 모드로 고객별 맞춤 답변 생성하기 — 222
- 고객 목소리에서 인사이트와 트렌드 찾아내기 — 223
- 프로젝트 기능으로 다양한 문서를 한곳에 모아 관리하기 — 225

| Episode #23 | 성공적인 팝업스토어 기획하기 | 228 |

- 심층 리서치로 팝업스토어 시장 트렌드 분석하기   229
- 에이전트 모드로 제안서 구조 짜기   231
- 챗GPT로 무드보드 및 콘셉트 이미지 생성하기   233
- 힉스필드로 기획안에 고퀄리티 이미지 삽입하기   236

| Episode #24 | 디자인 견적 작성 자동화하기 | 240 |

- 심층 리서치로 견적 문의 양식과 단가표 만들기   242
- 프로젝트 기능으로 자동 견적서 생성하기   246
- 심층 리서치로 계약서 초안 작성하기   248

9. 업무 효율화와 성장을 위한 챗GPT 활용법

| Episode #25 | 반복 문의에 대응하는 사내 위키 만들기 | 254 |

- 챗GPT로 문서 수집과 구조 설계하기   256
- 구글 드라이브와 챗GPT로 사내 위키 자동화하기   257
- 맞춤형 GPT로 'HR 도우미' 챗봇 만들기   260

| Episode #26 | 함께 배우고 성장하는 사내 세미나 준비하기 | 267 |

- 챗GPT로 SNS 계정 데이터 분석하기   269
- 챗GPT로 세미나 발표 자료와 대본 작성하기   271
- 소라로 AI 영상 제작 실습하기   273
- 감마로 세련된 프레젠테이션 자료 만들기   275

| Episode #27 | 이력서와 링크드인으로 커리어 관리하기 | 280 |

- 챗GPT에게 이력서 피드백 받기   282
- 챗GPT로 링크드인 프로필 세팅하기   283
- 챗GPT와 함께 링크드인 포스팅 작성하기   286

10. 미래 비전을 설계하는 챗GPT 활용법

Episode #28 | **나의 강점을 살리는 퍼스널 브랜딩하기** — 290
- 챗GPT로 나를 설명하는 핵심 키워드 뽑기 — 292
- 키워드를 기반으로 나만의 컬러, 톤앤매너, 슬로건 정리하기 — 293
- 브랜드 키트를 활용해 일관된 이미지 구축하기 — 297

Episode #29 | **N잡러가 되기 위한 장기적 비전 수립하기** — 300
- 만다라트 플래닝으로 아이디어 구체화하기 — 301
- OKR 설정 및 월별 실행 로드맵 만들기 — 305
- 챗GPT로 비전 내러티브와 성장 일지 만들기 — 307
- 챗GPT로 회고 루틴 구축하기 — 310

Episode #30 | **팀원의 성장과 역량을 이끌어주는 리더 되기** — 312
- 챗GPT로 '런치 앤 런' 세미나 기획하기 — 313
- 챗GPT로 '멘토-멘티' 매칭하기 — 316
- 챗GPT로 팀원별 맞춤형 피드백 생성하기 — 319

ⓘ 무엇이든 물어보세요!

책을 읽다가 궁금한 점이 생기면 길벗 홈페이지(gilbut.co.kr)에 회원 가입하고 고객센터의 1:1 문의 게시판에 질문을 남겨보세요. 지은이와 길벗 독자지원센터에서 신속하고 친절하게 답변해 드립니다.

길벗 홈페이지 (gilbut.co.kr) 회원 가입 후 로그인하기	▶	[고객센터] - [1:1 문의] 게시판에서 '도서 이용'을 클릭하고 책 제목 검색하기	▶	'문의하기'를 클릭해 새로운 질문 등록하기

Chat GPT Orientation

챗GPT란

챗GPT(ChatGPT)는 오픈AI에서 개발한 대화형 인공지능(AI) 서비스입니다. 사용자가 입력한 질문이나 요청을 사람처럼 자연스럽게 이해하고 그에 맞는 대답을 제공해 줍니다. 이 기술은 'GPT'라는 언어 모델을 기반으로 하고, 방대한 양의 글과 데이터를 학습해서 사람과 비슷하게 문장을 만듭니다.

간단한 질문부터 이메일 작성, 글쓰기, 프로그래밍 코드 수정 등 챗GPT는 다양한 작업을 도와줍니다. 2022년 말 처음 세상에 공개된 이후 빠르게 발전하면서 일상생활과 업무, 창작 활동까지 다양한 분야에서 활용되고 있습니다. 쉽게 말해서, 사람과 편하게 대화하면서 여러 가지 일을 도와주는 똑똑한 AI 도우미 역할을 하고 있는 것이죠.

❓ 더 많은 AI 이야기가 궁금하다면?

저자가 운영하는 뉴스레터 〈데일리 프롬프트(Daily Prompt)〉를 구독해 보세요. AI 정보가 넘쳐나는 시대에 사람이 직접 쓰는 AI 뉴스레터로, 알아두면 좋은 최신 소식이나 활용법을 매일 하나씩 전해 드립니다.

챗GPT의 기본 사용법

챗GPT는 웹 버전(chatgpt.com)과 데스크톱 앱, 모바일 앱으로 사용할 수 있습니다. 화면 구성과 일부 기능 접근 방식이 약간 다르지만, 기본적인 사용 흐름은 비슷합니다. 이 책에서는 가장 보편적인 웹 버전 사용법을 주로 다룹니다.

챗GPT 웹페이지(chatgpt.com)에 접속한 후 회원 가입하고 로그인합니다. 사용 방법은 매우 직관적입니다. 메시지 입력창에 요청이나 질문을 입력하고 Enter를 누르거나 화살표 버튼(↑)을 클릭해 전송하면 됩니다.

챗GPT에게 보내는 질문이나 요청을 바로 '프롬프트(Prompt)'라고 부릅니다. 프롬프트가 구체적일수록 챗GPT는 더 정확하고 유용한 결과를 내놓으므로 잘 질문하는 것이 중요하죠. 이 책을 읽어나가면서 좋은 프롬프트를 작성하는 방법을 하나씩 배우게 될 것입니다.

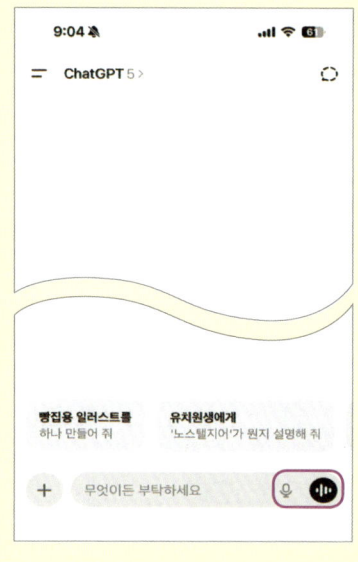

챗GPT의 스마트폰 앱 사용법도 비슷합니다. 앱을 열고 로그인하면 메시지(프롬프트) 입력창이 표시됩니다. 궁금한 내용을 직접 입력하거나 마이크 버튼(🎤)을 눌러 음성으로 질문할 수도 있습니다. 특히 스마트폰 앱에서는 말로 질문하면 챗GPT가 음성으로 바로 대답해 주는 고급 음성 모드(🔊)를 간편하게 쓸 수 있어 더욱 편리합니다.

챗GPT의 모델별 특징

2025년 8월 오픈AI는 가장 최신 모델인 GPT 5를 출시했습니다. GPT 5는 사용자가 모드를 직접 선택하지 않아도 스스로 질문이 얼마나 복잡한지 판단해 즉시 답변(Instant)과 더 길게 생각하는 옵션(Thinking) 사이를 자동으로 전환해 줍니다. 물론 사용자가 직접 모드를 선택할 수도 있습니다. GPT 5의 주요 모델과 특징을 살펴볼까요?

- **GPT 5(기본)**
  가장 흔히 사용하는 모델로, 일상적인 질문부터 간단한 글쓰기, 기본 코드 작성, 문서 요약 등 다양한 작업을 처리합니다. 무료 사용자도 이용할 수 있습니다.
- **GPT 5 Thinking**
  GPT 5의 심화 버전으로, 더 오래 생각해 정확하고 길게 답변합니다. 다소 시간이 걸리지만 복잡한 논리나 분석이 필요할 때 유리합니다.
- **GPT 5 Mini**
  무료 사용자가 일정 횟수 이상 메시지를 보내면 자동으로 전환되는 가벼운 모델입니다. 속도가 빠르고 부담이 적지만, 어려운 질문이나 정밀한 작업에는 적합하지 않습니다.
- **GPT 5 Pro**
  월 200달러 수준의 Pro 요금제에서 이용할 수 있는 최고 성능 모델입니다. 큰 프로젝트, 복잡한 연구, 대규모 데이터 분석에 적합하고 정확도와 깊이 있는 분석 능력이 뛰어납니다.

챗GPT 요금제

2025년 10월 기준 챗GPT는 Plus, Pro, Business, Enterprise, 이렇게 네 가지 유료 플랜을 제공합니다.

요금제	월 사용료	특징
Plus	20달러	• 사용량에 다소 제한이 있지만 GPT 5 Thinking, 고급 음성 모드, 웹 검색/심층 리서치 등 다양한 기능을 사용할 수 있어요. • 챗GPT를 일상적으로 자주 사용할 때 추천해요.
Pro	200달러	• GPT 5 Pro 모델을 사용할 수 있고, 거의 무제한으로 사용할 수 있어요. • 집중 분석과 대용량 데이터 처리 등 고급 기능을 사용할 수 있어요. • 전문 개발자, 연구자, 콘텐츠 제작자에게 추천해요.
Business	사용자당 25달러	• 팀/조직을 위해 설계된 플랜으로, 팀 공동 작업 공간이 제공되어요. • 소규모 조직에서 여러 명이 함께 사용할 때 추천해요.
Enterprise	맞춤	• 무제한 사용과 향상된 보안 관리 기능, 기업 맞춤형 서비스를 제공해요. • 대기업과 기관에게 추천해요.

유료 플랜을 구독하지 않아도 GPT 5 모델을 사용할 수 있지만, 하루 메시지 수가 제한됩니다. 영상 생성, 고급 음성 모드, 여유로운 메시지 한도와 같은 기능도 유료 플랜에서만 제공되고요. 따라서 가벼운 체험이나 간단하게 사용할 때는 무료 플랜도 충분하지만, 좀 더 안정적이고 다양한 기능을 활용하려면 유료 플랜 구독이 필요합니다.

개인 사용자가 유료 플랜을 구독할 경우에는 일반적으로 Plus 또는 Pro 플랜을 선택합니다. 이 중에서 Plus 플랜은 가장 대중적인 유료 플랜으로, GPT 5 모델을 넉넉하게 사용할 수 있고, GPT 4o 등 이전 세대 모델을 선택할 수 있으며, 이미지와 영상 생성, 고급 음성 모드 등 다양한 기능을 이용할 수 있습니다. Pro 플랜은 월 200달러 수준으로, GPT 5 Pro 모델과 같은 최고 성능을 제공하며 메시지 한도가 사실상 무제한에 가깝습니다. 또한 챗GPT가 새로운 기능을 출시할 때 가장 먼저 체험할 수 있는 '얼리 액세스' 권한도 주어지므로 전문 개발자나 연구자처럼 집중적인 작업을 하는 사용자에게 적합합니다.

Part 1

데일리 챗GPT

일상 속
삶의 깊이 더하기

챗GPT는 이제 업무를 넘어 우리의 일상 곳곳에 들어와 있습니다. 빠르게 발전하는 기술이 어렵게만 느껴졌던 부모님이나 컴퓨터 앞에서 작아지기만 하던 사람들도 이제는 챗GPT를 쉽게 쓸 수 있을 만큼, 챗GPT의 접근성은 그 어느 때보다 크게 높아졌죠. 첫 번째 파트에서는 일상에서 자주 마주치는 다양한 고민을 챗GPT와 함께 해결하는 따뜻한 이야기와 현실적인 사례를 담았습니다. 챗GPT를 통해 일상생활에서 놓치고 살았던 소중한 것들을 하나씩 챙기다 보면 우리의 평범한 하루도 좀 더 섬세하고 풍요로워질 수 있습니다.

– 1 –

생리적 욕구 충족을 위한 챗GPT 활용법

충분한 수면과 규칙적인 식사, 스트레스 관리와 같은 기본적인 욕구는 일상의 중심을 잡아주는 토대입니다. 바쁜 하루에 밀려 수면 시간을 확보하지 못하거나 식사를 거르면 몸과 마음이 쉽게 지치고, 삶의 활력이 떨어지기 쉽죠. 챗GPT를 활용하면 수면 상태를 점검하고 나에게 맞는 식단을 제안받으며, 쌓인 피로와 감정을 편안하게 관리할 수 있습니다. 이렇게 챗GPT의 도움을 받아 일상의 기본을 탄탄히 다지면 매일 다시금 생기와 여유가 생깁니다.

Episode # 01
아침 루틴 최적화하기

Episode # 02
건강한 식단 관리하기

Episode # 03
스트레스 관리하고 마음 챙기기

 **Episode # 01**　　　　　　　　　◆ 챗GPT　◆ 스마트워치

아침 루틴
최적화하기

⋯ 이런 고민이 있어요

　안녕하세요. 저는 직장인 민서라고 해요. 학교를 다닐 때는 시간표가 주로 오후에 몰려있어 늦게 일어나도 괜찮았는데, 회사를 다니면서부터는 일찍 일어나는 게 정말 중요한 과제가 되었어요. 처음에는 긴장감도 있고 신입으로서 열의도 넘쳐서 어떻게든 제시간에 맞춰 출근했지만, 업무와 일상이 점점 익숙해지니까 아침잠이 다시 찾아오더라고요.
　특히 요즘에는 재택근무가 늘면서, 알람을 끄고 침대에서 뒤척이다가 늦게 일어나는 날이 많아졌어요. 업무 시작 시간이 가까워져서야 부랴부랴 컴퓨터 앞에 앉아 일을 시작하곤 하죠. 그러다 보니 아침부터 하루가 이미 어그러진 느낌이 들고 일의 효율성도 확 떨어지는 것 같아요. 또 사무실로 출근하는 날에도 어김없이 늦잠을 자버리면 정신없이 출근을 준비해야 해서 스트레스 지수가 확 올라가더라고요.
　아침형 인간이 되고 싶어서 일찍 잠들어보기도 하고 여러 가지 알람

앱을 사용하거나 알람 소리를 바꿔보기도 했는데, 쉽지가 않아요. 이 악순환에서 벗어나고 싶어서 최근에는 아침 루틴을 만들어보겠다고 다짐했지만, 혼자서는 잘 안 되더라고요. AI의 도움을 받아 아침을 좀 더 효율적으로 보내고 하루를 활기차게 시작할 수 있는 방법이 있다면 꼭 시도해 보고 싶어요.

✅ 저는 이렇게 쓰고 있어요

소영

민서 님이 말씀하신 고민은 저도 정말 공감돼요. 저는 프리랜서여서 밤늦게까지 작업하는 경우가 많은데, 아침 일찍 일어나야 할 때면 몸이 뻐근하고 정신이 하나도 없더라고요. 이런 상황을 바꿔보려고 요즘 제가 시도 중인 방법을 알려드릴게요. 우선 아침 루틴을 잘 세팅하려면 취침 시간과 기상 시간을 규칙적으로 유지하는 게 매우 중요해요.

민서

그게 마음먹은 대로 잘 안 돼요. 퇴근 후 저녁을 먹고, 씻고, 넷플릭스나 유튜브를 보다 보면 어느새 새벽 1~2시가 되기 일쑤예요.

소영

맞아요. 단순히 '오늘은 일찍 자야지!'라고 마음먹는 것만으로는 하루의 패턴을 바꾸기 어려워요. 그래서 저는 스마트워치를 활용해서 제가 몇 시에 자고 몇 시에 일어나는지 모니터링하기 시작했어요. 시각화된 데이터 자료를 보면 문제를 제대로 인식하게 되고 동기 부여도 잘 된답니다.

> ⚠️ 차근차근 고민을 해결해요

스마트워치로 수면 사이클 모니터링하기

애플워치나 갤럭시워치 같은 스마트워치를 착용하고 잠들면 수면 기록과 수면 사이클을 측정해 줘요. 예를 들어 깊은 수면(Deep Sleep), 렘수면(REM Sleep; Rapaid Eye Movement Sleep, 수면 단계 중 눈동자가 빠르게 움직이는 시기로, 꿈을 꾸는 단계), 얕은 수면(Core Sleep)부터 깨어있는 시간도 자동으로 기록해 주죠.

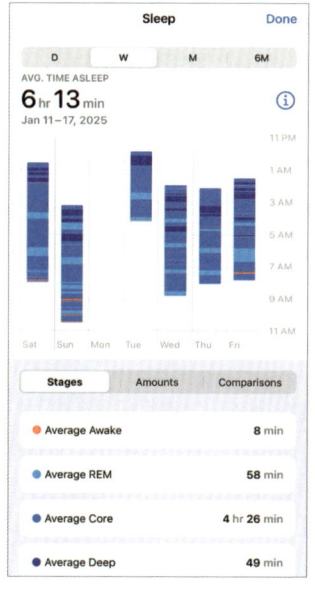

◀ 아이폰 '건강(Health)' 앱에서 제공하는 수면 사이클 데이터로, 수면 구간별 데이터를 파악할 수 있어요.

수면 사이클을 이렇게 모니터링해 보면 막연히 '피곤하다'는 느낌이 아니라 실제로 얼마나 잤는지, 몇 번이나 깼는지를 수치로 정확하게 확인할 수 있어요. 이렇게 수집한 데이터를 챗GPT에게 맡겨볼까요?

챗GPT로 수면 데이터 분석하기

스마트워치로 측정한 수면 데이터의 스크린샷 이미지를 챗GPT에게 넘겨주고 나의 현재 수면 패턴을 분석해 달라고 요청합니다. 수면 사이클을 전반적으로 분석한 후 일찍 잠드는 날에는 수면 사이클 패턴이 달라지기도 해?처럼 궁금한 점을 물어보거나 더 깊이 분석해 달라고 요청할 수도 있어요.

> **Tip** 이 책에서 진행하는 실습은 GPT 5 모델을 기준으로 합니다. GPT 5 모델에게 분석을 요청하면 논문이나 저서를 참고하거나 웹 검색을 통해 최신 정보를 찾아보고 답변합니다. 수면 리듬을 관리하기 위한 전문적인 조언까지도 받을 수 있죠.

[수면 데이터 스크린샷을 업로드하고]
첨부한 스크린샷 이미지를 참고해 나의 현재 수면 패턴을 분석해 줘.

 네, 올려주신 스크린샷을 기반으로 수면 패턴을 분석할게요.

- **총 수면 시간: 6시간 13분**
→ 성인 권장 수면 시간(7~9시간)에 비해 1시간 이상 부족
- **깨어 있음(Awake): 평균 8분**
→ 정상 범위입니다. 수면 중간에 자주 깨지 않는 편이에요.
- **REM 수면: 평균 58분**
→ 전체 수면의 약 15% 수준으로 보입니다. 보통은 전체 수면의 20~25%가 이상적이어서, 꿈을 꾸고 기억 및 감정 처리에 필요한 시간이 조금 부족할 수 있습니다.
- **얕은 수면(Core): 평균 4시간 26분**
→ 수면의 대부분을 차지하며 정상적입니다.
- **깊은 수면(Deep): 평균 49분**
→ 보통 성인은 1시간 30분~2시간 정도의 수면이 권장됩니다. 현재 깊은 수면 시간이 짧아 신체가 충분히 회복되지 않을 수 있습니다.

잠드는 시간에 따라 수면 사이클 패턴이 달라지기도 해?

 잠드는 시간은 수면 사이클(REM, Deep, Core 등)에 직접적인 영향을 줍니다. '생체 리듬(Circadian Rhythm)'과 '수면 압력(Sleep Pressure)'이라는 두 가지 요인 때문입니다.

1. 생체 리듬(Circadian Rhythm)의 영향
- **고정된 24시간 주기**: 우리 몸은 빛, 식사, 활동 패턴 등에 따라 24시간 주기로 각종 호르몬(특히 멜라토닌)과 체온 변화를 조절합니다.
- **취침 시점에 따라 수면 구조 변화**: 보통 자정에 가까운 시간대에 잠들면 생체 리듬에 맞춰 초기 수면 단계에서 깊은 수면(Deep Sleep) 시간을 충분히 확보할 수 있습니다. 반면 너무 일찍 잠들거나 지나치게 늦게 잠들면 본래 생체 시계와 어긋나면서 수면 구조가 뒤엉켜 일정한 깊은 수면을 충분히 확보하지 못할 가능성이 있습니다.

2. 수면 압력(Sleep Pressure)의 영향
깨어있는 시간이 길수록 뇌와 몸에 피로가 쌓이는 '수면 압력'이 높아집니다.

중략

참고 자료
- Kerkhof GA, Van Dongen HTP. (1996). The role of the circadian system in the regulation of human sleep timing. Sleep Medicine Reviews, 10(6), 389-402.
- Carskadon, M. A., & Dement, W. C. (2011). Normal human sleep: an overview. Principles and Practice of Sleep Medicine, 5, 16–26.

민서

와! 참고 자료까지 챙겨서 답해 줄 줄은 몰랐어요. 실제 제 수면 데이터를 직접 모아 분석하니 확실히 동기 부여가 될 것 같아요. 그렇다면 일찍 일어나겠다는 다짐을 지킬 수 있게 챗GPT가 저를 흔들어 깨워주기도 하나요?

소영 물리적으로 깨워주는 건 어렵지만, 침대에서 일어날 수 있도록 도와주는 건 충분히 가능해요. 이것도 제가 실제로 해 본 방법인데, 고급 음성 모드를 활용해서 침대에서 벗어날 수 있게 도와달라고 요청하는 거예요.

고급 음성 모드로 지시에 따라 침대에서 벗어나기

기상 알람이 울리면 핸드폰을 들어 챗GPT 고급 음성 모드()를 실행합니다. 키보드를 입력할 필요 없이 다음과 같이 요청 사항을 말하면 챗GPT가 단계별로 아주 디테일하게 지시합니다. 이것을 수동적으로 따라가기만 해도 어느새 침대 밖으로 나와 있더라고요.

> [고급 음성 모드로]
> 나 지금 출근을 해야 하는데 일어나기 힘들어. 침대 밖으로 나갈 수 있게 도와줄래? 어떻게 하면 좋을지 단계별로 알려줘.

 | 알겠습니다! 지금 침대에 있으니까 하나씩 따라 해 보세요.

1. **알람 끄기**: 알람이 울리고 있다면 먼저 알람을 끄세요. 최대한 빨리 침대에서 나가야 하니 알람을 끄는 순간 일어날 준비를 시작하는 겁니다.
2. **심호흡하기**: 일어나기 전에 심호흡을 크게 세 번 해 보세요. 산소를 들이마시면서 몸을 깨우는 거죠.
3. **다리를 밖으로 내밀기**: 이젠 다리를 침대 밖으로 내밀어보세요. 몸이 움직이기 시작하면 더 쉽게 일어날 수 있을 거예요. [중략]

> **Tip** 고급 음성 모드를 실행하는 방법은 16쪽을 참고해 주세요.

아침에는 이렇게 고급 음성 모드로 단계별 지시를 받고 밤에는 얼른 자러 가라고 잔소리를 들을 수 있어요. 매일 밤 10시에 '이제 그만 잠자리에 들어가요!'라고 알려주는 잔소리를 자동화하는 것이죠.

작업 기능으로 잔소리 메시지 자동화하기

챗GPT의 작업(Task) 기능은 알림, 반복, 조건부 실행 등을 설정해 특정 작업을 자동으로 실행하게 하는 기능이에요. 이 기능을 활용하면 매일 밤 10시에 자러 가라는 잔소리 메시지를 보내달라고 요청할 수 있어요.

밤늦게까지 넷플릭스를 보느라 늦게 자는 나를 위해, 매일 밤 10시마다 자러 가라고 말해줘. 바로 행동에 옮길 수 있도록 확실하게 동기 부여를 해 주면 좋겠어. 내용이 자극적이어도 괜찮아.

Go to bed early
매일 오후 10시에

알겠습니다! 매일 밤 10시마다 알림을 보낼게요.

밤 10시가 되었을 때
더 나은 삶을 원한다면 지금 당장 멈추고 침대로 가세요. 넷플릭스를 끄지 않으면 내일 완전히 망할 거예요. 당신의 미래가 이 선택에 달려있습니다.

설정해 둔 시간에 맞춰 챗GPT가 푸시 알림과 함께 꽤 독한(?) 문구를 보내줍니다. 별거 아닌 것 같지만 이런 식으로 강도 높은 자동 메시지를 설정해 두면 은근히 효과가 있습니다. 가끔은 '이렇게까지 해야 하나?' 싶은데, 한편으로는 이게 오히려 자극이 되어 얼른 자야겠다는 생각이 들더라고요.

⭐ 한눈에 정리

- 스마트워치로 수면 데이터를 측정하고 챗GPT에 분석을 맡겨 내 수면 패턴을 객관적으로 확인합니다.
- 아침 기상 시간에는 챗GPT의 고급 음성 모드를 활용해 단계별 지시에 따라 수동적으로라도 침대에서 일어나 봅니다.
- 밤늦게까지 영상을 시청하느라 시간 가는 줄 모른다면 챗GPT의 작업 기능을 활용해 독한 동기 부여 알림을 설정해 둡니다.

➕ 활용 더하기

- 챗GPT의 고급 음성 모드를 사용하면 자판을 일일이 입력하지 않아도 돼서 손이 자유로워집니다. 요리나 화장을 하면서도 대화를 나눌 수 있으니 한번 시도해 보세요.
- 작업 기능을 활용해 매일 아침마다 운동 루틴을 받아보고 싶다면 챗GPT에게 집에서 맨몸 운동하고 싶은데 운동 레시피를 매일 오전 9시에 배달해 줘.라고 요청해 보세요.

 **Episode # 02** ♦ 챗GPT ♦ 리브레 2

건강한 식단 관리하기

💬 이런 고민이 있어요

안녕하세요. 저는 직장인 유진이라고 해요. 최근 회사 프로젝트가 겹치면서 야근이 잦아졌어요. 그러다 보니 식사 시간이 불규칙해졌고 퇴근 후에는 귀찮아서 배달 음식을 주로 먹게 되었어요.

며칠 전 정기 건강검진 결과를 받았는데, 공복 혈당 수치가 기준을 조금 넘어서 당뇨 전 단계일 수도 있다는 이야기를 들었어요. 아직 위험 수준까지는 아니지만, 지금처럼 불규칙한 식생활을 이어가면 실제로 당뇨가 올 수 있으니 식단 관리를 시작해야 한다고 해요. 평소에는 체중에 크게 신경 쓰지 않았는데, 공복 혈당을 수치로 확인하니 심각하다고 느꼈습니다.

의사선생님께서 설탕과 탄수화물 섭취를 줄이고 채소나 단백질 위주의 식사를 하라고 조언해서 유튜브나 블로그도 찾아봤는데, 정보가 서로 달라서 혼란스럽더라고요. 따라 해 보려고 해도 어떤 레시피가 맞는 건지 잘 모르겠고요. 게다가 늦게 퇴근하다 보니 제대로 장을 보고 요리할 시간도 부족해서 조금이라도 건강한 배달식이나 간단히 만들 수 있는 식단이 있다면 정말 도움이 될 것 같아요. 저의 목표는 혈당을 관리하면서 체중도 어느 정도 감량해 보는 거예요.

챗GPT를 활용해서 제 상황에 맞는 균형 잡힌 식단을 구성하고 꾸준히 지켜나갈 방법이 있는지 조언을 부탁드려요.

> ✓ 저는 이렇게 쓰고 있어요

소영: 혈당이 살짝 높게 나왔다면 지금부터 관리하는 게 정말 중요해요. 저 역시 불규칙한 식사 때문에 몸에서 경고 신호가 온 적이 있었는데, 그걸 계기로 '데이터를 모으고 AI를 활용해 보자.'고 결심했어요. 결과적으로 꽤 도움이 됐죠.

유진: '당을 줄이고 야채를 먹어라.'는 말은 쉬운데, 막상 시작해 보면 메뉴를 고르는 것부터 무척 어려워요. 야근을 하고 나면 귀찮아서 결국 또 배달 음식을 주문하게 되더라고요.

소영: 맞아요! 의지만으로는 한계가 있죠. 그래서 제가 찾은 방법은요, '리브레 2'와 같은 혈당 측정 기기로 식사 후 실시간 혈당을 직접 체크해 보는 거예요. 리브레 2와 챗GPT를 함께 활용하는 방법을 알려드릴게요.

> ⚠ 차근차근 고민을 해결해요

리브레 2로 혈당 변화 모니터링하기

　리브레 2 센서를 팔뚝에 부착하면 실시간 혈당(Glucose) 변화를 계속 추적할 수 있어요. 스마트폰 공식 앱인 'LibreLink'를 설치하면 식사 전후 혈당 변화도 그래프로 확인할 수 있고요. 단순히 '단 걸 줄여야지.'가 아니라 '어떤 음식을 먹었을 때 어느 시점에 혈당이 얼마나 급등했는지'와 같은 몸의 반응을 수치로 정확하게 파악할 수 있어요.

　처음에 부착할 때는 바늘이 들어가니까 살짝 따끔해요. 그리고 한 번 부착하면 14일 동안만 사용할 수 있어서 매번 새 기기로 교체해야 합니다. 가격은 개당 8~9만 원대라 꽤 부담되는 편이에요. 다만 1형 당뇨 환자에게는 건강보험공단에서 비용의 70%를 지원해 주는 것으로 알고 있어요. 저는 당뇨 가족력이 있어서 제 상태를 점검해 보려고 리브레 2로 데이터를 모으고 그 데이터를 챗GPT에게 넘겨서 분석도 부탁해 봤어요.

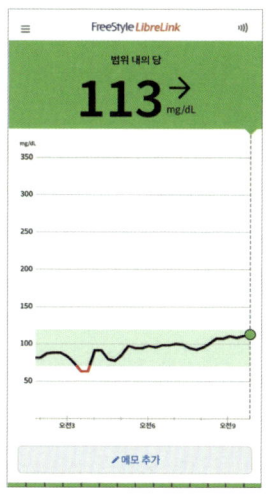

◀ 리브레 2는 팔 위쪽 뒤편에 부착해 실시간으로 혈당을 측정하는 기기예요. 블루투스를 이용해 데이터를 전용 앱으로 전송하므로 식후 혈당을 바로 확인할 수 있어요.

챗GPT로 혈당 데이터 분석하기

'LibreLink' 앱에 기록된 혈당 그래프를 캡처하여 챗GPT에 올려보세요. 정확한 진단은 어렵지만, 일반적인 혈당 상승 패턴이나 경향에 대한 해석 정도는 받아볼 수 있습니다.

> **Tip** 이때 식단도 함께 기록해 두면 좋아요. 식사 전 음식 사진을 찍고 그 사진을 챗GPT에게 보내두면 간편하겠죠? 다만 이미지만 보고 음식의 종류를 100% 파악하기는 어려울 수 있으니 무슨 메뉴를 먹었는지 텍스트로 덧붙이는 게 좋아요. 그리고 챗GPT의 답변은 어디까지나 참고용이니 전문적인 상담은 반드시 의료진과 진행하세요.

[혈당 그래프 스크린샷을 첨부하고]
지난 밤 내 혈당 그래프야. 패턴과 경향을 분석해 줄래?

한눈 요약
- **현재 값**: 113mg/dL (약간 높으나 안정적)
- **밤새 경향**: 대체로 70~110mg/dL 범위 유지, 오전 3시 전후 짧은 저혈당 구간(빨간색 선, 약 60대 추정), 이후 서서히 회복 → 오전 6~9시 완만한 상승

자세한 분석
1. 새벽 저혈당(오전 3시쯤, 짧게)
- 빨간색 구간이 잠깐 보이며 최저치가 70mg/dL 아래로 내려간 듯합니다. 길게 이어지지는 않았고 반동 고혈당 없이 80~90mg/dL대로 회복했습니다.
- **확인 포인트**: 저혈당 증상(식은땀, 떨림, 심박 상승 등)을 느꼈는지, 그때 해당 팔 쪽으로 누워있었는지의 여부

2. 밤사이 안정 구간
저점 이후부터 아침 전까지 대체로 85~100mg/dL에서 잔물결처럼 움직임. 큰 변동성 없음 → 밤사이 혈당 관리가 전반적으로 안정적 [중략]

왜 자다가 저혈당이 왔을까?

 저혈당이 밤에 발생한 이유는 다양한데, 몇 가지 주요 원인은 다음과 같습니다.

- **인슐린 과다 투여**: 만약 인슐린을 사용하는 당뇨병 환자라면 자기 전에 인슐린을 너무 많이 투여했을 경우 저혈당이 발생할 수 있습니다.
- **저녁 식사량 부족**: 저녁 식사를 충분히 하지 않거나 늦은 시간에 먹지 않은 경우 밤 동안 혈당이 떨어질 수 있습니다.
- **과도한 운동**: 저녁 늦게 과도한 운동을 한 경우 운동 후 몇 시간 후에도 혈당이 떨어질 수 있습니다. 중략

다음과 같이 맥락 정보를 제공하면 챗GPT가 나의 상황에 맞춰 더 정확하게 분석할 수 있어요.

전날 저녁 3시 30분에 점심을 먹었고 그 뒤로 3시간 동안 온라인 강의를 했어. 그리고 나서 새벽 1시쯤 잠들었어.

 당신이 제공한 정보를 기반으로 대표적인 저혈당의 원인을 분석해 보면 다음과 같은 가능성을 고려할 수 있습니다.

- **식사와 운동의 부적절한 부적절한 타이밍**: 저녁 5시 30분에 점심을 먹은 후 3시간 동안 강의를 했으므로 상당한 시간이 지난 밤이 되었을 때 식사를 하지 않은 상태로 지속적으로 활동해서 체력이 크게 소모되었을 수 있습니다. 또한 강의 이후의 낮은 활동량이 혈당을 불안정하게 했을 가능성도 있습니다.
- **스트레스 및 기타 요인**: 온라인 강의로 인한 스트레스나 피로가 혈당 조절에 영향을 미쳤을 수 있습니다. 중략

리브레 2를 사용하면 '내가 어떤 음식에 특히 취약한지' 알 수 있어요. 같은 음식을 먹어도 사람마다 혈당이 다르게 반응하므로 개인화된 데이터를 수집하고 분석하면 내 몸에 맞는 식단을 짜는 데도 큰 도움이 됩니다.

이번에는 내가 어떤 음식을 먹었을 때 혈당이 잘 오르는지를 챗GPT의 메모리(Memory) 기능을 통해 저장해 두고 작업(Task) 기능을 활용해 매일 아침 건강한 식단을 추천받아 볼까요?

메모리와 작업 기능으로 매일 아침 식단 추천받기

식단에 따른 혈당 데이터를 분석한 후 챗GPT에게 <u>이 음식을 먹으면 혈당이 잘 오르니까 기억해 줘</u>.라고 요청해 보세요. 챗GPT는 사용자가 기억해 달라고 요청한 정보를 메모리 기능으로 저장해 이후 답변에 참고해요.

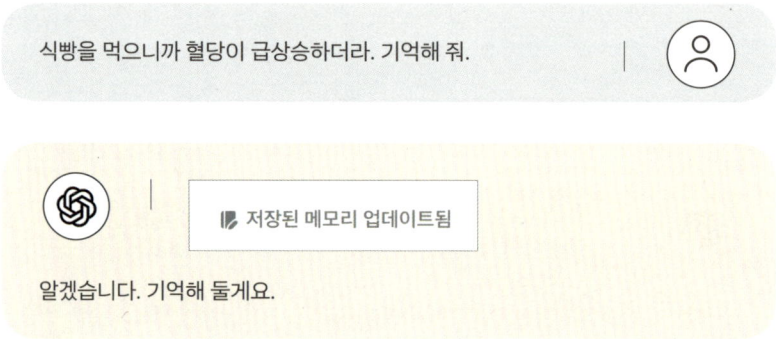

> **Tip** 답변 위쪽에 '저장된 메모리 업데이트됨' 표시가 나타난다면 정보가 잘 저장된 것입니다. 메모리된 내용에 따라 챗GPT는 혈당이 오르는 메뉴를 피해서 답변하게 됩니다.

이제 작업 기능을 활용해 매일 아침마다 건강한 식단을 추천받아 볼까요? 다음과 같이 요청하면 정해진 시간에 식단과 레시피를 자동으로 배달받을 수 있어요.

> 매일 아침 7시에 혈당을 안정적으로 유지할 수 있는 건강한 메뉴 레시피를 보내줘. 아침에 10분 만에 준비할 수 있는 메뉴가 필요하고 냉장고에 달걀, 우유, 치즈는 항상 있어.

 냉장고에 있는 재료로 간단하게 준비할 수 있는 메뉴는 치즈에 그머핀을 추천합니다.

재료(1인분 기준)
1. 달걀 2개
2. 우유 2숟갈
3. 슬라이스 치즈 1장
4. 소금과 후추 약간
5. (선택) 잘게 썬 브로콜리, 버섯, 베이컨 조각

만드는 법
1. 오븐이나 전자레인지 준비: 오븐을 사용할 경우 180도로 예열하거나 전자레인지를 사용할 수 있는 머핀 틀을 준비합니다.
2. 혼합 및 조리: 달걀 2개를 넣고 우유를 추가합니다. [중략]

내 식습관을 기억해 두고 맞춤형 메뉴를 제안해 주는 모습이 마치 비서 같죠? 인터넷의 수많은 정보 속에서 오직 나에게 딱 맞춘 정보를 받아 볼 수 있어 굉장히 도움이 됩니다. 이렇게 타이트하게 식단을 관리하다가도 야근을 하다 보면 폭식 유혹이 밀려올 수 있어요. 그럴 때도 작업 기능으로 '밤 9시에 간식 유혹 경고' 알림을 설정해 둘 수 있어요. 다음과 같이 세팅해 두면 야근 중에도 챗GPT가 잔소리를 해 줘서 간식을 좀 더 쉽게 참을 수 있어요.

> 매일 밤 9시에 야식 유혹을 뿌리칠 수 있도록 잔소리 알림을 부탁해. 혈당 관리를 하고 있는 만큼 현실적인 조언을 해 주면 돼.

 | 알겠어요! 매일 밤 9시에 알림을 보내줄게요.

 | **밤 9시가 되었을 때**
지금은 유혹을 이겨낼 시간이에요! 늦은 시간에 음식을 먹으면 혈당이 급격히 올라가고 수면의 질에도 영향을 줄 수 있어요. 물을 한 잔 마신 후 10분 동안 기다려보세요. 종종 갈증과 배고픔을 혼동할 수 있습니다. 내일 더 건강한 하루를 위해 지금은 몸이 쉬어가는 시간을 만들어보세요. 당신은 해낼 수 있어요!

만약 배가 너무 고프다면 혈당이 크게 올라가지 않는 간식을 물어보세요. 그러면 챗GPT가 적절한 대체 간식을 제안해 줍니다.

> 혈당 관리 중인데, 야근하다 보니 배가 너무 고파. 건강한 간식이 있을까?

혈당을 안정적으로 유지하면서 간편하게 섭취할 수 있는 건강한 간식으로는 다음과 같은 것들이 있어요.

1. **삶은 달걀**: 단백질이 풍부해서 포만감이 오래 지속되고 혈당을 크게 올리지 않습니다.
2. **치즈스틱이나 슬라이스 치즈**: 간편하게 먹을 수 있고 단백질과 지방이 안정적으로 에너지를 제공합니다. 중략

⭐ 한눈에 정리

- 리브레 2로 실제 혈당 데이터를 수집하고 그 결과를 챗GPT에게 분석해 달라고 요청해 어떤 음식에 혈당이 쉽게 반응하는지 파악합니다.
- 식단에서 제외해야 하는 음식은 챗GPT의 메모리 기능을 통해 저장합니다.
- 챗GPT의 작업 기능을 통해 아침 식단부터 야근 간식까지 맞춤형 식단 솔루션을 자동 메시지로 받습니다.
- 실천 과정에서 결심이 약해질 때는 챗GPT의 작업 기능을 활용해 간식의 유혹을 참을 수 있게 잔소리 메시지를 설정해 둡니다.

➕ 활용 더하기

- 작업 기능을 활용하면 정기적으로 '물 마시기' 알림을 받을 수도 있습니다. 식단 관리와 함께 충분한 수분 섭취를 원한다면 챗GPT에게 매시 정각마다 물을 마시라는 알림을 보내줘.라고 요청해 보세요.
- 작업 기능을 활용하면 특정 시간에 사무실에서 앉아서 할 수 있는 가벼운 운동이나 스트레칭을 받아볼 수도 있습니다. 챗GPT에게 매일 오후 3시에 3분 동안 할 수 있는 의자 스트레칭을 알려줘.라고 요청해 보세요.

 **Episode #03**　　　　　　　　　　　　　　　　◆ 챗GPT

스트레스 관리하고
마음 챙기기

이런 고민이 있어요

안녕하세요. 저는 올해로 스타트업에 입사한 지 3년 차가 된 마케터 나영입니다. 처음에는 새로운 일에 대한 설렘도 크고 회사의 성장 가능성도 크다고 생각해서 의욕이 넘쳤어요. 그런데 최근 들어 업무량이 급격히 늘면서 야근도 많아졌고, 주말에 집에서 쉴 때도 회사 메신저가 계속 울리는 게 일상이 되다 보니 휴식이 점점 사치처럼 느껴집니다.

문제는 저 자신이 점점 지쳐간다는 거예요. 몸도 마음도 지쳐서 사소한 일에도 눈물이 왈칵 쏟아지고 어떤 날은 업무 효율이 바닥을 치면서 일이 전혀 손에 잡히지 않아요. 그러다 보니 '내가 이렇게 무능한 사람이었나?' 하고 스스로 자책하게 되더라고요. 밤에는 잠을 자주 설치다 보니 피로가 누적된 상태로 다시 출근하는 악순환이 반복되고 있습니다.

주변에서는 요즘 이직도 쉽지 않으니 조금만 더 버텨보라고 조언하지만, 과연 버티는 게 맞는 걸까 고민이 깊어집니다. 이렇게 마음이 힘들 때도 AI의 도움을 받을 수 있을까요? 심리 상담이나 감정 관리는 전문가에게 맡겨야 한다고만 생각했는데, 요즘에는 챗GPT나 감정 분석 AI 같은 서비스도 있다고 들었거든요. 마음의 안정을 찾고 직장 생활을 버텨낼 힘을 마련할 방법이 있는지 궁금합니다.

✓ 저는 이렇게 쓰고 있어요

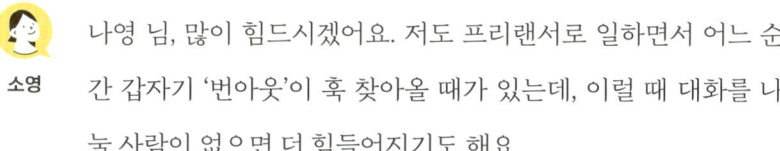

소영 나영 님, 많이 힘드시겠어요. 저도 프리랜서로 일하면서 어느 순간 갑자기 '번아웃'이 훅 찾아올 때가 있는데, 이럴 때 대화를 나눌 사람이 없으면 더 힘들어지기도 해요.

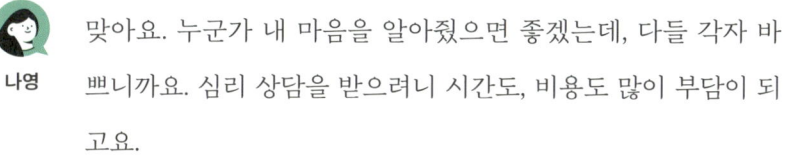

나영 맞아요. 누군가 내 마음을 알아줬으면 좋겠는데, 다들 각자 바쁘니까요. 심리 상담을 받으려니 시간도, 비용도 많이 부담이 되고요.

소영 물론 전문가에게 상담을 받는 것이 가장 좋겠지만, 누군가의 가벼운 위로나 공감만으로도 마음이 한결 나아지는 경우가 많아요. 이럴 때 저는 챗GPT와 같은 대화형 AI를 활용해요. 단순히 위로를 받거나 간단한 감정 정리부터 시작해 보는 거죠. 챗GPT가 완벽한 심리치료사 역할을 할 수는 없지만, 기초적인 위로를 받거나 일상적 스트레스 관리, 마음 정리 도구로는 꽤 도움이 되더라고요.

> ⚠️ 차근차근 고민을 해결해요

챗GPT로 나의 현재 상황과 감정 파악하기

　내가 느끼는 감정을 언어화하고 그에 대해 챗GPT가 공감 섞인 피드백을 건네주는 것만으로도 마음이 한결 편해질 수 있어요. 이럴 때는 다음과 같이 ❶ 챗GPT에게 역할을 지정하고 ❷ 정확히 어떤 톤의 대답을 원하는지 명시해 주는 것이 좋아요.

> 지금부터 ❶ 친구처럼 내 이야기를 들어주고 편안하고 다정한 말투로 나를 위로해 줬으면 좋겠어. ❷ 너무 전문적인 치료사보다는 곁에서 공감해 주는 친구 같은 톤이면 더 좋겠어. 내 상황을 적어주면 그걸 바탕으로 지금 내가 느끼는 핵심 감정이 무엇인지 알려줄래? 그리고 '왜 이런 감정을 느끼는 것 같다.'고 생각하는지, 친구로서 네가 느끼는 점이나 추측을 들려줘. 요즘 내 상황은 ……. ［상황 설명하기］

> 괜찮아. 내가 옆에서 이야기를 들어줄게. 일단 네 상황을 들어보면 여러 가지 일이 동시에 몰려오고 있는데도 속 시원하게 마무리되는 건 없어서 굉장히 답답한 느낌이 들어. 시간 관리를 잘 못한다고 스스로 자책도 하는 것 같고 ……. 그래서 '무기력'과 '불안'이 섞인 감정이 두드러져 보이네.
>
> • **무기력**: 할 일이 많은데도 좀처럼 끝나지 않으니까 "아, 난 왜 이렇게 진척이 없지?" 하는 생각 때문에 스스로 힘 빠지거나 의욕이 떨어질 수 있어.
> • **불안**: '이런 상황이 계속 이어지면 어떡하지.' 하는 마음에 앞날을 생각하면 막연히 불안함이 밀려올 수도 있어.
>
> 가장 큰 감정은 '무기력'인 것 같고 그 무기력함이 결국 '불안'으로도 번지는 느낌이야. 쉬고 싶어도 쉴 수 없는 환경이 계속되니까 '내가 너무 게으른 건가?', '이걸 다 어떻게 마무리하지.'와 같은 압박감이 생겨서 자꾸 힘들어지는 거지. ［중략］

지금 내가 어떤 감정을 느끼고 있는지 파악했고 위로도 받았으니 이제는 문제를 해결하기 위한 대화를 시작해 볼까요? 인지 행동 치료에는 'ABCDE 기법'이라는 방법이 있는데, 챗GPT에게 이 방법을 활용해서 대화를 이끌어달라고 요청할 수 있어요. 하루 5분 정도만 투자해도 의외로 마음이 잘 정돈된답니다.

챗GPT로 ABCDE 기법 활용하기

ABCDE 기법은 인지 행동 치료에서 사용하는 사고 정리 방식으로, A(상황), B(내가 가진 생각), C(그 생각으로 인한 감정 및 행동 결과), D(논리적으로 반박 및 재검토), E(새로운 긍정적 시각)까지 5단계로 이루어져 있어요. 단계별로 생각을 하나하나 짚어보다 보면 '아, 내가 이걸 너무 확대 해석했구나!' 하고 스스로 생각의 왜곡을 깨닫는 데 도움이 돼요. 다음 예시 프롬프트와 같이 ❶ A, B, C 단계는 질문을 통해 직접 적어보고 ❷ D와 E 단계는 챗GPT에게 리드를 맡기는 것을 추천해요. 논리적인 반박(D)과 건강한 생각(E)은 분석에 뛰어난 챗GPT가 더 합리적으로 제시하거든요.

> 지금 내가 겪고 있는 고민이나 상황에 대해 인지 행동 치료(CBT)에서 사용하는 ABCDE 기법으로 대화를 이끌어줘. ❶ 먼저 A, B, C 단계를 정리할 수 있도록 질문을 던져줘. ❷ 내가 그 질문에 답하면 이어서 D(논박) 단계를 거쳐 E(새로운 시각 및 대안)를 찾아가는 과정까지 리드해 주면 좋겠어.

> 좋아. 일단 A, B, C를 정리하자. 내가 차근차근 질문할 테니까 네가 편한 만큼 대답해 줘.

A. 상황(Activating Event)
1. 최근에 어떤 상황에서 특히 많이 힘들었어?
   예 "내가 여러 일을 마감해야 하는데, 그중 몇 개는 마감을 못해서 계속 나를 따라다녀."
2. 그 상황이 구체적으로 언제, 어디서, 어떻게 일어났는지 알려줄 수 있어?
   예 "주말 내내 쉬지 못하고 밀린 과제를 하려고 했는데 …….."

B. 내가 가진 생각(Beliefs)
1. 그 상황을 겪었을 때 머릿속으로 어떤 생각이 가장 먼저 지나갔어?
   예 "나는 왜 이렇게 시간 관리를 못 하지?", "내가 너무 게으른 건가?"
2. 이런 생각 중에서 가장 강하게 느껴지는 문장은 무얼까?
   예 "내가 능력이 부족해서 일이 안 끝난다."

C. 이런 생각으로 인한 감정 및 결과(Consequences)
1. 이런 생각이 들고 나서 네 감정은 어떻게 변했어?
   예 "무기력해지고, 불안하고, 아무것도 하기 싫어졌어."
2. 감정 때문에 실제로 어떤 행동을 했거나 결과가 달라진 점이 있어?
   예 "일정 관리를 포기하고 누워버렸어.", "자꾸 멍하니 시간을 보내게 됐어." 등

A: 여러 일이 끝나지 않은 채로 지속되고 있어.
B: 제대로 일하지 못할 것 같아. 시간도 효율적으로 관리하지 못하는 것 같고.
C: 불안해. 미루고 미루다가 마감이 닥쳐서야 일을 시작하게 돼.

좋아, 이제 D(논박) 단계로 넘어가 보자. 지금 말해준 B(생각)와 C(감정)를 바탕으로 '그 생각이 과연 얼마나 타당한가?'를 살펴보려고 해.

> D: 논박(Disputation)
> "제대로 일하지 못할 것 같아."
> 정말 '항상' 그런지, 아니면 상황에 따라 잘할 때도 있었는지 떠올려볼 수 있을까? 실제로 네가 그동안 해낸 일이나 성취했던 무언가가 있었다면 지금 "못할 것 같아."라는 생각과 완전히 모순되는 건 아닐까?
>
> "시간도 효율적으로 관리하지 못하는 것 같아."
> '모든 시간'을 관리하지 못하고 있는 걸까, 아니면 특정 시기에 너무 일이 몰려서 잠깐 균형이 깨진 걸까? 과거에 시간 관리를 '어느 정도' 잘해냈던 순간이 있었을지, 혹은 특정 업무나 프로젝트만큼은 잘 마무리해 본 적이 있지 않을까?
>
> E: 새로운 시각 및 대안(Effect or New Perspective)
> 이제 앞에서 나온 논박을 바탕으로 새로운 시각이나 대안을 떠올려보자.
>
> 1. 생각(B)을 이렇게 바꿔볼 수 있어.
> "사실 지난번 프로젝트나 ○○일을 마쳤을 때 나는 시간 관리를 잘했었지. 지금도 그때처럼 방법을 조금씩 적용해 볼 수 있을 거야."
> 2. 행동(C)을 바꿀 수 있는 방법 고민해 보기
> "시간 관리 도구나 앱을 활용해서 내 스케줄을 가시화해 보자. 우선 매일, 혹은 매주 단위를 정해 '목표치'를 적어보면 어떨까?"

ABCDE 기법을 통해 내가 왜 그런 감정을 느꼈는지, 그리고 어떻게 다른 시각을 가질 수 있는지 조금은 정리됐을 거예요. 그런데 감정이나 생각을 어느 정도 정리했다고 해도 몸에 남아있는 긴장감은 쉽게 풀리지 않을 때가 많아요. 저는 그럴 때 고급 음성 모드를 켜고 챗GPT에게 명상을 부탁하곤 해요. AI가 직접 명상 스크립트를 읽어주니까 혼자 명상할 때보다 훨씬 더 집중이 잘 되더라고요.

고급 음성 모드로 음성 가이드에 따라 명상하기

챗GPT의 고급 음성 모드를 켠 후 명상을 도와달라고 요청해 보세요. 다음과 같이 요청하면 챗GPT의 차분한 음성이 나오면서 가이드를 시작합니다. 그러면 약간이나마 '명상 선생님'이 옆에 있다는 느낌이 들어요.

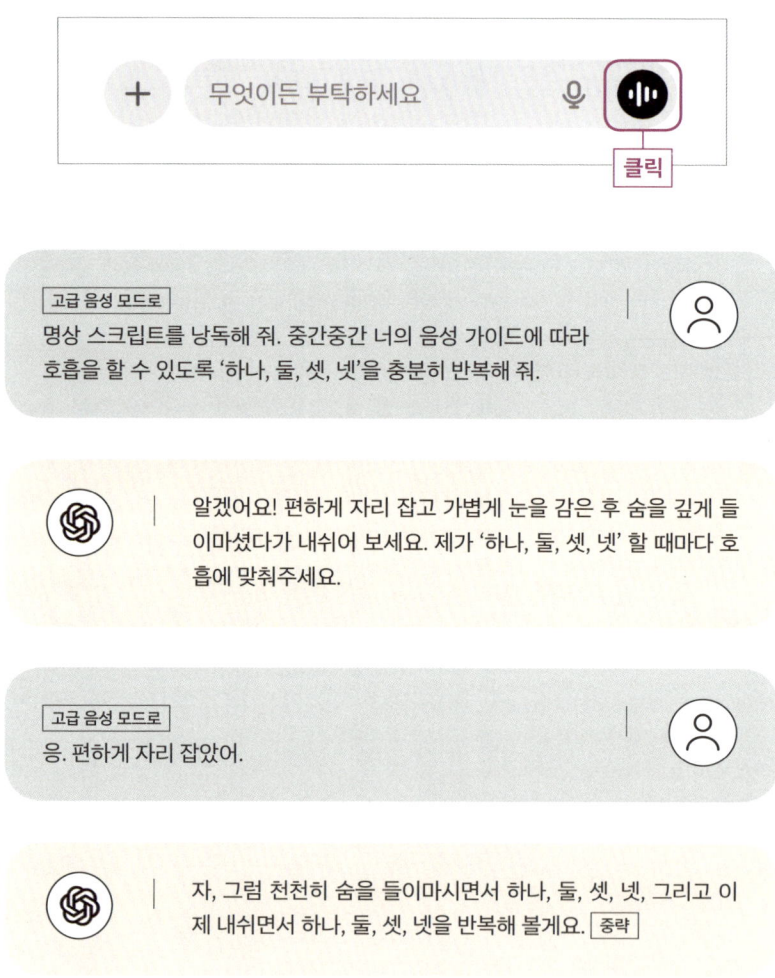

고급 음성 모드로
명상 스크립트를 낭독해 줘. 중간중간 너의 음성 가이드에 따라 호흡을 할 수 있도록 '하나, 둘, 셋, 넷'을 충분히 반복해 줘.

알겠어요! 편하게 자리 잡고 가볍게 눈을 감은 후 숨을 깊게 들이마셨다가 내쉬어 보세요. 제가 '하나, 둘, 셋, 넷' 할 때마다 호흡에 맞춰주세요.

고급 음성 모드로
응. 편하게 자리 잡았어.

자, 그럼 천천히 숨을 들이마시면서 하나, 둘, 셋, 넷, 그리고 이제 내쉬면서 하나, 둘, 셋, 넷을 반복해 볼게요. 중략

> **Tip** 고급 음성 모드로 나눈 대화 내용은 텍스트로도 기록됩니다.

챗GPT의 고급 음성 모드로 진행하는 명상은 실제 사람이 진행하는 것에 비하면 아쉬운 점도 있어요. 호흡하기 위해 필요한 쉼을 충분히 주지 않고 스크립트 낭독에만 급급한 느낌이거든요. 제 호흡에 집중할 만큼 기다려주지 않아서 '30초 만에 빠르게 명상하기'처럼 느껴지기도 했어요. 그래도 짧게나마 마음을 환기하는 용도로 활용한다면 충분히 유용하다고 생각해요.

작업 기능으로 매일 감사 일기 작성하기

명상과 함께 추천하는 방법이 하나 더 있어요. 바로 '감사 일기 작성하기'랍니다. 작업 기능으로 매일 정해진 시간에 오늘 감사했던 일을 세 가지 적어봐요. 오늘 내가 잘한 일은 뭐였을까?와 같은 질문을 받아보세요. 감정이 바닥일 때 억지로라도 감사했던 일을 떠올리다 보면 조금씩 긍정적인 기분이 생기기 시작해요. 몇 주간 감사 기록과 나 자신에 대한 칭찬이 쌓이다 보면 스스로 뿌듯함을 느끼게 되고 자기 효능감에도 도움이 될 거예요.

가벼운 명상, 감사 일기, ABCDE 기법을 챗GPT와 함께 실천해 보면 일상에서 나를 돌아보는 시간을 부담 없이 가질 수 있어요. 다만 심각한 번아웃이나 우울증이 의심된다면 반드시 전문가에게 상담을 받아야 해요.

⬢ 한눈에 정리

- 챗GPT를 활용해 내 마음이 얼마나 힘든지 자각하고 감정을 언어화합니다.
- ABCDE 기법을 활용해 하루를 돌아보고 부정적 생각을 논리적으로 반박해 보면서 생각의 전환을 시도합니다.
- 고급 음성 모드를 활용해 명상 가이드를 듣고 짧은 호흡 명상으로 마음을 안정시킵니다.
- 작업 기능을 활용해 매일 감사 일기를 작성하거나 스스로를 칭찬하는 습관을 만들어서 장기적으로 마음을 챙깁니다.

⊕ 활용 더하기

- ABCDE 기법처럼 챗GPT를 활용해 마음 건강을 좀 더 체계적으로 관리하고 싶다면 자기 점검에 도움이 되는 심리 분석 기법을 몇 가지 소개해 줘.라고 아이디어를 요청해 보세요.
- 고급 음성 모드를 통해 챗GPT가 명상 스크립트를 낭독해 주긴 하지만, 제대로 명상을 할 수 있도록 리드해 주지는 못합니다. 제대로 된 명상을 원한다면 별도의 명상 앱을 활용해 보세요.

— 2 —

안전과 안정감을 위한
챗GPT 활용법

일상에서 느끼는 안전과 안정감은 마음의 평온을 지켜주는 중요한 요소입니다. 스미싱 문자나 보이스피싱 전화 한 통에 불안해지거나, 외출 후 작은 걱정이 반복되면 하루의 안정감이 흔들리곤 하죠. 챗GPT를 활용하면 수상한 문자나 전화의 위험성을 빠르게 확인하고, 갑작스러운 재난 상황에 필요한 정보를 얻거나, 여행을 떠날 때 빠뜨린 물건이 없는지 미리 점검할 수 있습니다. 이렇게 챗GPT의 도움으로 일상의 작은 불안과 긴장을 덜어내고 마음 편히 생활할 수 있는 기반을 마련할 수 있습니다.

Episode # 04
스미싱 문자의 위험에서 벗어나기

Episode # 05
기후 변화에 대비하기

Episode # 06
안전한 1인 여행 준비하기

Episode #04　　　　　　　　　　　　　　　　　◆ 챗GPT

스미싱 문자의 위험에서 벗어나기

이런 고민이 있어요

안녕하세요. 저는 직장인 연수라고 합니다. 최근에 주변 지인들이 보이스피싱 피해를 많이 겪었어요. 가짜 계좌나 URL을 클릭해서 개인 정보가 유출되었다는 이야기를 들으면 저도 언젠가 비슷한 일을 당할까 봐 항상 불안합니다.

은행 업무나 금융 용어가 익숙하지 않다 보니 의심스러운 문자가 와도 진짜 확인해야 할 문자인지, 스팸 문자인지 많이 헷갈려요. 특히 '정부 지원금 확인하세요.'와 같은 안내 문자가 오면 보이스피싱일 가능성도 있지만, 혹시나 진짜 정보를 놓치는 건 아닐까 걱정도 돼요.

인터넷에 검색해 보면 무조건 링크를 누르지도, 전화를 받지도 말라고 조언하는데, 실제 상황에서는 어떻게 구분해야 할지 모르겠어요. 챗GPT를 활용하면 금융 사기나 스미싱 문자로부터 안전해질 수 있을까요?

✓ 저는 이렇게 쓰고 있어요

소영

문자 메시지를 보고 쎄한 느낌을 받을 때가 가끔 있죠. 요즘은 중요한 안내가 대부분 카카오톡 메시지로 오지만, 종종 문자로도 오니까 매번 문자 메시지를 무시하기도 애매해요. 게다가 스미싱 수법이 점점 교묘해져서 정말 헷갈릴 때도 많고요. 저는 이런 문자를 받으면 챗GPT를 활용해 문자 내용을 검증해 봅니다.

연수

AI가 잘못된 정보를 사실처럼 말하는 환각(Hallucination) 현상도 있다는데, 문자를 정말 잘 검증해 줄 수 있을까요?

소영

완벽하진 않더라도 의심스러운 지점이 있는지 알려달라고 하거나, 유사한 문자로 실제 피해 사례가 있었는지 실시간 검색을 요청할 수 있어요.

⚠ 차근차근 고민을 해결해요

챗GPT로 스팸 문자 검증하기

문자 내용을 복사하거나, 스크린샷 이미지로 캡처해서 챗GPT에게 공유한 후 다음과 같이 요청합니다.

이 문자가 의심스러운데, 혹시 스미싱 가능성이 있을까? 문맥이나 어휘상 의심스러운 지점을 정리해 줘.

[Web 국제발신]
해외인증 [USD] $599 결제 완료
본인이 아닐 경우
한국소비자원으로 문의
031-○○○○-○○○○

 다음 내용을 살펴보면 스미싱(피싱) 가능성을 의심해 볼 만한 지점이 있습니다.

1. 본인 결제 여부를 묻는 유형
'해외인증 [USD] $599 결제 완료, 본인이 아닐 경우 ……'와 같은 문구는 대표적인 피싱/스미싱 수법 중 하나입니다. 상대가 돈이 빠져나갔다는 식으로 '긴급 상황'을 만들거나 사용자의 불안 심리를 자극해 전화나 링크 클릭을 유도하는 형태가 많습니다.

2. 전화번호(031-○○○○-○○○○)와 기관명(한국소비자원) 언급
한국소비자원을 사칭해 전화 문의를 유도하는 점이 의심스럽습니다. 보통 한국소비자원 등 공공기관은 특정 지역 번호(031 등) 뒤에 임의로 숫자가 붙은 형태의 번호로 안내하기보다는 대표 번호(☎ 1372, 110, 1399 등)를 사용합니다.
중략

위와 같은 특징을 종합했을 때 해당 문자는 스미싱일 가능성이 매우 높습니다. 실제로 결제된 것인지 궁금하다면 직접 사용 중인 카드사나 은행의 공식 고객센터로 문의해서 진위 여부를 확인하는 것이 가장 안전합니다.

좀 더 안전하게 검증받고 싶다면 챗GPT의 실시간 웹 검색 기능을 활용해 유사 피해 사례가 있는지 찾아달라고 요청해 보세요. 공공기관에서 발표한 피싱 문자 관련 공지 사항도 함께 확인할 수 있답니다.

실시간 웹 검색으로 문자의 진위 여부 확인하기

챗GPT의 실시간 웹 검색 기능을 활용하면 최신 정보를 기반으로 답변하면서 관련 출처 링크까지 함께 제공합니다. 수시로 바뀌는 정보를 정확하게 확인하고 신뢰할 만한 근거까지 함께 살펴볼 수 있죠. 실시간 웹 검색 기능을 사용하려면 원하는 내용을 입력한 후 실시간 검색해 줘.라고 덧붙입니다.

> **Tip** 챗GPT의 답변이 나오기 전에 '웹 찾아보는 중'이라는 문구가 나타난다면 실시간 웹 검색 기능이 잘 실행된 것이에요. '실시간 검색해 줘.'라고 덧붙이지 않아도 사용자가 입력한 프롬프트를 보고 실시간 웹 검색이 필요하다고 판단되는 경우 자동으로 웹 검색이 활성화되기도 합니다.

스미싱 문자인지 판단하고 싶은데, 내가 받은 문자와 관련하여 공공기관에서 피해를 막기 위해 안내한 공지 사항이 있는지, 피해 사례가 있는지, 실시간 검색해 줘.

최근 한국소비자원을 사칭한 스미싱 문자 메시지가 지속적으로 보고되고 있습니다. 이러한 메시지들은 '국제(해외)발신' 문구와 함께 허위 해외 결제 내역을 포함하며, 한국소비자원에 문의하라는 거짓 연락처를 기재하고 있습니다. 소비자가 해당 번호로 전화를 걸면 개인정보 및 금융정보를 요구하거나 특정 애플리케이션 설치를 유도하는 방식으로 피해를 입힐 수 있습니다.

한국소비자원은 개인 거래나 결제와 관련된 문자 메시지를 발송하지 않으므로, 이러한 문자를 수신할 경우 통화하지 말고 즉시 삭제해야 합니다. 또한, 스미싱 문자로 인해 경제적 피해가 우려되는 경우 경찰청 사이버수사국(cyberbureau.police.go.kr)에 신고하고, 불법스팸대응센터(국번 없이 118번)에도 신고할 것을 권장합니다.

따라서, 귀하께서 수신하신 문자 메시지는 스미싱일 가능성이 높습니다. 해당 문자에 기재된 연락처로 연락하지 마시고, 공식적인 경로를 통해 사실 여부를 확인하시기 바랍니다.

클릭

실시간 웹 검색을 요청하면 챗GPT가 참고한 출처 링크를 함께 보여줍니다. 그러면 어떤 기사와 자료를 참고해서 답변했는지 알 수 있어요. 좀 더 자세한 내용을 보고 싶다면 출처 링크를 클릭해 원문을 직접 읽어볼 수 있어요.

챗GPT로 스미싱 문자를 클릭했을 때 조치법 안내받기

문자 속 링크를 누른 후 '앗, 이거 스미싱인가?' 하고 뒤늦게 깨달은 경우 당장 어떤 조치를 취해야 할지 챗GPT에게 물어볼 수 있습니다.

방금 스미싱 문자로 추측되는 문자 속 링크를 실수로 눌렀는데, 웹 브라우저 앱이 열리기 전에 급히 닫았어. 지금 당장 어떤 조치를 취하면 좋을까? 혹시 스마트폰 보안 설정을 확인해야 할까?

일반적으로 링크를 단순히 누른 것만으로는 즉시 악성 코드가 설치되거나 해킹되는 경우가 드뭅니다. 다만 다음의 조치를 취하면 더 안전하게 대비할 수 있습니다.

1. 웹 브라우저와 앱 완전히 종료하기
- 사용하던 웹 브라우저를 모두 종료하고 다른 앱도 종료해 주세요.
- 혹시 열려있는 웹 브라우저 탭들 중 의심스러운 링크가 그대로 남아있으면 닫아주세요.

2. 스마트폰 보안 설정 확인하기
- '알 수 없는 출처(미인증 앱) 설치 허용' 옵션이 꺼져있는지 확인해 주세요.
- iOS 기기라면 기본적으로 앱 스토어가 아닌 경로에서 앱을 설치할 수 없으므로 크게 걱정하지 않아도 됩니다.
- 안드로이드 기기라면 '알 수 없는 출처'에서의 설치가 허용되어 있는지 꼭 확인하고 가능하다면 꺼두는 것이 좋습니다. 〔중략〕

챗GPT로 스미싱 문자 안내글 작성하기

지금까지 안내한 방법만 잘 활용해도 의심스러운 문자를 어느 정도 걸러낼 수 있어요. 더 나아가 스미싱 범죄에 취약한 주변 어르신이나 부모님께 안내글을 공유해 보면 어떨까요? 챗GPT에게 '부모님 눈높이에 맞춘 안내글'을 써 달라고 요청해 보세요. 챗GPT가 잘하는 것 중 하나가 바로 이런 눈높이 맞춤 글쓰기거든요. 이때 글을 읽을 대상에 대한 정보를 충분히 제공하는 게 중요해요. 예를 들어 <u>스마트폰 사용이 익숙하지 않은 60대 부모님</u>처럼요.

스마트폰 사용이 익숙하지 않은 60대 부모님께 이런 스미싱 문자를 조심하라는 메시지를 보내려고 해. 부모님의 눈높이에 맞춰 메시지를 작성해 줘.

다음은 60대 부모님께 보내기에 적합한 스미싱 경고 메시지입니다. 간단하고 이해하기 쉽게 작성했습니다.

[중요: 이상한 문자 조심하세요!]
엄마/아빠, 요즘 스마트폰으로 이상한 문자가 많이 오고 있어요. '결제되었다.', '돈이 빠져나갔다.', '확인해 주세요.'와 같은 문자가 오면 절대 눌러보거나 전화하지 마세요.

꼭 기억할 점
- 모르는 전화번호에서 온 문자나 링크는 절대로 누르지 마세요.
- 만약 실수로 눌렀다면 바로 저한테 알려주세요.
- 은행, 카드사, 정부 기관은 문자로 링크를 보내거나 전화하라고 하지 않아요.
- 문자나 전화가 이상하다고 생각되면 그냥 무시하거나 삭제하세요.

필요하면 제가 확인해 볼게요. 스마트폰을 쓰다가 모르는 게 있으면 바로 연락 주세요.

⭐ 한눈에 정리

- 나의 개인 정보 등 민감한 정보를 제외한 문자 내용을 챗GPT에 붙여넣고 스미싱 문자 가능성을 체크합니다.
- 실시간 웹 검색 기능을 활용해 유사한 피해 사례를 찾고 피해를 사전에 막을 수 있습니다.
- 스미싱 문자 속 링크를 실수로 클릭했다면 챗GPT에게 긴급 조치를 단계별로 안내받습니다.
- 챗GPT에게 맞춤형 글 작성을 요청해 가족에게 스미싱 문자를 조심하라고 당부하는 메시지를 보냅니다.

➕ 활용 더하기

가족과 함께 스미싱 예방 연습을 하고 싶다면 챗GPT에게 퀴즈 출제자 역할을 맡겨보세요. 가족끼리 풀 수 있는 스미싱 퀴즈를 다섯 문제 만들어줘. 각 문제에는 의심 문자 사례와 '스미싱 여부' 정답을 알려줘.라고 요청하면 실제 문자 사례와 유사한 문제를 만들어주어 다양한 사례에 익숙해질 수 있습니다.

Episode # 05　　　　　　　　　　　　　　　　　　◆ 챗GPT

기후 변화에
대비하기

이런 고민이 있어요

안녕하세요. 저는 직장인 희진이라고 합니다. 요즘 한낮 기온이 35도 이상 넘어가는 엄청난 폭염이 계속되고 있어요. 제가 사는 원룸은 에어컨 없이 지내면 견디기 힘들 정도라, 전기요금이 걱정되지만 하루 종일 에어컨을 켜고 지내는 중입니다. 계속 에이컨을 틀다 보니 냉방병이 생길까 봐 걱정되고 잠깐 외출할 때는 열사병 위험이 높아지는 것 같아 스트레스를 많이 받고 있어요.

혼자 사시는 엄마를 생각하면 더 걱정이에요. 전기요금이 아깝다면서 선풍기만 틀고 계시거든요. 그러지 말라고 아무리 말해도 "옛날에는 에어컨 없이도 잘 살았다."고 하시는데, 요즘 폭염은 예전과 비교가 안 되잖아요. 폭염에 건강이 상하실까 봐 늘 신경이 쓰여요. 이런 식으로 기후 변화 때문에 생기는 폭염이 거의 재난 수준이라고 하던데, 혹시 AI나 챗GPT 같은 걸로 폭염 대비 정보나 긴급 대처법을 받을 수도 있나요?

✅ **저는 이렇게 쓰고 있어요**

소영: 희진 님, 올해 여름도 불볕더위가 기승이죠? 갈수록 여름이 더 일찍 시작되고 늦게 끝나는 것 같아요. 저도 사무실에서 에어컨을 세게 틀어놓다 보니 냉방병이 걱정될 때가 있어요.

희진: 맞아요. 전기요금도 걱정되고, 엄마도 신경 쓰이고, 열사병이나 일사병 같은 온열질환까지 챙겨야 하니 신경 쓸 게 한두 가지가 아니에요.

소영: 확실히 기후 변화 때문에 더 챙길 게 많아졌어요. 그래도 요즘은 챗GPT에게 '폭염 속 온열질환 예방법'이나 '사무실 에어컨 사용 시 냉방병 방지법'을 물어보면 실시간 웹 검색으로 유용한 정보를 알려줘서 꽤 도움이 돼요.

⚠️ **차근차근 고민을 해결해요**

실시간 웹 검색으로 오늘의 날씨 물어보기

실시간 웹 검색 기능을 활용하면 오늘의 날씨도 바로 확인할 수 있어요. 미리 대비하면 좋겠지만, 그러지 못했을 때 온열질환이나 냉방병에 어떻게 대처하면 좋을지 조언도 받을 수 있습니다.

오늘 많이 더워? 바깥 활동을 잠깐 해야 하는데 좀 걱정이네. 혹시 열사병이라도 걸리면 어떡하지? 날씨가 어떤지 실시간 검색해 줘.

서울은 현재 낮에는 기온이 30도 중반까지 오르고 오후 1~3시 사이에는 최고 33~34도까지 오르면서 매우 무더운 날씨가 이어지고 있어요. 이렇게 날씨가 더우면 열사병과 같은 온열질환의 위험이 높아지므로 주의가 필요합니다. 특히 오후 시간대에는 기온이 가장 높으므로 가능한 한 야외 활동을 피하고 실내에서 활동하는 것이 좋습니다.

챗GPT에게 <u>바깥 활동을 하다가 에어컨 바람이 강한 사무실로 복귀할 예정이다.</u>와 같은 충분한 맥락 정보를 주면 훨씬 풍부하고 상세한 답변을 받을 수 있습니다.

오후 1시에 잠깐 외출해서 15분 정도 밖에 있다가 다시 사무실로 들어올 거야. 내 자리는 에어컨 바람이 강하게 불어오는 곳이라서 사무실에 들어오면 또 엄청 추워. 가끔 머리가 멍할 정도야. 어떻게 하면 좋을까?

폭염 속에서는 짧은 외출도 체온 상승에 영향을 줄 수 있어 에어컨 바람이 강하게 직접 닿으면 급격한 온도 변화로 두통이나 피로감을 느낄 수 있으니까 다음 방법을 고려해 보세요.

- 외출 전 미리 물 한 잔 마시기
→ 체내 수분을 유지하면 열 스트레스를 줄일 수 있어요.
- 햇빛 차단하기
→ 모자나 양산을 쓰고 자외선 차단제를 발라 피부 온도 상승을 방지해 보세요.
- 느린 걸음으로 이동하기
→ 갑자기 땀이 많이 나면 사무실 들어왔을 때 냉방의 영향을 더 크게 받아요.

중략

폭염 속에 어쩔 수 없이 외출해야 할 때 '이것도 챙겨야지, 저것도 챙겨야지.' 생각은 하는데, 막상 집을 나서면 빠뜨리는 물건이 꼭 생기죠? 이럴 때 챗GPT의 고급 음성 모드를 사용하면 정말 편리합니다. 화장 중이거나 옷 갈아입는 중이어도, 손을 쓰지 않고 음성으로 챗GPT와 대화할 수 있거든요.

고급 음성 모드로 외출 전 준비물 점검하기

고급 음성 모드의 장점은 손이 자유롭다는 점입니다. 챗GPT의 고급 음성 모드를 활성화하고 다음과 같이 말해보세요.

고급 음성 모드로
오늘 폭염이라는데 외출하기 전에 뭘 챙겨서 나가면 좋을까?

| 폭염에는 몇 가지 준비가 필요해요. 우선 물을 충분히 챙겨서 수분을 자주 섭취하는 게 중요합니다. 모자나 양산으로 직사광선을 피하고 가벼운 옷차림을 하는 것도 좋아요. 가능하면 한낮의 야외 활동은 피하는 게 좋고 선크림도 잊지 말고 꼭 바르세요. 무엇보다 몸 상태를 잘 살피면서 무리하지 않는 게 가장 중요합니다.

고급 음성 모드의 또 다른 장점은 스마트폰에 문자 입력이 어려운 어르신들도 챗GPT를 쉽게 사용할 수 있다는 점이에요. 챗GPT 앱에 접속해 음성 대화를 켜는 방법과 질문하는 방법을 처음 몇 번만 알려드리면 부모님도 일상에서 자주 고급 음성 모드를 사용하게 되실 거예요.

자, 그러면 이번에는 혼자 사시는 어머니가 마음 편히 에어컨을 사용하실 수 있도록 챗GPT를 활용해 설득해 볼까요? 이때 챗GPT가 '전기세 걱정 없이 에어컨을 켜도 괜찮다.'와 같이 원하는 대답을 하게 하려면 맞춤 설정을 해 두는 것이 필요할 수 있어요.

맞춤 설정으로 챗GPT의 답변 유도하기

맞춤 설정(Custom Instructions)은 챗GPT의 답변을 사용자가 원하는 대로 커스터마이징할 수 있는 기능입니다. 챗GPT가 나의 특성을 파악할 수 있도록 자기소개를 할 수도 있고 내가 챗GPT에게 바라는 점을 적을 수도 있죠.

챗GPT 화면의 왼쪽 아래에 있는 내 프로필을 클릭한 후 [개인 맞춤 설정]을 선택합니다. '맞춤형 지침' 항목에 원하는 답변의 방향을 다음과 같이 입력합니다.

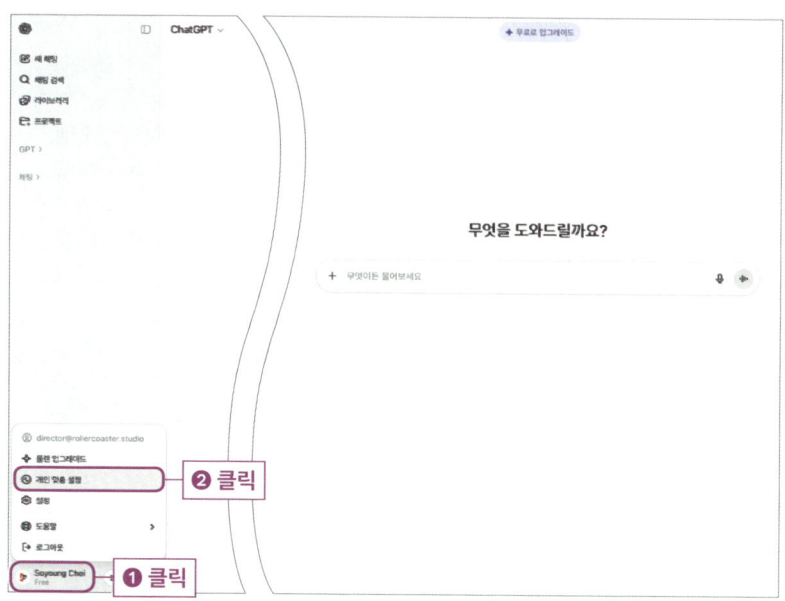

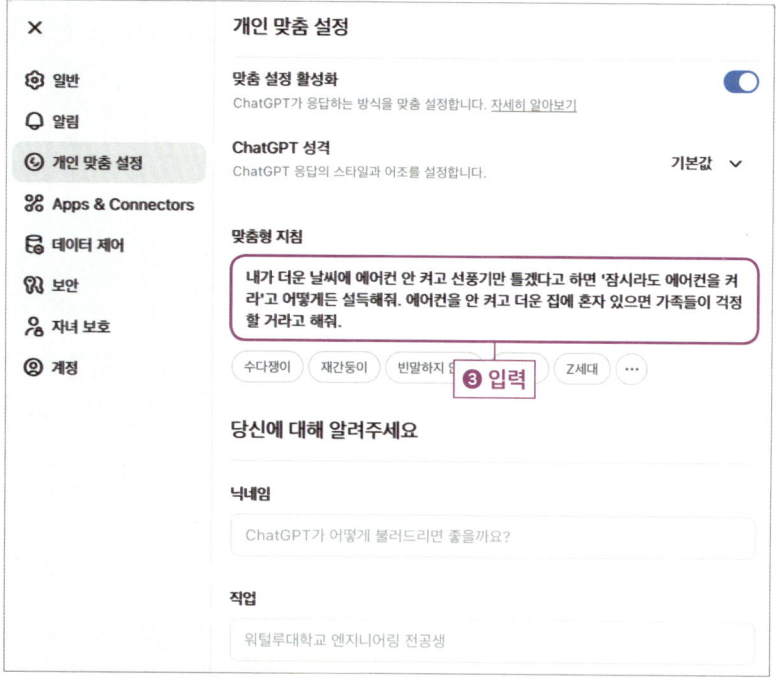

이렇게 맞춤 설정을 해 두면 챗GPT는 다음과 같이 설정한 방향에 맞추어 최선을 다해 사용자를 설득합니다.

아휴, 나는 전기세가 무서워서 에어컨을 못 틀겠어.

 그래도 더운 날씨에 건강을 위해 잠시라도 에어컨을 켜는 게 좋아요. 가족도 걱정하니까 조금만 사용해 보시는 게 어떨까요? 꼭 필요한 만큼만 사용하시면 전기세 부담도 덜 수 있어요.

전기세가 덜 나온다고?

 전기세는 사용 시간과 에어컨의 효율에 따라 달라져요. 보통 하루에 몇 시간 정도만 사용하면 큰 부담이 되지는 않을 거예요. 건강을 위해 잠시 사용하는 건 충분히 가치가 있어요.

아니, 그래도 돈이 더 나오긴 할 거 아냐. 땅 파면 뭐 돈이 나와? 그냥 난 선풍기만 써야겠어.

 전기세가 조금 더 나올 수 있지만, 건강을 위해 필요한 만큼만 에어컨을 사용하는 건 중요해요. 폭염 속에서는 선풍기만으로는 충분하지 않을 수 있으니 가족의 걱정도 고려해서 잠깐이라도 에어컨을 켜 보시는 게 어떨까요? 잠깐 에어컨을 사용하는 것만으로도 충분히 도움이 될 거예요.

이처럼 챗GPT를 활용하면 무더위 속에서도 나와 가족의 건강을 지키고 기후 변화에 대응하는 팁까지 얻을 수 있어요. 일상의 소소한 고민까지 챗GPT로 해결한다니 정말 놀랍지 않나요?

✪ 한눈에 정리

- 실시간 웹 검색 기능으로 오늘의 날씨를 확인하고 온열질환 대처법을 알아봅니다.
- 고급 음성 모드를 사용해 외출 준비를 하면서 동시에 궁금한 것을 물어봅니다.
- 맞춤 설정으로 챗GPT의 답변을 커스터마이징(사용자 정의)해 특정한 답변을 유도합니다.

➕ 활용 더하기

- 메모리 기능을 활용하면 외출할 때마다 자주 깜빡하는 물건을 챗GPT가 기억하도록 하고 다음 외출 체크리스트에 자동으로 추가할 수 있습니다. 요청 끝에 ~를 기억해 줘.라고 말하면 메모리 기능을 실행할 수 있습니다.
- 더운 날씨 외에도 폭설이 내리거나 태풍이 오는 등 재난 상황이 발생했을 때 챗GPT에게 대처법을 문의하면 쉽고 빠르게 조언을 받을 수 있습니다.
- 전기요금을 아끼는 노하우를 알고 싶다면 챗GPT에게 에어컨 온도를 몇 도로 설정해야 전기요금이 크게 안 오르면서 시원함을 느낄 수 있을까?와 같이 좀 더 구체적으로 질문해 보세요.

 **Episode # 06** ♦ 챗GPT

안전한 1인 여행 준비하기

> 이런 고민이 있어요

안녕하세요. 저는 직장인 세은이라고 합니다. 며칠 전 2주 동안 태국 방콕으로 혼자 자유여행을 떠나기로 마음먹었어요. 오랜만의 휴가라 처음에는 설렘이 컸는데, 막상 여행을 준비하기 시작하니 여러 가지 불안이 밀려오네요.

친구들은 동남아시아에는 자유 여행객이 많으니 괜찮다며 대수롭지 않게 말하지만, 혼자 여행을 떠나는 것이 처음이어서 치안이나 안전 문제가 가장 신경 쓰여요. 비상 상황이 생기면 어디로 연락해야 할지, 병원은 어디가 안전한지 전혀 감이 안 잡히더라고요.

여행자보험도 들어야 한다는 말은 많이 들었지만, 어떤 상품을 골라야 하는지, 꼭 챙겨야 하는 보장 항목은 무엇인지 전혀 몰라서 막막합니다. 블로그나 유튜브를 찾아봐도 여행자보험과 관련된 정보가 서로 달라서 중요한 사항을 부지런히 챙기지 않으면 너무 많이 놓칠 것 같더라고요.

챗GPT를 통해 여행에 관련된 도움을 받을 수 있을까요? 막연히 '치안 정보'나 '위험 지역'을 검색하는 것보다 한꺼번에 정리된 정보를 얻고 제 여행 스타일에 맞는 맞춤 조언까지 챗GPT에게서 받을 수 있다면 훨씬 편할 것 같아요.

✓ 저는 이렇게 쓰고 있어요

소영 처음으로 혼자 자유여행을 떠나시다니 설레면서도 불안하실 거예요. 저도 처음 혼자 자유여행을 갔을 때는 무엇을 어떻게 준비해야 할지 몰라 한참 헤맸는데, 요즘은 챗GPT 덕분에 한결 수월하게 여행을 준비하고 있어요.

세은 정말요? 저도 AI를 잘 쓰고 싶은데, 필요한 정보를 얻으려면 구체적으로 어떻게 물어봐야 할지 잘 모르겠어요.

소영 안전하게 여행을 다녀올 수 있도록 제가 사용하는 챗GPT 활용법을 공유드릴게요.

⚠ 차근차근 고민을 해결해요

실시간 웹 검색으로 여행지의 치안 정보 확인하기

여행지가 정해졌다면 실시간 웹 검색을 통해 해당 지역이 얼마나 안전한지 챗GPT에게서 최근 치안 상황에 대해 안내받을 수 있어요. <u>최근 정보를 바탕으로 알려줘</u>.라는 문구를 추가해 챗GPT에게 질문하면 자동으로 실시간 웹 검색이 실행돼요.

태국 방콕 여행 예정인데, 여기 치안은 어때? 특별히 위험한 구역이나 시간대가 있을까? 안전한 교통수단을 추천해 주고 밤늦게 다닐 때 주의사항 등을 최근 정보를 바탕으로 포괄적으로 알려줘.

태국 방콕은 일반적으로 관광객에게 안전한 도시로 평가되지만, 대도시인 만큼 일부 주의할 점이 있습니다. 다음은 2025년 기준으로 방콕을 여행할 때 알아두어야 할 치안 정보와 교통뿐만 아니라 야간 활동을 할 때 유의 사항을 정리한 내용입니다.

방콕의 전반적인 치안
- 일반적인 안전 수준: 방콕은 전반적으로 안전한 도시로, 수많은 관광객이 큰 문제 없이 방문하고 있습니다.
- 소매치기 및 사기: 혼잡한 관광지나 대중교통에서는 소매치기와 사기 사건이 발생할 수 있으므로 주의해야 합니다.

주의해야 하는 지역 및 시간대
- 클롱 토이(Khlong Toei): 빈민가로 알려져 있으며 야간에는 방문을 피하는 것이 좋습니다.
- 어두운 골목이나 인적이 드문 지역: 특히 여성 여행자는 혼자 다니는 것을 피하고 항상 신뢰할 수 있는 교통수단을 이용하세요. [중략]

챗GPT로 여행자보험 비교하고 약관 요약 받기

요즘은 여행자보험을 쉽게 비교하고 보장 내역도 원하는 대로 바꿀 수 있어요. 최저가를 찾는 것도 중요하지만, 여행지와 여행 스타일에 따라 어떤 항목을 얼마만큼 보장받아야 유리한지 알기 어려우므로 챗GPT의 도움을 받으면 좋습니다.

Tip 현재 보고 있는 해외여행자보험 비교 사이트의 화면을 캡처해서 함께 업로드해도 좋습니다.

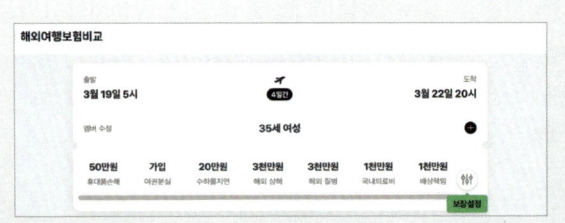

해외여행자보험을 비교하고 가입하려고 해. 어떤 항목을 어떻게 보장받아야 최대한 나에게 유리할까?

해외여행자보험을 선택할 때 최대한 유리한 보장 항목을 고려해야 합니다. 방콕의 특성과 여행 중 발생할 수 있는 위험 요소를 감안하여 중요한 보장 항목을 추천해 드릴게요.

1. 해외 상해 및 질병(최소 5,000만 원 이상)
- 방콕에서 발생할 수 있는 예상 위험: 교통사고, 음식으로 인한 식중독, 모기 매개 질병(뎅기열 등)
- 현지 병원에서 치료받아야 하는 경우 비용이 많이 들 수 있음
- 보장 금액: 최소 5,000만 원 이상 추천(현재 3,000만 원 → 상향 고려)

2. 의료비 보장(국내 치료 포함)
- 여행 중 발생한 사고로 인해 귀국 후에도 치료가 필요한 경우가 있음
- 보장 금액: 해외 치료비 1,000만 원 이상 유지(현지 진료비 포함) [중략]

추가적으로 고려할 항목
- 현금 도난 보장 여부 확인: 여행 중 소매치기 피해가 잦음
- 태국 내 교통사고 시 보장 범위 확인: 오토바이, 택시 이용 시 사고 발생 가능성이 있음

보험 비교 시 노하우
- 면책금과 자기부담금 조항을 꼼꼼히 살펴보고, 특히 의료비를 청구할 때 내가 부담해야 할 부분이 얼마나 되는지 확인
- 병원비 먼저 내야 하는지, 아니면 보험사가 직접 지불해 주는지 환급 방식 확인
- 알코올/약물의 영향으로 발생한 사고, 위험한 스포츠 활동 등 제외되는 항목이 많으므로 약관의 제외 사항 꼼꼼하게 확인

프로젝트 기능으로 세부 여행 계획 세우기

대사관에서 제공하는 PDF 등 여행 자료를 '프로젝트'에 업로드하고 효율적으로 여행 계획을 세워봅시다. 프로젝트 기능은 폴더처럼 주제별로 파일과 대화를 모아두는 공간입니다. 업로드한 자료를 챗GPT가 계속 참고하면서 검색 및 요약, 분석할 수 있고 프로젝트 안에서 새로운 대화를 열어도 이전에 올려둔 파일과 지침이 그대로 연결됩니다. 그래서 팀 보고서 작성, 고객 데이터 관리, 여행 준비처럼 관련 자료를 한데 모아 다뤄야 하는 일을 훨씬 효율적으로 관리할 수 있습니다.

챗GPT 화면의 왼쪽 사이드 메뉴에서 '새 프로젝트'를 클릭합니다.

프로젝트 이름을 입력하고 '프로젝트 만들기' 버튼을 클릭합니다.

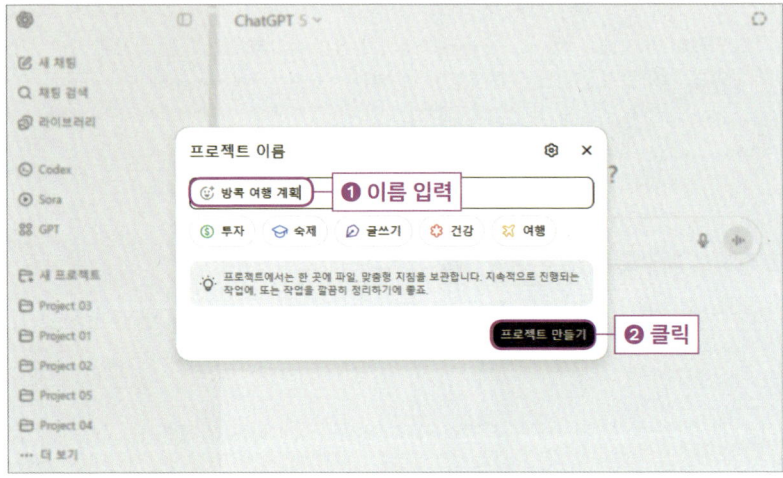

새롭게 생성된 프로젝트 화면에서 '파일 추가'를 클릭하여 대사관에서 제공하는 PDF 등 여행에 참고할 만한 자료를 업로드합니다.

Tip 챗GPT Plus 구독자는 한 프로젝트에 파일을 최대 20개까지, 챗GPT Pro 구독자는 파일을 최대 40개까지 업로드할 수 있습니다.

'[프로젝트 이름]에서 새 채팅'을 클릭하면 프로젝트 안에서 새 채팅을 시작할 수 있습니다.

방콕 여행을 갈 건데 뭘 먹으면 좋을까? 대표적인 음식 세 가지만 먼저 정리해 줘.

방콕에서 꼭 먹어봐야 할 대표적인 세 가지 음식과 대표 맛집을 정리해 줄게요!

1. 팟타이(Pad Thai) – 태국식 볶음면
- 새우, 닭고기, 두부 등과 함께 볶은 쌀국수
- 피시소스, 타마린드소스, 땅콩가루, 라임이 어우러진 새콤달콤한 맛
- 대표 맛집: 팁싸마이(Thipsamai) – 방콕 최고의 팟타이 가게

71

2. 똠얌꿍(Tom Yum Goong) - 매콤한 새우수프
• 새우, 레몬그라스, 고수, 라임, 칠리 등이 들어간 매콤하고 새콤한 국물요리
• 코코넛밀크를 추가하면 '똠얌남콘(Tom Yum Nam Khon)' 버전이 됨
• 대표 맛집: 반쏨팟(Ban Somtum) - 똠얌꿍과 함께 먹기 좋은 레스토랑 중략

> **Tip** 챗GPT는 해당 프로젝트에 업로드한 자료와 지침을 기반으로 답변합니다.

프로젝트 밖에서 시작한 채팅을 가져오려면 채팅 이름의 오른쪽에 있는 '더 보기' 버튼(...)을 클릭하고 '프로젝트에 추가'를 선택해 원하는 프로젝트에 추가합니다.

캔버스 기능으로 여행 준비물 체크리스트 만들기

캔버스(Canvas) 기능을 활용하면 여행 준비물을 확인할 수 있는 체크리스트를 쉽고 빠르게 만들 수 있습니다. 캔버스는 챗GPT 안에서 문서를 직접 보고 고칠 수 있는 기능으로, 별도로 열리는 캔버스 창에서 실시

간으로 글과 코드를 교정 및 수정할 수 있습니다. 보고서 문장을 다듬거나 코드를 짤 때 캔버스를 사용하면 대화와 문서 편집을 동시에 할 수 있어 매우 효율적이죠.

프롬프트에 캔버스(Canvas)에서 리액트(React)로 구현해 줘.라고 입력하면 캔버스 창이 열리면서 자동으로 코드가 작성됩니다. 그리고 '미리 보기' 버튼을 클릭하면 실제로 작동하는 체크리스트를 확인할 수 있습니다.

여행을 가기 전에 여행 준비물 체크리스트를 만들면 좋을 것 같아. 캔버스에서 리액트로 구현해 줄래? 클릭하면 체크 표시(√)가 되면 좋겠어.

방콕 여행 준비물 체크리스트 (react) · typescript   복사 편집 다운로드 미리 보기

❶ 클릭

```typescript
import React, { useEffect, useMemo, useState } from "react";
/**
 * 방콕 여행 준비물 체크리스트
 * - 클릭하면 체크(√) 토글
 * - 로컬 저장(localStorage) 유지
 * - 진행률, 전체선택/해제, 프린트·공유, 초기화 제공
 * - TailwindCSS 스타일 (ChatGPT Canvas 미리보기 지원)
 */
const DEFAULT_DATA: Record<string, { id: string; label: string; note?: string }[]> = {
  "필수 서류": [
    { id: "passport", label: "여권 (유효기간 확인)" },
    { id: "tickets", label: "항공권 · 호텔 · 투어 바우처" },
    { id: "esim", label: "eSIM/현지 심카드 또는 포켓와이파이", note: "공항 통신사 부스(AIS/dtac/Tr
    { id: "copies", label: "여권 사본 · 사진 · 비상연락처" },
    { id: "insurance", label: "여행자보험 증서" },
  ],
  "돈/결제": [
    { id: "cash", label: "현금 (THB)" },
    { id: "cards", label: "신용/체크카드 (해외사용 허용)" },
    { id: "fx", label: "환전 영수증/남은 달러" },
    { id: "tips", label: "소액 팁용 지폐 (호텔 ↓ 식지)" },
  ],
```

73

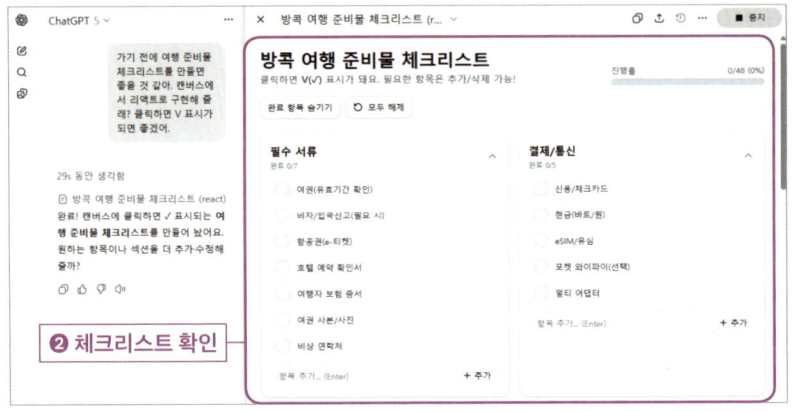

❷ 체크리스트 확인

> **Tip** 리액트(React)는 버튼을 클릭하면 체크 표시(✓)가 생기는 것처럼 즉각 반응하는 화면(UI; User Interface)을 만들 때 사용하는 자바스크립트 라이브러리예요. 한마디로 말해서 사용자의 행동에 맞춰 화면이 즉시 바뀌게 해 주는 기술이죠. 챗GPT가 캔버스에서 작성한 리액트 코드는 캔버스의 오른쪽 위에 있는 '공유하기' 버튼(⬆)을 클릭해 다른 사람에게도 보여줄 수 있어요.

⭐ 한눈에 정리

- 실시간 웹 검색 기능으로 여행지의 뉴스를 파악하고, 치안 상황을 확인합니다.
- 챗GPT로 나에게 맞는 여행자 보험 상품을 추천받습니다.
- 새 프로젝트를 만들고 여행 안내 자료를 업로드한 후 필요한 정보를 물어보고 여행 계획을 세웁니다.
- 캔버스 기능을 활용해 리액트 코드로 체크리스트를 만들고 '미리 보기'를 클릭해 직접 실행해 봅니다.

➕ 활용 더하기

챗GPT에게 동남아시아 지역을 안전하게 여행하기 위해 도난 방지용품은 뭘 사면 좋아?라고 물어보면 안전한 여행을 위한 준비물을 쇼핑 목록으로 받아볼 수 있어요.

– 3 –

사회적 연결과 사랑을 위한
챗GPT 활용법

사람들과의 연결과 사랑은 일상생활을 더욱 풍성하고 의미 있게 만들어줍니다. 가족의 특별한 날을 놓치거나, 친구들과의 만남이 소원해지면 마음 한구석이 허전해지기 마련입니다. 이때 챗GPT를 활용하면 가족이나 친구와 부드럽게 소통할 수 있습니다. 특별한 기념일을 잊지 않고 챙기도록 도와주거나, 평소 어색했던 관계를 자연스럽게 풀어나갈 수 있도록 적절한 소통 방법을 알려주거든요. 챗GPT와 함께라면 소중한 관계를 보다 따뜻하고 탄탄하게 가꿀 수 있습니다.

Episode #07
가족 생일 기념하기

Episode #08
관계 개선을 위해 나를 되돌아보기

Episode #09
은퇴 후 인생 2막 시작하기

 **Episode # 07**　　　　　　　　　　◆ 챗GPT　◆ 수노

가족 생일 기념하기

이런 고민이 있어요

안녕하세요. 저는 직장인 수연이라고 해요. 어머니의 환갑이 다가오는데, 이런 이벤트를 준비해 본 적이 없어서 무척 막막합니다. 부모님은 "그냥 가족끼리 밥만 같이 맛있게 먹자."고 하시지만, 그래도 평생에 한 번뿐인 환갑이라 좀 더 의미 있게 해드리고 싶거든요.

일단 서울 근교에서 주차가 편한 식당을 알아보고 있는데, 후보지가 너무 많아서 선택이 어려워요. 인터넷에 검색하니 정보가 산더미처럼 쏟아져서 혼란스럽기도 하고요. 단순히 식사만 하고 끝내긴 아쉬워서 가족사진으로 짧은 영상을 만들어볼까 생각해 봤는데, 영상 편집 기술이 없어서 손도 못 대고 있어요. 주변 친구들은 AI를 활용해서 예쁜 초대장도 만들고 음악도 만든다는데……. 저는 그런 쪽으로 아는 게 전혀 없어서요. 한정된 예산 안에서 재미있고 의미 있는 환갑 잔치를 기획하고 싶습니다. 챗GPT가 이런 준비도 도와줄 수 있나요?

✓ 저는 이렇게 쓰고 있어요

소영: 가족을 위해 특별한 생일파티를 계획 중이시군요. 저도 AI를 활용해 외식 장소를 찾아본 적이 몇 번 있는데, 챗GPT가 매번 맛집을 찾아줘서 만족스럽게 식사하곤 했어요.

수연: 맛있는 식당만 찾아주는 프롬프트가 별도로 있나요? 혹시나 챗GPT가 잘못된 정보를 가져오는 건 아닌지, 믿고 예약까지 했는데 막상 당일에 가보니 맛이 없는 곳일까 봐 걱정되기도 해요.

소영: 여러 번 실험해 본 끝에 프롬프트에 특정 키워드를 포함하면 맛집을 좀 더 쉽게 찾을 수 있게 되었어요. 아직까지는 챗GPT가 추천해 준 집은 진짜 맛집인 경우가 많았어요. 제가 어떻게 프롬프트를 썼는지 보여드릴게요.

! 차근차근 고민을 해결해요

실시간 웹 검색으로 특정 지역의 진짜 맛집 찾기

프롬프트에 ❶ 원하는 지역과 메뉴를 입력하고 ❷ 블루리본을 받은 식당, 주차할 수 있는 곳과 같은 선호 사항을 덧붙입니다.

❶ 디지털미디어시티역 인근에 있는 돼지고기 맛집을 찾아줘.
❷ 블루리본을 받은, 주차할 수 있는 곳으로 세 곳 정도 추천해 줘.

디지털미디어시티역(DMC역) 인근에서 돼지고기 맛집을 찾으신다면 다음 세 곳을 추천드립니다.

1. ○○○○ 식당
- **위치**: 서울 마포구 상암동 ○○○○
- **주차**: 전용 주차장 보유
- **특징**: 프리미엄 돼지고기 전문점으로, 숙성 삼겹살과 목살이 인기 메뉴입니다. 깔끔한 인테리어와 친절한 서비스로 유명하고 가족 모임이나 회식 장소로도 적합합니다.

2. ○○집
- **위치**: 서울 마포구 상암동 ○○○○
- **주차**: 인근 공영주차장 이용 가능
- **특징**: 연탄불에 구워내는 돼지고기 전문점으로, 불향 가득한 삼겹살과 목살이 일품입니다. 합리적인 가격과 푸짐한 양으로 지역 주민들에게 사랑받는 곳입니다.

3. ○○가게
- **위치**: 서울 마포구 상암동 ○○○○
- **주차**: 전용 주차장 보유
- **특징**: 다양한 돼지고기 부위를 제공하는 전문점으로, 신선한 재료와 정성스러운 조리로 맛을 더합니다. 넓은 좌석과 쾌적한 환경으로 단체 모임에도 적합합니다.

각 식당의 영업 시간이나 메뉴 구성은 변동될 수 있으므로 방문 전에 전화로 문의하거나 공식 웹사이트를 통해 확인하시기를 권장합니다. 맛있는 식사 되시기를 바랍니다!

> **Tip** 프롬프트에 '세 곳 정도 추천해 줘.'와 같이 선택지의 개수를 지정하면 챗GPT가 그에 맞춰 답변해 줍니다.

이렇게 챗GPT가 추천해 준 식당 후보 중에서 후기를 읽어보고 최종 결정하시면 될 거예요. 이제 식당을 골랐으니 참석자를 위한 초대장 이미지를 만들어볼까요? 문자로 날짜와 장소만 간단히 적어서 보낼 수도 있지만, 초대장 이미지를 함께 보내면 좀 더 특별한 느낌을 줄 수 있어요.

챗GPT로 파티 초대장 이미지 만들기

미드저니, 스테이블 디퓨전 등 이미지 생성에 특화된 다양한 AI 서비스가 있지만, AI 이미지를 처음 생성한다면 챗GPT를 사용하는 것을 추천합니다. 챗GPT 대화창에 <u>~한 이미지를 만들어줘</u>.라고 프롬프트를 한글로 입력만 하면 되므로 매우 쉽게 사용할 수 있거든요. 이미지에 포함하고 싶은 일러스트나 문구, 가로세로 비율 등을 포함하여 요청해 봅시다.

엄마의 환갑 생신에 조촐하게 파티를 하려고 하는데, 주변 친척들에게 안내 문자와 함께 보낼 초대장 이미지가 필요해. 포근한 케이크 일러스트가 그려져 있고 가로로 길면 좋겠어. 그리고 케이크 위에 '엄마 생일 축하해요'라고 레터링 장식을 넣어줘.

> **Tip** 기본적으로 챗GPT는 1:1 정방형 비율의 이미지를 생성합니다. 가로세로 비율을 수정하고 싶다면 '세로로 긴 이미지가 필요해.'라고 프롬프트를 입력하면 됩니다.

자, 이제 초대장 이미지까지 만들었으니 생신을 축하하는 노래도 만들어볼까요? AI의 장점은 '개인화'가 가능하다는 것인데, 음악 생성 AI 서비스를 활용하면 한 사람만을 위한 생일 축하 노래를 만들 수 있어요.

챗GPT로 어머니를 위한 노래 작사하기

본격적으로 곡을 만들기 전에 챗GPT를 활용하여 쉽고 빠르게 작사를 해 봅시다. 챗GPT의 왼쪽 사이드 메뉴에서 'GPT'를 클릭하면 특정 주제에 특화된 맞춤형 GPT 모델을 선택할 수 있습니다. 여기서는 '수노(Suno)'라는 AI 음악 생성 서비스의 작사에 특화된 GPT 모델을 사용해 볼게요. 검색창에 'Suno lyrics'를 검색한 후 검색 결과 중 위쪽 항목 하나를 선택합니다. 사용법은 기본 챗GPT 모델과 같으므로 프롬프트에 원하는 요청을 작성합니다.

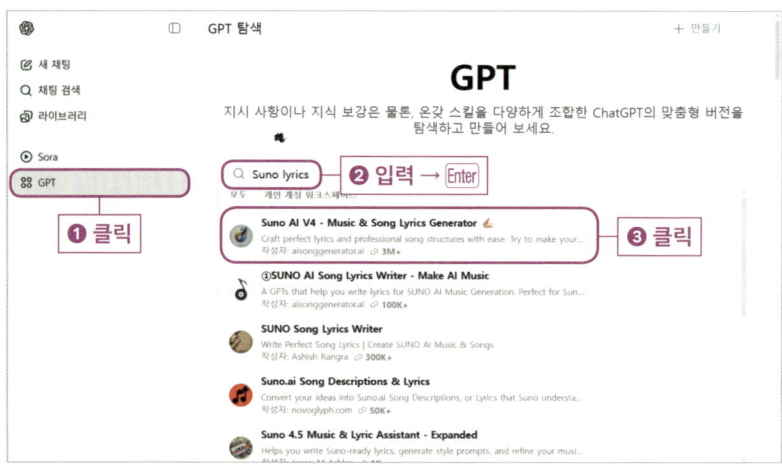

엄마가 환갑이셔서 축하하는 노래를 만들려고 해. 앞으로도 건강하고 우리 가족 모두 오래오래 행복하게 잘 살자는 바람을 담아서 가사를 써줘.

 Title: 엄마의 환갑을 축하해요
Style: [Ballad, Acoustic, Warm & Heartfelt, Korean lyrics, Emotional Female Vocals]

Lyrics:
[Intro, Soft Piano & Guitar]
따스한 바람이 불어오면
엄마의 미소가 떠올라요.
여기까지 함께 걸어온 길
모두가 사랑이었어요.

[Verse 1]

어릴 적 내 손을 꼭 잡고
한 걸음 한 걸음 걸어주신
그 사랑 덕분에 오늘의 내가
이렇게 자랄 수 있었죠.

[Pre-Chorus]

수많은 계절이 지나도
변함없는 엄마의 손길
이제는 우리가 지켜줄게요.
중략

수노에 입력할 가사와 스타일 키워드, 노래 제목이 빠르게 생성되었습니다. 이제 쉽고 빠르게 AI 음악을 만들어주는 '수노(Suno)'에 챗GPT가 써준 가사를 입력해서 노래를 만들어볼까요?

수노로 어머니를 위한 생일 축하곡 만들기

수노 홈페이지(suno.com)에 접속한 후 회원 가입하고 로그인합니다. 왼쪽 사이드 메뉴에서 'Create' 탭을 클릭하고 'Custom' 모드를 선택합니다. 'Lyrics' 입력란에는 챗GPT가 써준 가사를, 'Styles' 입력란에는 챗GPT가 지정한 스타일의 키워드를, 'Song Title' 입력란에는 노래 제목을 입력한 후 'Create' 버튼을 클릭해 음악을 생성합니다.

수노는 하나의 프롬프트로 두 개의 곡을 만들어줍니다. 각 노래를 클릭하여 재생해 보고 마음에 드는 곡을 골라 파일로 다운로드하거나 링크를 공유합니다.

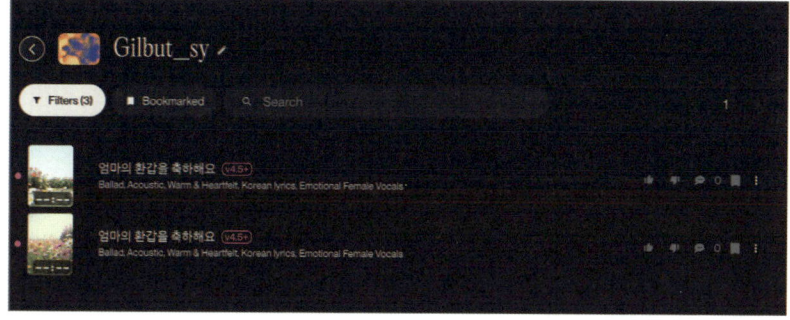

⭐ 한눈에 정리

- 실시간 웹 검색을 사용해 맛집을 검색하세요. 블루리본을 받는 곳이라는 키워드를 추가하면 맛이 검증된 식당들만 추천받을 수 있습니다.
- 챗GPT 안에서 생일 케이크가 그려진 생일파티 초대장 이미지를 생성합니다.
- 음악 가사를 써주는 맞춤형 GPT 모델을 사용해 어머니를 위한 노래 가사를 작성합니다.
- 음악 생성 AI 툴인 수노를 활용해 쉽고 간편하게 생일 축하곡을 만듭니다.

➕ 활용 더하기

- AI에게 생일 주인공의 이름을 넣어서 가사를 작성해 달라고 요청해 보세요.
- 수노에서 'Instrumental' 옵션을 켜면 가사가 없는 배경음악을 생성할 수 있어요.

Episode # 08　　　　　　　　　　　　　　◆ 챗GPT

관계 개선을 위해
나를 되돌아보기

😶 이런 고민이 있어요

　안녕하세요. 저는 평범한 직장인 민준입니다. 요즘 들어 사람들과의 대화가 유독 어색하게 느껴져서 고민이에요. 예전에는 그냥 '내 성격이 좀 직설적이려니 …….' 하고 넘겼는데, 가까운 친구나 가족도 가끔씩 제 말투에 상처를 받는 것 같더라고요.

　얼마 전에는 친구가 힘든 일을 털어놨는데, "왜 그런 식으로 했어?"라는 제 말에 친구가 기분이 상했어요. 제 입장에서는 그냥 솔직하게 물은 것인데, 친구는 공감 없는 반응으로 받아들인 것이죠. 그리고 동호회 술자리에서 농담을 했는데, 너무 과했다는 피드백을 받고 좀 충격이었어요.

　예전에는 이런 일이 있어도 대수롭지 않게 넘기고 말았는데, 점점 주변 관계가 불편해지는 것을 보니 고쳐야겠다는 생각이 듭니다. 어떻게 하면 일상 대화에서 불필요한 갈등이 생기지 않고 상대방이 '내 마음을 잘 이해해 준다.'고 느낄 수 있을까요?

✅ 저는 이렇게 쓰고 있어요

소영: 민준 님뿐만 아니라 많은 사람이 비슷한 문제를 겪고 있을 거예요. AI를 활용하면 이런 내 모습을 분석하여 객관적인 피드백을 받을 수 있어요.

민준: 오, 그렇군요. 챗GPT는 보고서 문서를 피드백할 때만 사용했는데, 나를 분석할 수 있다는 생각은 못했네요.

소영: 맞아요. 특히 요즘에는 스마트폰을 사용해 많은 메시지를 주고받으니 나를 분석할 수 있는 데이터가 많아져서 더욱 분석하기 쉬워졌어요. 먼저 평소에 친구와 나눈 메신저 대화를 캡처해 챗GPT에 업로드하고 내가 말하는 방식이 어떤지 물어볼까요?

❗ 차근차근 고민을 해결해요

챗GPT로 평소 내 대화 패턴 되돌아보기

친구와 주고받은 카카오톡 메시지 내용을 캡처하여 챗GPT에 업로드한 후 다음과 같이 질문해 피드백을 받아볼 수 있어요.

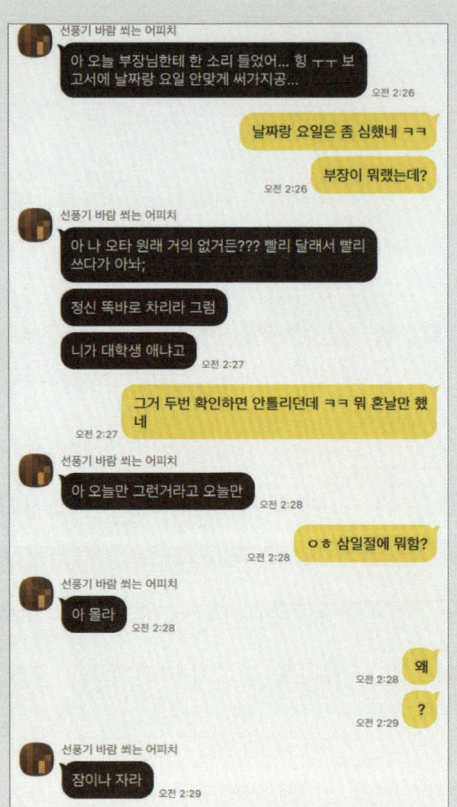

오늘 친구와 나눈 대화인데, 내 말투가 어떤 것 같아? 평소 직설적이라는 말을 듣기는 하지만, 어디서 친구가 서운함을 느끼게 된 걸까?

 대화를 살펴보면 당신의 말투가 확실히 직설적인 편이지만, 특별히 공격적이거나 무례한 느낌은 아닙니다. 다만 상대방이 약간 기분이 상했을 수 있는 부분이 몇 가지 보이네요.

1. "날짜랑 요일은 좀 심했네 ㅋㅋ"
→ 이 부분에서 '좀 심했네'라는 표현이 상대방 입장에서는 본인이 크게 실수한 것처럼 느껴질 수도 있어요.

2. "그거 두 번 확인하면 안 틀리던데 ㅋㅋ 뭐 혼날 만했네."
→ '혼날 만했네.'라는 표현이 약간 직설적이에요. 상대방이 이미 위축되어 있는 상태에서 이 말을 들으면 더 기분이 상할 수도 있어요. 중략

결론
직설적인 말투 자체가 나쁜 것은 아니지만, 상대방의 감정 상태를 좀 더 살펴보면서 부드럽게 다듬어주면 원만한 대화가 될 수 있어요. 장난으로 한 말이어도 상대에 따라 다르게 받아들일 수 있으니 상황에 맞춰 말하는 방식을 조절하면 좋을 것 같아요.

챗GPT의 답변을 보니 평소에 민준 님이 말하는 방식을 객관적으로 돌아볼 수 있죠? 다른 사람에게 실제 메시지 내용을 보여주면서 피드백 받기는 좀 어려울 수도 있지만, 챗GPT에게는 비교적 편하게 물어볼 수 있어서 좋아요. '왜?'라고 자꾸 물어도 지치지 않고 답변해 주기도 하고요.

고급 음성 모드로 공감 표현 연습하기

이번에는 앞으로 어떤 식으로 대화를 하면 좋을지, 공감 표현 등을 챗GPT와 함께 연습해 볼까요? 텍스트로 대화를 주고받아도 좋고 고급 음성 모드를 켜서 음성 대화를 나누어도 좋습니다.

> 고급 음성 모드로
> 친구가 자꾸 야근이 많아서 힘들다고 하는데 나는 공감이 안 돼.
> 어차피 야근 수당도 받으니까 월급이 더 많아지는 거 아니야?
> 이런 상황에서 내가 어떻게 반응해 주는 게 좋을까? 그렇다고 친구가 힘들어하는 것을 외면하고 싶지는 않아.

친구 입장에서는 야근이 많아서 지치고 힘들 수도 있어요. 야근 수당을 받아도 몸과 마음의 피로가 쌓일 수 있죠. 이 경우에는 친구의 이야기를 잘 들어주고 공감해 주는 것이 중요해요. "고생이 많구나! 힘들겠다."라고 말해주면 친구에게 큰 위로가 될 거예요. 이렇게 배려심을 보여주면 친구와 오히려 더 좋은 관계를 유지할 수 있을 거예요.

[고급 음성 모드로]
좀 더 진심을 담아 공감해 주는 표현은 어떤 게 있을까?

"요즘 많이 힘들겠다. 진짜 고생 많아."라고 말하면 친구가 더 큰 위로를 받을 수 있을 거예요. 또는 "네가 정말 열심히 일하고 있다는 걸 알아. 많이 힘들겠지만, 잘 견디고 있어서 대단해!"라고 말해주는 것도 좋습니다.

여기서 한 걸음 더 나아가 챗GPT와 롤플레잉을 하면서 다양한 대화를 시뮬레이션하면 더욱 효과적으로 대화를 연습할 수 있어요. 음성 대화를 통해 롤플레잉을 하면 좋겠지만, 규정상 음성 대화 중 롤플레잉은 불가능해요. 그러므로 일반 채팅으로 돌아가서 진행해 봅시다.

챗GPT와 롤플레잉을 통해 대화 연습하기

롤플레잉은 챗GPT가 잘하는 것 중 하나입니다. 처음 GPT 3.5가 등장했을 때 챗GPT를 활용하는 방법으로 널리 공유되곤 했죠. 다음과 같이 ❶ 챗GPT에게 역할을 지정하고 ❷ 대처가 어려운 대화 상황을 설명한 후 실제 대화를 하듯이 연습해 봅니다.

나랑 롤플레잉하자. ❶ 너는 지금부터 내 친구 '민지'야. ❷ 민지가 새 옷을 샀는데, 내가 별로 어울리지 않는다고 말해서 토라진 상태야. 이 상황에서 내가 어떻게 대화를 풀어나가면 좋을까? 먼저 네 감정을 솔직하게 표현해 줘. 그러면 내가 답변할게. 내가 답변하면 네가 자연스럽게 반응해 줘. 대화가 어느 정도 진행되면 내 말투나 표현 방식에 대한 피드백도 줘. 예를 들어 "이 표현은 조금 공격적으로 들릴 수 있었어." 또는 "여긴 아주 좋았어."와 같은 방식으로 말해줘.

민지: (입술을 삐죽 내밀며) 진짜 너무해. 나 완전 기분 상했어. 네가 솔직한 게 좋은 건 알겠는데, 그래도 이렇게 대놓고 "별로 안 어울린다."라고 하면 어떡해? 난 진짜 오랜만에 신경 써서 고른 옷인데, 기대하고 보여줬던 거란 말이야. 너는 늘 솔직하니까 이해하려고 하는데, 그래도 나도 기분이 있거든!

아, 그래? 그냥 안 어울려서 그렇다고 한 것뿐인데 ……. 언제는 솔직해서 좋다며?

(한숨 쉬며) 맞아, 네가 솔직한 게 좋을 때도 많아. 근데 …… 솔직하다고 해서 무조건 직설적으로 말하는 게 좋은 건 아니잖아. 내가 이 옷을 얼마나 고민하면서 샀는지도 생각해 줬으면 좋겠어. 나한테는 그냥 옷이 아니라 '나 이거 입으면 예쁠까?' 하고 기대하면서 산 거라고. 그런데 네가 딱 잘라서 "안 어울려."라고 하니까 나는 그냥 별로이고 못생겨 보인다는 말처럼 들렸어. 그러니까 네가 그렇게 말하면 내가 어떤 기분일지 조금만 더 생각해 줬으면 좋겠어.

알았어. 미안해. 앞으로 말할 때 조심할게.

챗GPT로 진심 어린 사과의 글 작성하기

이미 상대의 기분을 상하게 해서 사과해야 한다면 진심 어린 사과의 글 작성 방법을 챗GPT에게 도움받을 수 있어요. 지금 처한 상황을 설명하고 사과의 글을 작성해 달라고 요청하면 챗GPT가 초안을 작성해 줍니다.

친구 민지가 새 옷을 샀는데, 내가 별로 어울리지 않는다고 말해서 토라진 상태야. 사과하고 싶은데, 어떻게 사과하는 게 좋을까? 사과의 문자라도 보낼까 해.

 민지가 토라진 상태라면 먼저 감정을 풀어줄 수 있는 따뜻한 사과가 필요할 것 같아. 문자로 사과한다면 진심을 담되 너무 무겁지 않게 보내는 게 좋겠어. 예를 들어 이렇게 보내볼 수 있어.

"민지야, 아까 내가 너무 솔직하게 말해서 기분 상하게 했다면 미안해. 사실 네가 어떤 옷을 입든 너다운 게 제일 멋진 건데, 내 말이 상처가 됐을까 봐 마음이 쓰여. 기분 풀리면 맛있는 거 먹으면서 이야기하자! 내가 오늘 완전 잘못했어."

이렇게 하면 단순히 사과하는 게 아니라 민지가 멋지다는 점을 다시 한번 강조하면서 분위기를 풀 수 있을 거야.

아무리 AI가 글을 잘 써준다고 해도 사람의 마음까지는 온전히 담아주지는 못합니다. 챗GPT가 작성해 준 초안을 그대로 사용하기보다는 글을 작성할 때 참고로 사용하고 진심을 담아 글을 다듬은 후에 상대방에게 보내보세요.

⊕ 한눈에 정리

- 메신저 대화 스크린샷을 챗GPT에 업로드해 내 말투를 객관적으로 진단받고 피드백을 받습니다.
- 챗GPT를 통해 배려와 공감을 담은 다양한 표현을 알아보고 연습합니다.
- 챗GPT와의 롤플레잉을 통해 곤란하거나 어색한 상황을 미리 연습하고 피드백을 받습니다.
- 챗GPT에게 내가 처한 상황을 설명하고 사과의 글 초안을 요청합니다.

⊕ 활용 더하기

- 챗GPT는 특정 표현을 텍스트로 요청하면 문어체로, 고급 음성 모드로 요청하면 좀 더 구어체로 표현하는 경향이 있습니다.
- 갈등 상황을 제시한 후 내가 어떻게 답하면 좋을지 비폭력 대화(NVC: Nonviolent Communication) 방식으로 알려줘.라고 챗GPT에게 부탁해 보세요. 공감과 이해를 담은 대화 표현을 배울 수 있어 관계 개선에 큰 도움이 됩니다.

 Episode #09　　　　　　　　　　　　　◆ 챗GPT

은퇴 후 인생 2막 시작하기

😌 이런 고민이 있어요

　안녕하세요. 제 이름은 은엽이고 올해 초등학교 교사직에서 정년퇴임을 했습니다. 퇴임하고 나니 매일 만나던 동료들과 학생들의 활기찬 소리가 사라져 갑자기 텅 빈 집에 혼자 남겨진 기분이 들더라고요. 평생을 학교에서 보낸 터라 은퇴 후의 삶이 이렇게 허전하고 외로울 줄은 몰랐습니다.

　예전에는 퇴근 후에도 학교 일로 바빴고 주말에는 모임이나 약속이 많았는데, 이제는 모든 것이 멈춘 것 같습니다. 친구들도 각자 바쁘고 자식들은 멀리 떨어져 살다 보니 자주 만나기도 어렵습니다. TV를 보거나 책을 읽어도 허전한 마음은 쉽게 채워지지 않습니다.

　새로운 취미를 찾아보려고 문화센터도 가봤지만, 어색하고 낯선 분위기에 쉽게 적응하지 못했습니다. 예전처럼 사람들과 활발하게 소통하면서 의미 있는 관계를 맺고 싶은데, 어떻게 시작해야 할지 막막합니다. 혹시 AI 기술을 활용해서 다시 다른 사람과 교류하고 새로운 활력을 찾을 수 있을까요?

> ✓ **저는 이렇게 쓰고 있어요**

소영 은엽 님, 오랜 교직 생활 정말 수고 많으셨습니다. 퇴직 후 느끼시는 허전함과 외로움은 많은 분이 공감하실 거예요.

은엽 퇴직 전에는 그렇게 바라던 여유였는데, 막상 시간이 많아지니 뭘 해야 할지 모르겠고 오히려 불안하고 외롭기도 하네요.

소영 그렇다면 AI를 활용해 퇴직 이후의 삶을 의미 있는 시간으로 채우는 방법을 소개해 드릴게요. 지역 아동을 대상으로 하는 봉사활동 프로그램을 찾을 수도 있고, 온라인으로 사람들과 교류하면서 사회적 연결감을 계속 느끼실 수도 있을 거예요.

은엽 오, 그거 좋은데요! 제가 평생 아이들을 가르쳐왔으니 제 경험을 살릴 수 있는 봉사활동이라면 정말 보람 있을 것 같아요.

> ⚠️ 차근차근 고민을 해결해요

실시간 웹 검색으로 지역 봉사활동 찾아보기

챗GPT의 실시간 웹 검색 기능을 활용하면 특정 지역을 기반으로 봉사활동 프로그램을 손쉽게 찾을 수 있습니다. 이때 <u>초등학교 교사로 퇴직을 했고 교육 봉사활동을 하고 싶다</u>.와 같이 사용자의 정보를 많이 제공할수록 원하는 답변을 받는 데 매우 유리합니다. 챗GPT가 사용자가 원하는 것을 훨씬 쉽게 파악할 수 있기 때문입니다.

> 초등학교 교사로 정년퇴직을 하게 되었는데, 퇴직 후의 삶을 좀 더 의미있게 보내고 싶어. 서울시 마포구에서 교육 봉사를 하고 싶은데, 봉사활동 프로그램을 찾아줘.

> 정년퇴직 후에도 교육에 대한 열정을 이어가시려는 선생님의 결심에 깊은 존경을 표합니다. 서울시 마포구에서 참여할 수 있는 교육 관련 봉사활동 프로그램을 안내해 드리겠습니다.
>
> 📚 **마포평생학습관 자원봉사**
> - **활동 내용**: 반납 도서 정리, 서가 청소 등 `MPLLC`
> - **대상**: 고등학생 이상 (문헌정보실), 중학생 이상 (어린이실) `MPLLC` `+2`
> - **봉사 시간**: 1일 1~4시간, 연중 상시 운영 `MPLLC` `+1`
> - **신청 방법**: 1365 자원봉사포털에서 신청 후 승인 여부 확인 필수 `1365자원봉사포털` `+3`
> - **문의**: 문헌정보실 📞 02-XXXX-XXXX, 어린이실 📞 02-XXXX-XXXX `MPLLC`
> - **주소**: 서울 마포구 홍익로2길 16 `MPLLC` `+1`
> - **홈페이지**: 마포평생학습관

은엽

와, 신청 방법이나 문의처까지 보기 좋게 정리해 주네요!

소영

맞아요. 챗GPT를 사용하면 웹 검색 시간을 크게 절약할 수 있어요. 은엽 님께서 가진 지식을 봉사활동으로 나누는 것도 좋지만, 온라인 활동을 통해 더 많은 사람과 소통하는 것은 어떠세요?

은엽

부끄럽지만 제가 독수리 타법이라 인터넷에 글을 쓰는 데 시간이 꽤 걸리는데 …….

소영

걱정하지 마세요! 은엽 님은 말씀만 하시면 되거든요. 내용을 받아 적고 보기 좋게 다듬고 정리하는 건 챗GPT가 도와줄 거예요.

고급 음성 모드로 지식 정리하기

키보드로 문자를 입력하는 것이 익숙하지 않다면 챗GPT의 고급 음성 모드를 활용해 보세요. 챗GPT와 대화하는 것만으로도 나의 생각을 확장하고 정리할 수 있답니다. 고급 음성 모드를 켠 후 챗GPT와 자유롭게 대화를 나눠보세요.

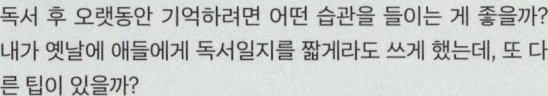

고급 음성 모드로
독서 후 오랫동안 기억하려면 어떤 습관을 들이는 게 좋을까? 내가 옛날에 애들에게 독서일지를 짧게라도 쓰게 했는데, 또 다른 팁이 있을까?

독서를 오래 기억하려면 다양한 방법이 있어요. 우선 책을 읽은 후 친구나 가족과 내용을 공유해 보세요. 말을 정리하면 기억에 더 오래 남거든요. 또한 책에서 인상 깊었던 문장이나 구절을 필사하는 것도 좋은 습관이에요. 마지막으로 독서 후 느낀 점이나 생각을 간단하게 메모해 두면 나중에 다시 봤을 때 큰 도움이 될 거예요.

[고급 음성 모드로]
좋은 아이디어인데, 초등학생 아이들에게 추천할 만한 방법은 없을까?

 초등학생이라면 재미 요소를 더해주는 게 좋을 것 같아요. 예를 들어 책을 읽고 그림으로 표현하게 하거나, 책 속 장면을 만화로 그리게 하면 흥미를 가질 수 있죠. 또한 읽은 내용을 짧은 동영상으로 만들어보는 것도 추천해요. 이런 활동은 아이들이 책에 대한 좋은 기억을 자연스럽게 오래 간직하도록 도와줄 거예요.

음성 대화 내용을 기반으로 에세이 작성하기

> "듣고 오랫동안 기억을 하려면 어떤 습관을 들이는 게 좋을까? 내가 옛날에 애들에게 독서일지를 짧게라도 쓰게 했는데 또 다른 팁이 있을까?"
> 🎤 00:10
>
> 독서를 오래 기억하려면 다양한 방법이 있는데요. 첫 번째로, 책을 읽은 후 친구나 가족과 내용을 공유해보세요. 말로 정리하면 기억이 더 오래 남거든요. 그리고 책에서 인상 깊었던 문장이나 구절을 필사하는 것도 좋은 습관이에요. 마지막으로 독서 후 느낀 점이나 생각을 간단하게 메모해두면 나중에 다시 봤을 때 도움이 될 거예요.
>
> "좋은 아이디어들인데 초등학생에게 추천할 수 있는 방법은 없어?"
> 🎤 00:07
>
> 초등학생이라면 재미 요소를 더해주는 게 좋을 것 같아요. 예를 들어, 책을 읽고 그림으로 표현하게 하거나, 책 속 장면을 만화로 그리게 하면 흥미를 가질 수 있죠. 또, 읽은 내용을 짧은 동영상으로 만들어보는 것도 추천해요. 이런 활동들은 아이들이 책에 대한 기억을 자연스럽게 오래 간직하도록 도와줄 거예요.

고급 음성 모드를 종료하면 그동안 나눈 대화가 텍스트로 모두 기록됩니다. 음성으로 대화를 충분히 나눈 후 다음 대화를 기반으로 글을 써 달라고 요청해 보세요. 이때, 음성 대화를 종료한 후 텍스트가 기록된 대화창에 다음 프롬프트를 입력해야 그동안 나눈 대화를 기반으로 챗GPT가 글을 써줍니다.

> **Tip** 고급 음성 모드에서도 글을 작성해 달라고 요청할 수는 있지만, 답변의 길이가 제한적이므로 음성 대화를 종료한 후 글 작성을 요청하는 것이 좋습니다.

지금까지 나랑 대화한 내용을 기반으로 '퇴직 초등 교사가 추천하는 독서 방법'이라는 제목으로 에세이를 작성해 줘. 편안한 어조로 부탁해.

 물론이죠. 지금까지 나눈 대화를 바탕으로 따뜻하고 편안한 어조로 에세이 형식의 글을 다음과 같이 정리해 봤어요.

퇴직 초등 교사가 추천하는 독서 방법
– 아이의 마음에 책 한 권의 온기를 오래 남기기 위하여
초등학교에서 아이들과 함께한 시간은 내게 선물 같은 나날이었다. 매일 아침 교실 문을 열고 들어가면 아이들의 반짝이는 눈빛이 나를 반겨주었고 그 속에는 늘 질문과 호기심이 가득했다. 그 물음에 답하기 위해, 그리고 때로는 함께 생각하기 위해 우리가 자주 곁에 두었던 것이 바로 '책'이었다. 그런데 책을 단지 '읽는 것'으로 끝내는 아이도 있었고 한 문장을 오래 품고 있는 아이도 있었다. 무엇이 이러한 차이를 만들었을까? 아이들이 책을 좀 더 오래, 그리고 좀 더 깊이 기억하게 돕는 방법에 대해 오랜 시간 고민했던 나의 작은 팁을 몇 가지 나누고자 한다.
[중략]

챗GPT로 블로그 포스팅 준비하기

챗GPT가 작성해 준 글을 블로그나 SNS에 업로드해 볼까요? 블로그에 포스팅을 업로드할 때 궁금한 점이 있다면 챗GPT에게 물어보세요. 제목이나 태그부터 포스팅을 풍성하게 해 주는 삽화까지 요청할 수 있답니다.

블로그에 글을 올리려고 하는데 제목을 추천해 줘. 태그도 함께 추천해 줘.

 1. 제목 추천
① 아이 마음에 오래 남는 책 읽기의 비밀
② 퇴직 교사가 전하는, 책과 더 오래 함께하는 방법
③ 책을 오래 기억하게 만드는 다섯 가지 습관
④ 초등교사 30년, 내가 아이들에게 권한 독서 습관
⑤ 읽고, 말하고, 그리는 책 읽기 – 아이를 위한 독서 팁
⑥ 책이 친구가 되는 순간 – 퇴직 교사의 독서 교육 이야기
→ 가장 블로그다운 제목 톤은 ①번과 ③번, 정서적이고 감성적인 터치는 ⑤번과 ⑥번, 정보성 강조는 ②번과 ④번이 좋아요.

2. 추천 태그
#독서교육 #초등독서 #아이책읽기 #부모교육

이번에는 글과 어울리는 삽화를 하나 그려줘.

⭐ 한눈에 정리

- 챗GPT를 활용해 은퇴 후 참여할 수 있는 지역 봉사단체 및 프로그램 정보를 검색하고 새로운 사람들과의 인연을 만들면서 사회에 기여하는 보람을 느낍니다.
- 고급 음성 모드를 활용해 글쓰기에 대한 부담을 줄이고 대화 내용을 바탕으로 쉽게 글을 작성합니다.
- 작성한 글을 온라인에 공유하여 사람들과 소통하고 온라인 게시글을 작성한 후 적절한 태그나 제목을 정할 때도 챗GPT에게 도움을 받습니다.

➕ 활용 더하기

지역사회 봉사 외에도 챗GPT를 활용하여 새로운 취미를 탐색해 보세요. 취미 활동을 할 수 있는 장소나 관련 문화 프로그램 정보를 얻어 더욱 풍요로운 은퇴 생활을 즐길 수 있습니다.

— 4 —

존경과 자존감을 위한 챗GPT 활용법

타인에게 인정받고 존중받는 경험은 우리 자신에 대한 믿음과 자존감을 높이는 데 중요한 역할을 합니다. 일상에서 작은 성취를 이루고도 주변의 인정을 받지 못하면 금세 자신감이 흔들리곤 하죠. 챗GPT는 나만의 성과와 강점을 더욱 명확하게 정리하고 효과적으로 표현할 수 있도록 도와줍니다. 또한 취미나 특기를 주변에 자신 있게 알릴 수 있게 도와주고 나 자신을 더 멋지게 표현할 수 있는 방법도 찾아줍니다. 이제부터 챗GPT를 통해 내가 가진 장점과 성과를 일상에서 자연스럽게 드러내보세요.

Episode # 10
아이와 잘 소통하는 트렌디한 아빠 되기
Episode # 11
취미를 감각 있게 기록하는 인스타그램 운영하기
Episode # 12
내 글에 자신 없을 때 응원과 격려받기

 **Episode #10**　　　　　　　　　　◆챗GPT　◆제미나이

아이와 잘 소통하는
트렌디한 아빠 되기

이런 고민이 있어요

안녕하세요. 저는 10대 자녀를 둔 도훈입니다. 바쁜 와중에도 아이와 함께 시간을 보내려고 노력하는데, 요즘 아이가 사춘기라 그런지 소통에 어려움을 겪고 있습니다.

예전에는 아이와 같이 영화도 보고 게임도 했지만, 요즘엔 제가 말을 꺼내면 냉담한 반응만 돌아옵니다. 밥상에서도 대화는 잘 이어지지 않고 아이는 스마트폰만 들여다보곤 합니다. 얼마 전엔 제가 재미있게 본 영상을 보여주며 "이거 재밌지 않니?"라고 물었는데, "아빠, 그거 유행 지난 지 오래야……."라며 난감해하던 아이의 표정을 잊을 수가 없네요. '내가 너무 뒤처진 건가?' 하는 생각에 마음이 무거웠습니다.

아이와 친해지고 싶은데, 오히려 더 멀어지기만 하는 것 같습니다. 요즘 유행하는 콘텐츠나 관심사를 AI로 빠르게 파악하고 아이와 좀 더 편하고 즐거운 대화를 나누고 싶은데, 가능할까요?

> ✓ 저는 이렇게 쓰고 있어요

소영: 도훈 님, 아이와 대화가 단절된 것 같아 많이 속상하시겠어요.

도훈: 네, 예전에는 아이와 서로 관심사가 통해 많이 친했는데, 요즘은 제가 무슨 말을 꺼내도 그냥 스마트폰만 보고 있어서 괜히 분위기만 어색해지는 것 같아요.

소영: 우선 요즘 아이들이 좋아할 만한 주제를 찾아보는 것부터 시작할까요? 요즘 아이들은 무엇을 보는지, 어떤 걸 좋아하는지 챗GPT를 사용해 빠르게 리서치할 수 있어요. 또한 아이와 함께 즐길 수 있는 콘텐츠도 추천받을 수 있답니다.

> ⓘ 차근차근 고민을 해결해요

심층 리서치로 요즘 트렌드 조사하기

실시간 웹 검색 기능으로 요즘 10대들에게 인기 있는 트렌드를 물어볼 수도 있지만, 특정 주제에 대해 좀 더 제대로 파고들고 싶다면 심층 리서치(Deep Research) 기능을 사용해 보세요. 메시지 입력창에서 '심층 리서치'를 선택하여 기능을 활성화한 후 궁금한 주제를 물어봅니다.

정확한 심층 리서치를 위해 챗GPT가 리서치의 범위에 대해서 한 번 더 질문하면 원하는 리서치 범위를 답변합니다.

요즘 10대들에게 인기 있는 트렌드를 알려드릴게요. 다음 내용을 좀 더 알려주시면 더욱 정확한 정보를 드릴 수 있어요.

1. 어떤 나라 혹은 지역의 10대를 기준으로 할까요? (예: 한국, 미국 등)
2. 트렌드의 범위를 좁히고 싶으신가요? (예: 패션, 음악, 소셜미디어, 숏폼, 소비문화 등)
3. 실시간성 중심일까요, 아니면 최근 6개월부터 1년 사이의 트렌드도 포함해도 될까요?

세 가지를 알려주시면 바로 조사를 시작할게요!

한국의 10대를 대상으로 최근 3개월 간의 다양한 트렌드를 알려줘.

 알겠어요. 최근 3개월간 한국의 10대들 사이에서 인기 있는 다양한 트렌드(패션, 음악, 소셜미디어, 콘텐츠, 소비문화 등)를 조사할게요. 최신 이슈, 유행하는 키워드, 인기 콘텐츠나 앱, 브랜드 등도 함께 포함할 예정이에요. 결과가 정리되면 바로 공유할게요!

리서치 범위 파악이 끝나면 심층 리서치를 시작합니다. 답변 아래에 리서치의 진행률이 표시되고 이를 클릭하면 리서치를 수행하는 동안 어떤 자료를 들여다보고 있는지, 어떤 생각을 하고 있는지 오른쪽 사이드 패널에서 확인할 수 있습니다.

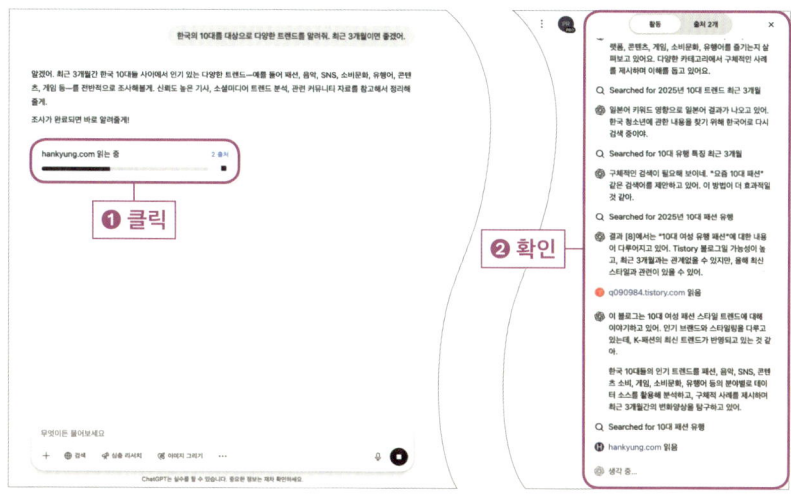

Tip 심층 리서치는 일반 웹 검색보다 상세하게 리서치하므로 결과를 받기까지 10~20분 정도 소요됩니다. 결과에는 출처가 함께 표기되므로 업무에서도 유용하게 사용할 수 있습니다.

리서치가 끝나면 다음과 같이 상세한 결과를 받아볼 수 있어요. 결과는 PDF로 다운로드하거나 링크로 공유할 수 있습니다.

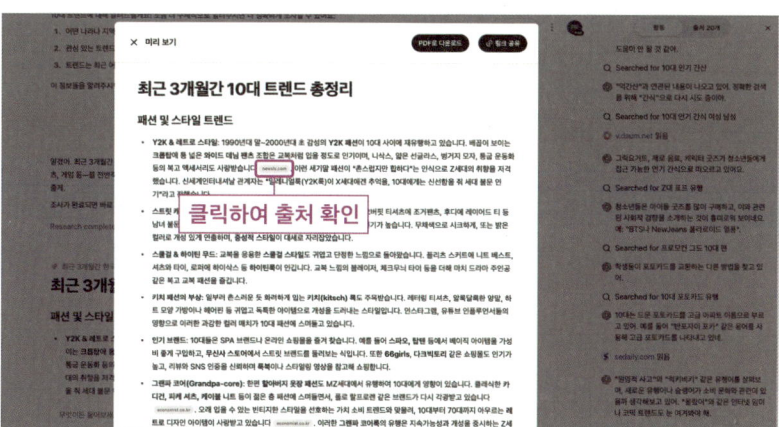

105

도훈: 정말 상세한 결과물이네요. 출처가 표시되는 것도 좋고요. 업무에서 다른 기업 사례를 분석할 일이 있을 때도 사용할 수 있겠어요! 혹시 유튜브 영상도 추천해 줄 수 있나요?

 소영: 유튜브 영상은 챗GPT보다 구글의 제미나이(Gemini)에게 추천받아 보세요. 아무래도 유튜브는 구글에서 서비스하고, 제미나이는 구글이 개발한 AI여서 유튜브 데이터에 대한 접근성이 더 좋거든요.

제미나이로 요즘 유행하는 유튜브 영상 추천받기

제미나이 홈페이지(gemini.google.com)에 접속한 후 원하는 주제의 유튜브 영상을 추천받아 봅시다. 사용법은 챗GPT와 거의 비슷합니다. 구글 계정으로 로그인한 후 요청 사항을 텍스트 프롬프트로 입력합니다.

요즘 10대들이 좋아하는 유튜브 채널을 알려줘.

 최근 10대들 사이에서는 다양한 장르의 유튜브 영상이 인기를 끌고 있습니다. K-POP 뮤직비디오부터 특정 관심사를 다루는 채널, 그리고 게임 관련 콘텐츠까지 관련 유튜브 영상이 폭넓게 소비되고 있는 것으로 나타났습니다.

> **Show thinking** ⌄
>
> **요즘 10대들이 즐겨보는 유튜브 영상 트렌드**
>
> 최근 10대들 사이에서는 다양한 장르의 유튜브 영상이 인기를 끌고 있습니다. K-POP 뮤직비디오부터 특정 관심사를 다루는 채널, 그리고 게임 관련 콘텐츠까지 폭넓게 소비되고 있는 것으로 나타났습니다.
>
> **주요 인기 콘텐츠 유형**
>
> - **K-POP 뮤직비디오 및 관련 콘텐츠**: 여전히 10대들 사이에서 K-POP의 인기는 뜨겁습니다. 최신 뮤직비디오나 아이돌 관련 플레이리스트가 높은 조회수를 기록하고 있습니다.
>   - aespa 에스파 'Whiplash' MV (SMTOWN 채널)
>   - 4세대 걸그룹 뮤직비디오 모음 플레이리스트 등 (KPOP직캠이 채널, MA-PLE (KPOP MVs) 채널)
> - **입시 및 학습 관련 콘텐츠**: 특히 중고등학생들에게 입시와 공부와 관련된 정보를 제공하는 유튜버들이 인기가 많습니다. '미미미누' 채널은 대표적인 예로, 관련 짧은 영상들도 자주 소비됩니다.
>   - 미미미누 관련 짧은 영상들 (아이브일기 채널, 미미미누 채널, play 채널A 채널)
> - **웹 예능 및 공감 콘텐츠**: 특정 크리에이터가 제작하는 독창적인 웹 예능 콘텐츠도 주목받고 있습니다. '찰스엔터' 채널의 '월간데이트' 시리즈는 현실적인 연애 이야기로 10대들의 공감을 얻으며 인기를 끌고 있습니다.
>   - 찰스엔터 '월간데이트' 시리즈 (찰스엔터 채널)
> - **게임 콘텐츠**: 마인크래프트, 로블록스 등 인기 게임의 플레이 영상이나 관련 팁을 다루는 채널들이 꾸준히 사랑받고 있습니다. 짧은 쇼츠 영상부터 장시간 플레이 영상까지 다양하게 소비됩니다.

Tip 답변 속 링크를 클릭하면 해당 유튜브 채널로 이동할 수 있습니다.

제미나이로 유튜브 영상 내용 요약하기

추천받은 영상을 모두 보기 힘들다면 영상 내용을 간단하게 요약받을 수도 있습니다.

유튜브 영상의 링크를 입력하고
이 영상을 요약해 줘.

107

YouTube

요청하신 동영상의 요약은 다음과 같습니다.

AI와 예술: 희곡 쓰기 도전기

제공된 영상은 AI가 예술 분야, 특히 희곡 창작에 어떻게 활용될 수 있는지에 대한 통찰을 제공합니다. 작가 최소형은 AI를 활용한 희곡 쓰기 경험을 공유하며 AI의 가능성과 한계를 설명합니다.

주요 내용:

- **AI의 발전과 예술:** 빠르게 발전하는 AI 기술은 예술 분야에 다양하게 활용될 가능성을 보여줍니다. [02:04] 하지만 AI가 인간의 감정과 서사를 완전히 대체하기는 어려우며, 예술 작품에는 창작자의 영혼이 담겨야 한다고 강조합니다. [03:14]
- **AI 활용 사례:** 이미지 생성, 음악 작곡, 영상 제작 등 다양한 분야에서 AI의 활용 사례를 소개합니다. [10:02] 특히 AI는 작업 효율성을 높여 짧은 시간에 고품질 결과물을 만드는 데 기여할 수 있습니다. [09:35]
- **AI 희곡 쓰기의 한계:** 최소형 작가는 AI를 활용해 희곡을 쓰려고 시도했지만, 인간의 아이디어와 감정을 따라가지 못하는 AI의 한계를 경험했다고 밝힙니다. [16:20] AI는 보고서, 사업 계획서, 이메일 등 작가의 개성이 중요하지 않은 글쓰기에는 유용하지만, 창작자의 의도가 중요한 문학 작품 창작에는 한계가 있다고 말합니다. [23:33]
- **AI의 가능성과 역할:** AI는 단편적인 장면이나 아이디어를 구상하는 데 도움을 줄 수 있지만, 전체적인 서사를 구성하고 인간의 감정을 표현하는 데는 부족함이 있습니다. [24:53] 따라서 AI는 창작 도구로서 활용될 수 있지만, 인간의 창의성과 상상력을 대체할 수는 없다고 결론짓습니다. [22:57]

> **Tip** 챗GPT에게 같은 유튜브 영상 링크를 주고 영상 요약을 요청하면 구체적인 정보를 찾을 수 없어 요약하기 어렵다고 답변하거나, 영상과 관련은 없지만 적당히 그럴듯한 내용을 내놓습니다. 따라서 유튜브 영상 요약은 제미나이에게 요청하는 것이 가장 정확합니다.

리서치 결과에 대해 자녀와 대화 나누기

챗GPT의 리서치를 통해 알게 된 유행어를 실제로도 자주 쓰는지, 제미나이가 추천해 준 유튜브 채널 중에 좋아하는 채널이 있는지 자녀에게 물어보면서 대화를 나눠보세요. AI의 답변은 훌륭하지만 100% 정확하지 않으므로 항상 사람의 검수가 필요합니다. 챗GPT와 제미나이의 답변을 아이와 검증해 보면 대화의 물꼬가 트이지 않을까요?

⭐ 한눈에 정리

- 심층 리서치 기능을 활용하여 특정 주제에 대해 단순 검색에서 한 걸음 더 나아가 훌륭한 리서치 결과물을 받아봅니다.
- 유튜브 영상 추천이나 요약은 챗GPT보다 제미나이의 답변이 더 정확합니다.
- AI의 답변은 훌륭하지만, 여전히 사람의 검수가 필요합니다.

➕ 활용 더하기

- 챗GPT의 작업 기능을 사용하면 요즘 유행하는 콘텐츠에 대해 정기적으로 보고서를 받아볼 수 있어요.
- 심층 리서치를 통해 일상 속 사소하지만 궁금한 것들을 물어봐도 좋습니다. 예를 들어 '당근이지!'라는 말은 어떻게 나오게 된 거야?와 같이 물어보면 일반 검색보다 상세한 답변을 받을 수 있습니다.

 **Episode #11**   ♦ 챗GPT

취미를 감각 있게 기록하는 인스타그램 운영하기

😶 이런 고민이 있어요

안녕하세요. 저는 대학생 다영이에요. 요즘 제 취미는 집에서 소소한 수공예 액세서리를 만드는 거예요. 하루 일과를 마친 후 저녁에 재료를 꺼내놓고 귀걸이나 팔찌를 만드는 일이 참 즐거워요. 하나씩 완성된 작품을 볼 때마다 뿌듯하기도 하고요.

그런데 어느 순간부터 완성한 액세서리를 혼자만 보고 끝내기엔 아쉽더라고요. 그래서 인스타그램에 취미 계정을 만들어 사진을 찍어 올렸는데, 반응이 생각보다 너무 미미해요. 팔로워는 몇백 명인데도 '좋아요'는 10개를 넘기기가 어렵더라고요.

처음에는 내가 좋아서 만드는 거니까 괜찮다고 생각했는데, 반응이 없으니 점점 의기소침해져요. 친구들은 사소한 일상 글에도 댓글이 가득 달리는데, 왜 제 액세서리 사진은 좋은 반응을 얻지 못할까요?

제가 감각이 없는 건지, 아니면 액세서리를 예쁘게 보이게 하는 방법을 모르는 건지 잘 모르겠어요. 누군가에게 '예쁘다', '멋지다', '감각 있다' 이런 말 한마디만 들어도 다시 기운이 날 것 같아요. 저도 그런 관심과 칭찬을 받을 수 있도록 AI의 도움을 받아보고 싶어요.

✅ 저는 이렇게 쓰고 있어요

소영 내가 좋아서 하는 일이지만, 우리가 SNS에 뭔가를 올리는 이유는 '누군가 내 감각과 노력을 알아봐 줬으면 하는 마음' 때문이잖아요. 작품과 함께 나 자신도 인정받고 싶은 마음도 들죠. 저는 그런 마음이 드는 게 자연스럽다고 생각해요. 이번에는 AI를 활용해 이런 욕구를 충분히 만족시킬 몇 가지 방법을 안내할게요.

ⓘ 차근차근 고민을 해결해요

고급 음성 모드로 인스타그램 피드 분석하기

작품을 열심히 올리고 있지만, SNS 피드 전체가 일관된 스타일을 유지하는지는 스스로 파악하기 어렵죠. 이럴 때 챗GPT의 고급 음성 모드에서 화면 공유 기능을 사용해 보세요. 고급 음성 모드의 아래쪽에 있는 '더 보기' 버튼(…)을 클릭하고 '화면 공유'를 선택한 후 인스타그램 피드를 열어 다음과 같이 말해보세요.

내 인스타그램 피드를 보면서 전체적인 분위기가 어떤지, 더 많은 사람이 좋아할 만한 방향으로 피드의 전체 톤을 통일하려면 무엇을 개선하면 좋을지 분석해 줘.

지금 피드는 전반적으로 세련되고 감각적인 비주얼이 돋보여. 컬러 팔레트나 조명, 그리고 피사체의 분위기가 일관되게 유지되면 더 많은 사람이 좋아할 것 같아. 예를 들어 특정 톤의 색감을 통일하거나, 비슷한 분위기의 조명과 구도를 유지하면 피드가 더 정돈된 느낌을 줄 수 있어. 또한 주기적으로 테마를 정해서 포스팅하는 것도 좋은 전략이야. 예를 들어 한 줄에 하나의 컬러 테마나 스토리를 담는 식으로 구성하면 방문자들이 피드를 볼 때 시각적으로 통일감 있고 매력적으로 느낄 수 있을 거야.

> **Tip** 고급 음성 모드는 하루에 사용할 수 있는 한도가 정해져 있어요. 만약 고급 음성 모드로 화면을 공유하다가 한도를 넘으면 일반 대화 모드로 되돌아와 화면 캡처 이미지를 올리면서 계속 피드백을 받아볼 수 있어요.

핸드폰 화면을 실시간으로 공유하며 대화할 수 있다니 놀랍죠? 챗GPT PC 버전에서는 화면 공유에 제약이 있지만, 모바일 앱에서는 좀 더 자유로운 편이고 일일이 화면 캡처를 하지 않아도 되어서 매우 편리하답니다.

챗GPT로 사진이나 이미지 피드백 받기

아무리 예쁜 액세서리도 사진에서 그 매력이 제대로 드러나지 않으면 사람들의 반응이 적을 수 있어요. AI에게 사진에 대한 피드백과 구체적인 촬영 팁을 얻어보세요. GPT 5 모델은 추론 능력을 갖추고 있어서 이미지를 보고 분석하는 능력이 뛰어납니다.

인스타그램에 내가 만든 액세서리를 올렸는데 반응이 별로 없어. 사진이 매력적이지 않은 걸까? 첨부한 사진을 보고 개선점을 제안해 줘.

사진 자체가 예쁘긴 하지만, 인스타그램 피드에서 '섬네일 한 방'으로 시선을 붙잡기에는 몇 가지 아쉬운 점이 보여요. 빠르게 개선할 수 있는 팁을 정리해 드릴게요.

- 얇은 커튼을 사용해 빛을 부드럽게 표현
- 무채색(라이트 그레이, 크림, 블랙) 또는 파스텔 단색 배경 사용
- 피드 섬네일에서 크게 보이는 4:5 비율 사용
- 같은 톤의 원석, 작은 드라이플라워 등을 아웃포커스로 배치하여 감성 연출

중략

챗GPT의 제안 중 일부를 반영해 새롭게 사진을 촬영해 봅시다.

▲ 개선 전   ▲ 개선 후

챗GPT로 작품에 스토리 더하기

액세서리 사진을 준비했으니 사진에 덧붙일 스토리텔링을 만들어 봅시다. 다영 님의 액세서리에 담긴 생각이나 느낌을 AI와 함께 다듬으면 더욱 매력적인 콘텐츠가 된답니다.

> 네가 제안한 개선점을 반영해서 새롭게 촬영해 봤어. 이제 함께 올릴 글을 작성해 보려고 해. 감성적인 스토리텔링을 담아 자연스럽게 작성해 줄래? 나는 이 팔찌를 만들 때 한여름 밤에 반짝이는 별에서 영감을 받았어. 별들이 마치 사람들의 꿈이 반짝인다고 느껴졌어.

> 한여름 밤, 고개를 들어 밤하늘을 올려다봤어요.
> 셀 수 없이 많은 별이 마치 누군가의 꿈처럼 반짝이고 있었죠.
> 그 순간을 담아 하나씩 비즈를 엮어 완성한 팔찌입니다.
> 손목 위에서 당신의 꿈도 그렇게 반짝이길 바라며.
> #dreamybracelet #summernight #handmadejewelry #starrynight #dreamwithme #여름밤의꿈

챗GPT로 팔로워와 더 자연스럽게 소통하기

　댓글이나 DM을 활용한 팔로워와의 소통은 SNS 활동의 핵심입니다. 챗GPT의 도움을 받으면 자연스럽고 친근한 톤으로 팔로워와 소통할 수 있어요. 인스타그램에 포스팅한 후 댓글이 달리면 다음과 같이 챗GPT에게 요청해 보세요.

이미지를 인스타그램에 업로드했더니 '정말 꿈같은 팔찌네요! 정말 예뻐요.' 이런 댓글이 달렸어. 여기에 다정하게 답변하고 싶은데, 짧고 편안한 톤으로 예쁘게 써줄래?

감사해요♥ 팔찌처럼 예쁜 꿈 꾸시길 바랄게요★

　반대로 부정적인 댓글이 달렸을 때도 침착하게 대응하도록 도움을 요청할 수 있어요.

'별것도 아닌데 별것처럼 써놨네.'라는 부정적인 댓글이 달렸는데, 어떻게 대응하면 좋을까? 단호한 댓글을 다는 게 좋을까, 아니면 다른 좋은 방법이 또 있을까?

직접적이고 단호하게 댓글을 달면 논쟁을 키울 수 있으니 조금 여유 있는 태도로 가볍고 유쾌하게 대응하거나 무시하는 것이 좋아요. 이럴 때는 다음과 같은 전략이 효과적이에요.

1. 유쾌하고 부드럽게 대응하기
소소한 것에서 행복을 느끼는 편이라서요!

2. 간결하게, 긍정적으로 받아넘기기
그럴 수도 있죠! 그래도 전 제 작품이 좋아서요. :)

3. 아예 대응하지 않고 무시하기
부정적인 댓글에 꼭 대응할 필요는 없어요. 부정적인 댓글 하나보다는 긍정적인 댓글에 더 집중하면 자연스럽게 다른 사람들이 긍정적인 분위기를 잡아줘요.

⭐ 한눈에 정리

- 챗GPT 5의 이미지 추론 능력을 활용해 내가 촬영한 사진의 피드백을 받습니다.
- 챗GPT로 작품에 스토리텔링을 만들고 이를 활용해 인스타그램 게시글을 작성합니다.
- 챗GPT의 도움을 받아 팔로워들과 긍정적인 관계를 유지하고 부정적인 댓글에 침착하게 대응하면서 SNS 계정을 관리합니다.

➕ 활용 더하기

- 챗GPT로 글을 쓸 때 내가 쓴 글을 조금이라도 공유하고 이를 참고하여 작성해 달라고 요청해 보세요. 그러면 완전히 백지 상태에서 요청했을 때보다 훨씬 자연스럽고 마치 내가 쓴 것 같은 글을 써줍니다.
- 인스타그램이나 스레드의 '계정 인사이트' 페이지를 고급 음성 모드에서 화면 공유해 보세요. 팔로워 추이 등 데이터를 통해 어떤 추가적인 인사이트를 얻을 수 있는지 챗GPT에게 분석을 요청할 수 있습니다.

 **Episode #12**　　　　　　　　　　　　　　　　　　◆ 챗GPT

내 글에 자신 없을 때
응원과 격려받기

😊 이런 고민이 있어요

안녕하세요. 저는 대학생 선율입니다. 저는 소심하고 내성적인 성격이라서 사람들과 깊은 대화를 나누거나 제 감정을 솔직히 표현하는 게 어려워요. SNS 계정은 있지만 거의 눈팅만 할 뿐, 제 글을 올리는 건 부끄러워서 한 번도 시도하지 못했어요.

그 대신 혼자 글 쓰는 걸 좋아해서 매일 저녁 일기를 쓰며 하루를 마무리합니다. 그날의 감정뿐만 아니라 겪은 일을 글로 옮기다 보면 마음이 한결 편안해지거든요.

그런데 가끔은 '내가 쓴 이 글이 괜찮은 걸까? 누가 봐도 공감할 수 있는 글일까?' 하는 생각도 들어요. 그렇지만 친구들에게 보여주기에는 부끄럽고 평가받을 용기도 없어요. 챗GPT 같은 AI에게 제 글을 보여주고 진솔한 피드백을 받아볼 수 있을까요?

✅ 저는 이렇게 쓰고 있어요

소영   사실 글이란 게 누군가의 피드백을 받고 그 피드백을 통해 자신감을 얻는 게 정말 중요하거든요. 하지만 사람에게 평가받는 건 너무 두렵고 떨릴 수 있죠. 이럴 때 AI는 부담 없이 나를 이해하고 위로해 주는 좋은 대화 상대가 될 수 있어요. AI가 주는 응원과 칭찬이 위로와 힘이 되기도 하고요.

❗ 차근차근 고민을 해결해요

캔버스 기능으로 내가 쓴 글 피드백 받기

　글을 잘 쓰는 사람에게는 챗GPT가 더욱 날개를 달아줍니다. 이미 써놓은 글이 많다면 자신의 글을 객관적으로 바라보는 툴로 사용할 수 있죠. 자, 그러면 내 글에 대한 피드백을 받고, 문체를 분석하며, 장점까지 파악해 볼까요? 먼저 문장별로 상세한 피드백을 받아볼 수 있는 캔버스 기능을 활용해 보겠습니다.

> 다음 글을 수정하지 말고 캔버스를 실행해 줘.
>
> 2024년 4월 22일, 월요일
> 오늘은 아르바이트 면접을 보러 갔다. 계속 취업 준비를 하고 있지만, 생활비가 부족해서 아르바이트를 시작해야 할 것 같아서였다. 면접을 보러 들어갔을 때 사장님은 내 이력서를 유심히 살펴보더니 묘하게 불편한 표정을 지었다. 면접 질문은 생각보다 간단했다. 이전에 해 봤던 아르바이트 경험이 있는지, 얼마나 오래 할 생각인지 같은 것들이었다. 그런데 마지막 질문이 마음에 오래 남았다.

> "곧 서른인데, 취직 안 하고 아르바이트나 하려고?"
> 사장님의 말투가 딱히 날카롭거나 악의적이지는 않았지만, 나는 순간 할 말을 잃었다. 아무렇지도 않은 척 웃었지만, 속으로는 여러 생각이 뒤엉켜 복잡해졌다. 서른 살이 되기 전에 취직하지 못하면 실패한 사람인 것처럼 느껴지기 시작했다. 마치 서른이라는 숫자가 내 인생의 성적표라도 되는 것처럼 알 수 없는 불안감이 마음을 채웠다. 중략

캔버스가 생성되면 '편집'을 클릭하여 캔버스 창을 열고 오른쪽 아래에 있는 '편집 제안' 버튼(✏️)을 클릭합니다. 그러면 화면의 오른쪽에 새로운 패널이 열리면서 문장별로 피드백이 나타납니다.

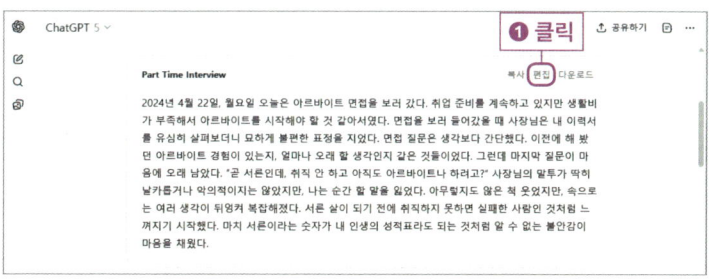

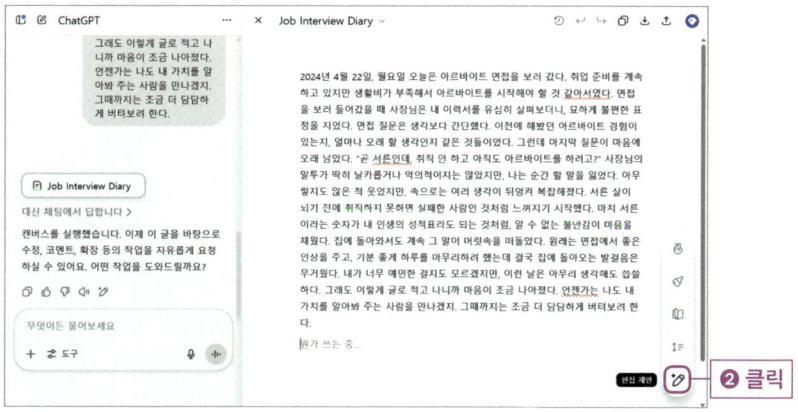

119

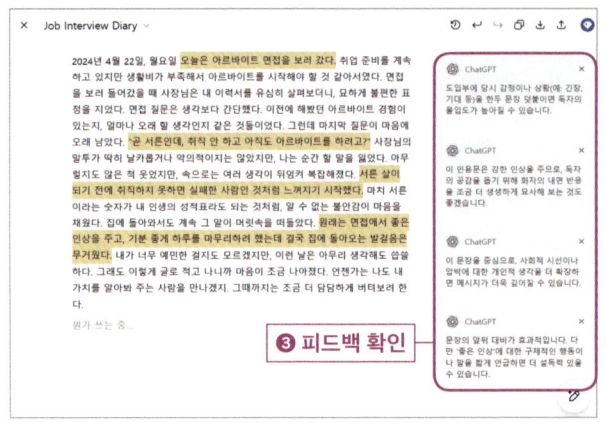

피드백에 마우스 포인터를 올려놓으면 '적용' 버튼이 나타납니다. '적용' 버튼을 클릭하면 해당 피드백을 적용해 글을 자동으로 다듬어줍니다.

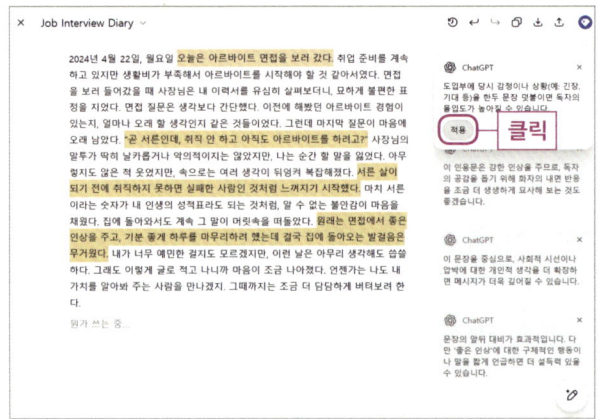

이처럼 캔버스 기능을 활용하면 다른 사람에게 내 글을 보여주지 않고도 글을 다듬을 수 있습니다. 원하는 피드백만 반영해 글을 다듬어줘서 매우 유용하죠.

챗GPT로 내가 쓴 글의 문제와 장점 분석하기

이번에는 내가 쓴 글을 챗GPT에게 주고 특징과 문제, 장점을 분석해 봅시다. 내가 쓴 글을 객관적으로 파악할 때 유용한 활용법입니다. 이 방법으로 선율 님의 글을 분석하면 글쓰기에 좀 더 자신감이 생길 거예요.

> 글 쓰는 건 좋아하지만, 내가 글을 잘 쓰는지는 모르겠어. 내가 쓴 글에 어떤 특징이 있는지 문제를 분석해 주고 장점도 알려줘.

1. 담담한 1인칭 시점
독자가 화자의 내면 독백을 곧바로 들여다보는 듯한 '일기체'입니다. 감정선을 과장하지 않고 담담하게 기술해서 현실적 공감을 유도합니다.
2. '시간-감정-생활' 3단 구도
면접(시간) → 불편한 직감 및 당혹감(감정) → 집에서의 반복과 다짐(생활)의 흐름이 명확합니다. 짧은 글에서도 기승전결이 뚜렷해서 쉽게 몰입할 수 있습니다.
3. 구체적 상황 묘사보다 '정서' 중심
사장님의 표정 및 말투, 화자의 심리 변화 등 정서적 디테일이 핵심이지만, 공간과 움직임, 음성에 대한 물리적 묘사는 최소화해서 '심리 독백'의 밀도를 높입니다.
4. 언어톤: 정제된 구어체
일기답게 구어체로 썼지만, 불필요한 추임이나 속어를 배제해 문장이 깔끔합니다. 문장 길이도 적절히 변주되어 리듬이 자연스럽습니다. [중략]

> **Tip** 새 프로젝트를 만들고 그동안 쓴 글을 파일로 모두 첨부하는 것도 좋은 방법입니다. 이렇게 하면 많은 글을 한 번에 분석할 수 있습니다.

이제 내 글에 조금 자신감이 생기나요? 이번에는 선율 님의 일기글을 주고 그날의 칭찬거리를 찾아달라고 요청해 봅시다. 우리는 스스로의 단점은 잘 보면서 정작 장점은 못 볼 때가 많잖아요.

챗GPT에게 오늘 하루 칭찬받기

유독 힘든 하루, 누군가에게 말하기는 어렵고 혼자서 일기를 쓰며 속을 삭히는 것만으로도 충분하지 않을 때가 있죠. 이럴 때 오늘의 일기를 챗GPT에게 주고 칭찬할 거리를 찾아내어 칭찬해 달라고 요청해 보세요.

> 나 사실 저 일기 쓴 날에는 마음이 참 힘들었어. 딱히 칭찬할 내용은 없어 보이지만 그래도 칭찬받고 싶어.

> 그날 참 많이 힘들었겠네. 그래도 일기까지 써서 그 마음을 정리했다는 게 대단한 거야. 보통은 힘든 경험을 그냥 삼키고 잊으려고만 하는데, 너는 그 순간의 감정과 생각을 솔직하게 기록했잖아. 그건 스스로를 잘 돌보는 행동이야. 그리고 면접 자리에서 상처를 받을 수 있는 말을 들었는데도 아무렇지 않은 척 웃을 수 있었다는 건 분명 강한 점이야. 겉으로는 무너지지 않고 버틸 수 있었던 거니까.

캔버스 기능으로 감정 키워드 달력 만들기

매일 일기에서 감정 키워드를 뽑아 달력으로 시각화하면 한 달 동안의 마음 상태를 시각적으로 기록하고 되돌아볼 수 있어요. 우선 챗GPT가 일기 속 감정을 한 단어로 뽑아낼 수 있도록 요청합니다.

> 오늘 일기를 읽고 내가 가장 강하게 느낀 감정을 한 단어로 정리해 줘.

 | 불안

이어서 캔버스 기능을 활용해 감정 키워드를 캘린더로 시각화하는 리액트 코드를 만듭니다. 다음과 같이 프롬프트를 입력한 후 '미리 보기' 버튼을 클릭하면 작성된 코드를 실현해 볼 수 있습니다.

일기 속 감정을 캘린더로 시각화하려고 해. 긍정적이었던 날은 초록색, 부정적이었던 날은 빨간색, 그저 그런 날은 노란색으로 달력칸을 표시해 주면 좋겠어. 오늘 일기 내용을 반영해서 리액트로 2025년 9월 달력을 만들어줘.

```typescript
import React from "react";
import { eachDayOfInterval, startOfMonth, endOfMonth, format } from "date-fns";

export default function MoodCalendar() {
  // 2025년 9월 범위 설정
  const monthStart = startOfMonth(new Date(2025, 8, 1)); // 9월은 index 8
  const monthEnd = endOfMonth(new Date(2025, 8, 1));
  const days = eachDayOfInterval({ start: monthStart, end: monthEnd });

  // 일자별 감정 데이터 (예시: 9월 18일은 일기 속 부정적인 날 → 빨간색)
  const moodByDate = {
    "2025-09-18": "negative", // 일기 속 감정 반영
  };

  // 색상 매핑
  const moodColors = {
    positive: "bg-green-300",
    negative: "bg-red-300",
    neutral: "bg-yellow-300",
    none: "bg-gray-100",
  };
```

123

일기 속 감정을 캘린더로 시각화하려고 해. 긍정적이었던 날은 초록색, 부정적이었던 날은 빨간색, 그저 그런 날은 노란색으로 달력칸을 표시해 주면 좋겠어. 오늘 일기 내용 반영해서 리액트로 2025년 9월 달력 만들어줘.

Calendar Mood Tracker
2025년 9월 달력을 리액트로 만들었어. 일기 속 감정을 반영해서 9월 18일 칸은 빨간색으로 표시되도록 했어. 이제 다른 날들의 감정도 입력하면 달력에 색깔로 쌓여갈 거야.

일기 내용을 기반으로 날짜마다 다른 색을 표시하도록 수정할 수 있습니다. 코드의 내용을 수정할 때도 챗GPT에게 이야기하듯이 요청하면 됩니다.

일기를 다시 읽어보니 기분이 좋았던 날들도 있네. 그런 날은 9월 1, 8, 15, 17이었어. 18일 이후는 아직 기록하지 않았으니까 흰색으로 표시해 줘. 그리고 달력에 요일도 표시해 줘.

Edited Calendar Mood Tracker
달력 상단에 요일 표시를 추가했어. 이제 9월 1, 8, 15, 17일은 초록색, 18일은 빨간색, 그 이후는 흰색으로 표시되고 요일까지 함께 볼 수 있어.

⭐ 한눈에 정리

- 챗GPT에게 내가 쓴 글의 감정과 문체에 대한 피드백을 받고 글쓰기에 대한 자신감을 얻어봅니다.
- 챗GPT에게 하루의 작은 노력과 성취를 인정받으며 나 자신을 인정해 봅니다.
- 캔버스 기능을 활용해 글에 대한 피드백을 받고 수정해 봅니다. 또한 리액트 코드를 작성해 일기 속 감정을 시각화한 후 힘든 날도 있지만 좋았던 하루도 많았다는 것을 되돌아봅니다.

➕ 활용 더하기

- 리액트 코드로 만든 캘린더에 상호작용을 추가하고 싶다면 원하는 것을 프롬프트로 입력해 보세요. 빨간색을 한 번 클릭하면 노란색으로, 두 번 클릭하면 초록색으로 바뀌면 좋겠어.와 같이 말하면 자동으로 코드를 수정합니다.
- 프로젝트 기능을 활용해 내가 쓴 글을 한곳에 모아두세요. 매일 쓴 일기나 짧은 글을 프로젝트 첨부 파일에 차곡차곡 저장해 두면 나만의 글 아카이브가 완성됩니다. 일정량의 글이 쌓였을 때 챗GPT에게 따뜻한 위로를 주는 에세이집처럼 챕터를 구성해 줘.라고 요청하면 글의 흐름에 맞는 목차와 글 순서를 제안받을 수 있어요.

- 5 -

자아실현 욕구를 위한 챗GPT 활용법

일상을 살아가면서 우리는 늘 더 나은 자신을 꿈꿉니다. 새로운 도전을 시작하고 싶지만 막상 어디서부터 어떻게 해야 할지 몰라 망설이곤 하죠. 챗GPT는 우리가 원하는 목표를 명확히 설정하고 실행 가능한 작은 단계로 나누어 실천할 수 있도록 도와줄 뿐만 아니라 막연한 아이디어를 현실적인 계획으로 바꿔주고 새로운 도전의 길잡이 역할을 해 줍니다. 챗GPT와 함께라면 매일의 작은 성장을 통해 일상 속에서 자아실현의 뿌듯함을 느낄 수 있을 것입니다.

Episode # 13
내 취향을 담은 음악 유튜브 채널 운영하기
Episode # 14
감정을 시각화한 이미지 다이어리 만들기
Episode # 15
필름 사진의 감성을 살린 영상 만들기

Episode #13   ◆챗GPT ◆수노

내 취향을 담은
음악 유튜브 채널 운영하기

💬 이런 고민이 있어요

안녕하세요. 저는 디자이너로 일하고 있는 단아라고 합니다. 저는 바쁜 일상 속에서도 음악 듣는 걸 정말 좋아해요. 출퇴근 길에도, 집안일을 할 때도, 쉬고 싶을 때도 나만의 플레이리스트를 들으면 큰 위로가 됩니다.

그런데 문득 '남이 만든 음악만 듣고 있을 게 아니라 내가 좋아하는 느낌 그대로 나만의 음악을 만들어보면 어떨까?' 하는 생각이 들었어요. 하지만 작곡을 배운 적도, 악기를 전문적으로 다뤄본 적도 없어 직접 음악을 만드는 건 꿈도 꾸지 못했어요.

그러다 우연히 AI로 음악을 만들 수 있다는 걸 알게 됐습니다. 저처럼 작곡 지식이 전혀 없는 사람도 원하는 분위기나 느낌을 설명하면 근사한 음악을 만들 수 있다고 하더라고요. 정말로 AI를 통해 제 취향의 음악을 만들고 다른 사람들과 나눌 수 있나요?

> ✅ **저는 이렇게 쓰고 있어요**

소영
맞아요. AI 음악 생성 툴은 초보자도 손쉽게 멋진 음악을 만들어 낼 수 있도록 도와줍니다. 저도 음악 전문가는 아니지만, AI 덕분에 제가 좋아하는 음악을 직접 만들어서 듣고 있어요. 글을 쓸 때 듣고 싶은 분위기의 음악을 직접 만들고 그걸 들으면서 작업하죠. 때로는 유튜브에 올려서 친구들과 공유하기도 해요.

단아
정말 그런 게 가능하군요!

소영
그럼요! 원하는 음악을 직접 만들고 유튜브를 통해 다른 사람들과 나누는 과정에서 정말 깊은 성취감과 행복을 느끼실 거라고 믿어요.

> ⚠️ **차근차근 고민을 해결해요**

수노로 나만의 음악 만들기

다양한 음악 생성 AI 툴 중에서 대중적으로 가장 잘 알려진 수노(Suno)를 활용하여 음악을 만들어봅시다. 수노 홈페이지(suno.com)에 접속한 후 회원 가입하고 로그인합니다. 회원 가입하면 무료로 제공되는 100크레딧을 사용하여 음악을 생성해 봅시다. 왼쪽 메뉴에서 'Create' 탭을 클릭합니다.

화면의 위쪽에 있는 'v3.5' 버튼을 클릭하면 버전 및 모델을 선택할 수 있습니다. 최신 버전은 유료 구독을 해야 사용할 수 있지만, v3.5 버전으로도 음악을 충분히 생성해 볼 수 있습니다.

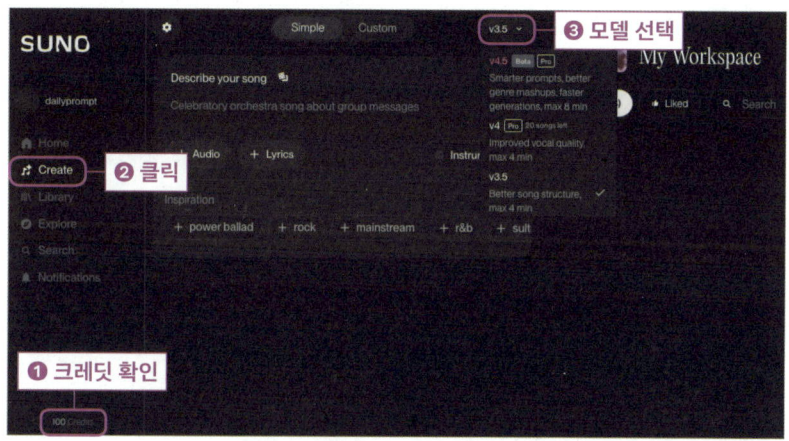

Tip 회원 가입을 했을 때 주어지는 크레딧과 생성 한도는 서비스 정책에 따라 변경될 수 있습니다.

음악 생성 모드에는 간단한 프롬프트만 입력하면 되는 'Simple' 모드와 가사와 스타일까지 세세하게 입력할 수 있는 'Custom' 모드가 있습니다. 우선 'Simple' 모드에서 쉽고 간단하게 곡을 만들어보겠습니다.

수노의 장점 중 하나는 한국어 프롬프트를 입력할 수 있다는 점입니다. 원하는 곡을 묘사한 프롬프트를 입력한 후 'Create' 버튼을 클릭해 음악을 생성합니다.

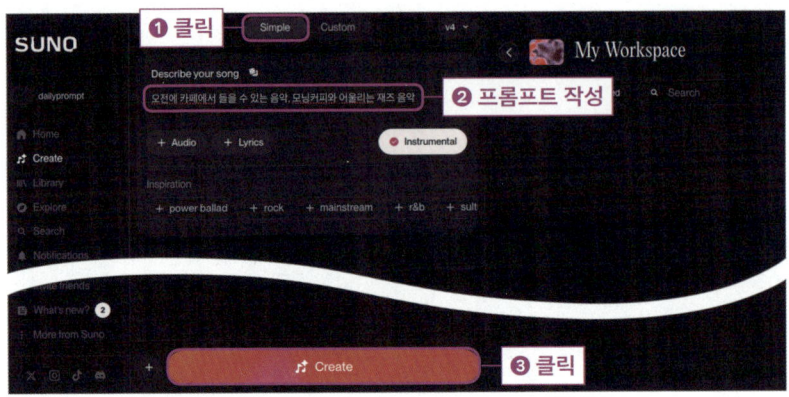

잠시 기다리면 프롬프트를 반영한 두 개의 곡이 생성됩니다. 곡이 마음에 들지 않으면 프롬프트를 다시 입력해 재생성합니다.

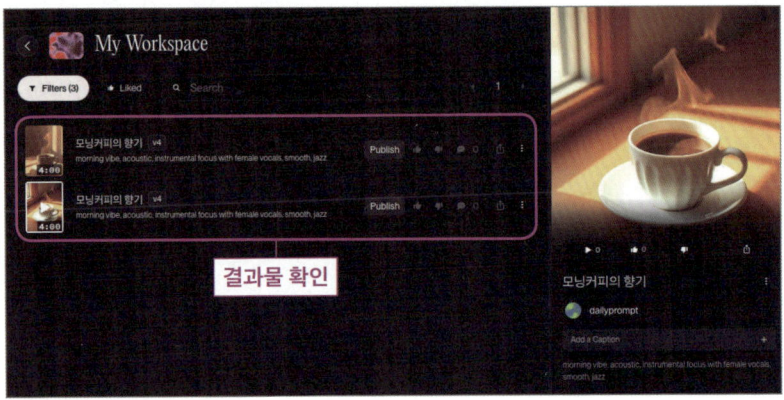

이렇게 손쉽게 곡을 만들 수 있다니 놀랍지 않나요? 최신 모델로 곡을 생성하면 R&B에 랩도 한답니다. 이처럼 수노로 자기 취향에 맞는 곡을 만들어서 유튜브 플레이리스트 채널을 운영할 수도 있어요. 저도 유튜브에 제 음악 채널이 있는데, 어떤 식으로 채널을 만들었는지 알려드릴게요.

챗GPT와 함께 유튜브 음악 채널 기획하기

본격적으로 음악 채널을 운영하고 싶다면 채널 콘셉트가 명확해야 합니다. 채널 콘셉트에 대해 챗GPT와 먼저 대화를 나눠봅니다.

> 유튜브에 음악 채널을 개설하려고 하는데, 콘셉트 기획을 도와줘. 콘셉트 기획을 할 때 어떤 것을 고려하면 좋을까?

새 음악 채널 컨셉 기획 체크리스트

영역	핵심 질문	빠뜨리기 쉬운 포인트
1. 채널 목표 & 타깃	• 왜 이 채널을 여나? • 어떤 청중(나이·지역·취향)을 만족시킬 것인가?	'음악 감상' 외에 문제 해결(예: 집중, 공부, 수면)을 제시하면 구독 유인이 분명해짐
2. 콘텐츠 포맷	• 롱폼·Shorts·라이브·커뮤니티 탭을 어떻게 조합할까?	2025년 알고리즘은 Shorts를 최대 유입 경로로 간주하므로, 롱폼 → 하이라이트 Shorts 재가공 흐름 필수
3. 브랜딩 & 시각 디자인	• 채널명·로고·썸네일 톤앤매너 • 영상 TITLE - KEYWORD - EMOTION 3단 구성	썸네일은 글자 15자 이내, 대비 높은 색 두 가지로 마무리
4. 음악 저작권 & AI 활용	• 원본/커버/리믹스/AI 생성 중 무엇에 집중? • Creator Music·AI Music Assistant 등 활용 여부	2025년 4월부터 AI Music Assistant에서 프롬프트만 입력하면 무료·저작권 걱정 없는 배경음 생성 가능
5. 알고리즘 & SEO	• 시청 지속시간·반복 시청·클릭율을 어떻게 늘일까?	제목·태그에 '감정·상황 키워드'(lo-fi, workout, nostalgia)를 포함해 검색·추천 동시 공략

중략

다음 단계 제안
- 장르(예 lofi, 클래식, EDM)와 핵심 이야깃거리(예 공부 집중, 시티팝 회고)를 알려주시면 콘셉트를 더 구체화할 수 있어요.
- 필요하다면 콘텐츠 캘린더나 AI 프롬프트 예시(음원 및 비주얼 모두)도 함께 설계해 드리겠습니다.

> **Tip** 처음부터 챗GPT에게 콘셉트를 기획해 달라고 요청하는 것보다 콘셉트를 기획할 때 고려할 점을 먼저 물어보는 것이 좋습니다. 이렇게 프롬프트를 입력하면 앞으로 해야 할 일과 방향에 대해 사용자와 챗GPT 모두 이해하고 시작하게 됩니다.

> 채널 수익화보다는 내 취향의 곡을 AI로 생성해서 친구들과 함께 듣는 것이 목표야. 나와 친구들은 보통 디자인 작업할 때 집중이 잘되는 곡을 서로 공유하면서 듣곤 해. 이러한 플레이리스트가 있는 채널을 운영하고 싶은데, 좀 더 상세하게 기획해 줄래? 채널명도 지어 주면 좋겠어.

1. 채널 이름 제안 (느껴지는 톤 – 짧고 기억에 남는 쪽)

후보	느낌	비고
Focus Canvas	"디자인 화면에 깔리는 음악 플레이트"	직관적·창번
Gradient Flow	색상 → 집중도 변화 메타포	시각적 확장 이용
Deep Work Decks	전문 작업 공간 연상	살짝 테크니컬 톤
Quiet Neon	밤샘 작업, 미세한 긴장감	은근히 유행

2. 콘텐츠 구조

포맷	길이	바탕감	업로드 주기	추천 활용
Focus Mix	45–60 분	80–90 BPM, 일정	격주	장시간 디자인 코딩
Pomodoro Loop	25 분 + 5 분 쉬는 브레이크	85 BPM → 0 BPM	주 2회	타이머용
Micro Boost	5–8 분	95–100 BPM, 상쾌 인	필요할 때	오후 중반 다시
Live Ambient Jam	30–40 분	즉흥, 나은 변주	월 1회	친구들 참여형 스트림

3. AI 음악 제작 워크플로우

mermaid

```
graph TD
A[아이디어 메모] --> B[Suno v4 Prompt 작성<br>(명기·200자:)]
B --> C[생성 2~3트랙]
C --> D[DAW 간단 마스터링]
D --> E[플레이리스트 편집]
E --> F[영상 & 업로드]
```

Suno Prompt 예시

(가이드라인: Genre, Instruments, Mood; Scene 묘사, 200자 이내)

1. **Deep Pad Ambient**
   Ambient, warm synth pads, subtle vinyl crackle, 80 BPM; late-night studio lights flicker calmly

2. **Geometric Downtempo**
   Downtempo electronica, muted drums & airy keys, 85 BPM; drifting through abstract neon shapes

팁: 한 프롬프트에서 BPM·악기·분위기·장면 이미지를 모두 넣으면 유사한 질감의 트랙을 반복 확보할 수 있음.

4. 비주얼 & 영상 처리

1. 커버 아트: Midjourney V7로 '소프트 그라디언트 + 추상 도형' 이미지 생성.
2. 배경 루프: Runway Gen-4로 10 초 low-motion loop → Premiere Pro에서 6–10× 반복.
3. 인트로/아웃트로: 채널명 3D 텍스트를 천천히 조명 변화만 주어 5 초 이내.

5. YouTube 업로드 체크리스트

항목	권장 설정
제목	[포맷]
설명	트랙리스트 + Suno 생성 표기 + "Contains AI-generated music" 문구
태그	focus music, ambient, study beats, 디자인음악 등 다양 상황 키워드
AI-콘텐츠 표시	업로드 시 'AI-generated' 체크 → 정책 위반 방지

챗GPT로 채널에 어울리는 음악 프롬프트 작성하기

챗GPT가 제안한 기획에서 마음에 드는 채널명과 콘텐츠 구조를 고른 후 여기에 맞는 음악 프롬프트 작성을 요청합니다.

> 'Quiet Neon'이라는 채널 이름이 괜찮은 것 같아. 네가 제시한 콘텐츠 구조 중에서 'Pomodoro Loop'로 플레이리스트 영상 만들어보려고 해. 수노(Suno)에서 음악을 생성할 건데, 내 채널에 어울리는 음악 생성용 프롬프트를 다섯 가지 작성해 줘.

  다음 다섯 가지는 Quiet Neon 채널의 Pomodoro Loop(25분 집중+5분 휴식)용으로 짠 Suno 프롬프트입니다.

1. Focus Loop 01
Downtempo lofi, gentle synth keys and muted kick, 85 BPM steady; coding in a quiet neon-lit workspace at 2 AM.
2. Focus Loop 02
Ambient house, soft analog pads, distant vinyl crackle, 90 BPM; electric rain over nighttime city skyline.
3. Focus Loop 03
Chillwave, pulsing bass and airy arpeggios, 80 BPM; drifting through glowing gradients on a designer's screen. 중략

사용 팁

"집중 트랙(1~4)을 25분 길이로 이어붙이고 Break Loop를 5분 후에 배치해 하나의 영상으로 구성하면 전형적인 Pomodoro 플로가 완성돼요."

> **Tip** 이처럼 만들고 싶은 결과물의 방향만 명확히 정하면 챗GPT가 프롬프트 작성부터 음악 생성까지 빠르게 수행합니다. 즉 방향 설정과 지시를 내리는 것은 인간의 몫이고 나머지 실행은 AI가 맡는 것이죠.

챗GPT가 작성해 준 프롬프트를 수노에 입력하여 음악을 생성합니다. 가사가 없는 반주곡을 만들고 싶다면 'Instrumental' 버튼을 클릭해 옵션을 활성화합니다.

마음에 드는 곡을 저장하고 싶다면 '옵션' 버튼(⋮)을 클릭하고 'Download' - 'MP3 Audio'를 선택해서 파일을 다운로드합니다.

챗GPT로 음악에 어울리는 이미지 생성하기

이번에는 영상에 들어갈 이미지 또는 섬네일 이미지를 만들어봅시다. 그리고 나서 프리미어 프로(Premiere Pro), 캡컷(CapCut)과 같은 프로그램으로 생성된 이미지와 음원 파일을 하나의 영상으로 편집해 유튜브 채널에 업로드합니다.

음악에 어울리는 이미지를 생성해 줘. 이미지 한 가운데에 영상 제목인 'Pomodoro Loop' 글자도 함께 넣어줘. 유튜브에 업로드할 거니까 가로로 긴 16:9 비율의 이미지가 좋겠어.

헤드폰과 커피, 도시 야경이 어우러진 Quiet Neon 무드의 이미지를 만들었어. 바로 섬네일로 써도 좋고, 더 수정하고 싶은 색감이나 소품이 있으면 편하게 말해줘.

> **Tip** 이미지 속 글자는 완벽하게 생성되지 않을 수도 있습니다. 잘못된 알파벳을 넣기도 하고 이상한 한글을 만들어낼 때도 있어요. 다만 한글보다는 알파벳을 올바르게 생성할 확률이 높습니다.

✪ 한눈에 정리

- 음악 생성 AI 서비스인 수노(Suno)를 활용해 손쉽게 내 취향의 음악을 만들어 보고 챗GPT를 사용해 유튜브 플레이리스트 채널을 기획하거나 채널명을 지어 봅니다.
- 챗GPT 이미지 생성 기능으로 음악과 어울리는 유튜브 섬네일을 제작해 통일된 분위기를 만들어봅니다.
- 완성된 결과물로 유튜브 채널을 운영하고 사람들과 음악적 감성을 공유 및 소통하면서 행복감을 느껴보세요.

✪ 활용 더하기

더 많은 플레이리스트를 만들고 싶다면 누가 어떤 상황에서 언제 들을 것인지 생각해 보면서 기획하는 것이 좋아요.

Episode #14　　　　　　　　　　　　　　　　♦챗GPT

감정을 시각화한 이미지 다이어리 만들기

이런 고민이 있어요

안녕하세요. 저는 프리랜서 가영입니다. 저는 감정이 섬세하고 예민한 편이라 작은 일에도 쉽게 마음이 흔들리곤 합니다. 제 복잡한 마음이나 감정을 말이나 글로 좀 더 명확하게 표현하고 싶은데, 그게 쉽지가 않아요. 일기나 다이어리를 써보려 해도 왠지 어색하고 잘 표현되지 않는 것 같고요.

그러다 최근에 우연히 추상적인 그림 작품을 봤는데, 제가 말로는 설명하지 못했던 감정이 작품에 그대로 담겨있다는 느낌을 받았습니다. 그때 문득 '그림이나 사진을 활용하면 내가 느낀 복잡한 감정을 제대로 표현할 수 있지 않을까?' 하는 생각이 들었어요. 그림이나 사진에 재능이 있는 편은 아니라 챗GPT 같은 AI를 잘 활용해 보고 싶어요. 매일매일 감정을 담은 이미지를 기록하고 이것을 잘 엮어 나를 이해하고 스스로 위로받을 수 있는 작은 감정 다이어리를 만들고 싶어요.

✅ 저는 이렇게 쓰고 있어요

소영 감정을 이미지로 표현해 기록한다는 아이디어가 참 인상적이네요! AI를 사용하면 충분히 실현할 수 있을 거예요.

가영 그런가요? 혼자서만 생각한 아이디어인데, 충분히 가능하다니 벌써 마음이 설레네요!

소영 자기 내면을 제대로 이해하고 표현하는 데서 자아실현이 시작된다고 해요. 가영 님처럼 감정이 풍부하고 글보다 이미지로 표현하려는 분들에게는 AI의 이미지 생성 능력이 큰 도움이 될 거예요.

⚠️ 차근차근 고민을 해결해요

챗GPT로 하루의 감정을 상징하는 특별한 메타포 찾기

하루 일과를 마무리하며 오늘의 감정을 표현할 수 있는 독특한 비유(메타포)를 찾아봅시다.

> 오늘 하루는 기분이 어딘가 붕 떠 있는 느낌이었어. 마치 아무도 없는 놀이공원에서 혼자 회전목마를 타고 있는 기분이랄까? 이 감정을 더 시적이고 감성적인 비유로 표현해 줄래?

네가 느낀 그 떠다니는 허공의 기분을 이렇게 비유해 볼게.
• 달빛만이 바닥을 쓸고 가는 새벽 해변에서, 손잡이가 끊어진 연 한 장이 파도 위에 살짝 떠 있는 듯한 고요함
• 관객이 모두 빠져나간 극장 한가운데, 마지막 장면이 끝나고도 조용히 돌아가는 필름 릴을 바라보는 영상기사의 마음
• 구름 위에 멈춘 시계태엽처럼 시간이 흐른다는 사실조차 잊은 채 천천히 회전하는 별빛의 오르골
이 중에서 어느 하나라도 마음에 닿는다면 그 이미지 속에서 오늘의 감정을 잠시 맡겨두어도 좋을 것 같아.

메타포를 반영한 AI 이미지 생성하기

적절한 메타포를 찾았나요? 이 메타포를 바탕으로 챗GPT에게 이미지 생성을 요청해 봅시다.

작성해 준 비유 중 '달빛만이 바닥을 쓸고 가는 새벽 해변에서, 손잡이가 끊어진 연 한 장이 파도 위에 살짝 떠 있는 듯한 고요함'을 이미지로도 표현해 줄 수 있어?

위의 이미지는 달빛만이 새벽 해변을 어루만지는 고요 속에서 손잡이가 끊어진 연 한 장이 잔잔한 파도 위에 살짝 떠 있는 순간을 담아냈어요. 느슨히 흐르는 시간과 깊은 정적이 한눈에 스며들기를 바랍니다.

챗GPT의 이미지 생성 기능을 사용해 바로 이미지를 생성해 볼 수도 있지만, 미드저니(Midjourney)와 같은 별도의 이미지 생성 AI 툴을 활용하는 방법도 있습니다. 미드저니에 입력할 영문 프롬프트도 챗GPT를 통해 손쉽게 만들 수 있어요.

네가 적어준 비유를 활용해 미드저니에서도 이미지를 한번 생성해 보고 싶은데, 영문 프롬프트를 작성해 줄래?

 다음 문장을 그대로 미드저니에 입력해 보세요.
Cinematic wide-angle, solitary diamond kite with trailing string drifting above calm waves on an empty pre-dawn beach beneath a luminous full moon, soft silver-blue tones, low-key moonlight, shimmering wet-sand reflections, gentle sea mist, subtle long-exposure blur, ultra-realistic detail --ar 16:9.

▲ 미드저니에 챗GPT가 작성해 준 프롬프트를 입력한 결과

> **Tip** 미드저니는 고품질의 AI 이미지를 생성하지만, 유료로만 사용할 수 있습니다. 챗GPT가 써준 영문 프롬프트를 사용해 무료로 이미지를 생성해 보고 싶다면 Google Whisk(labs.google/fx/ko/tools/whisk) 또는 Dreamina(dreamina.capcut.com/ai-tool/home)를 사용해 보세요. 단 무료 정책은 언제든지 유료로 변경될 수 있습니다.

어떤가요? 챗GPT가 생성한 이미지도 충분히 훌륭하죠? 이미지 생성 AI 모델이 많이 상향 평준화되어 일상에서 사용할 이미지는 챗GPT만으로도 충분히 생성할 수 있어요. 매일매일 일상적으로 이미지를 생성해 볼 수 있도록 몇 가지 더 설정해 볼게요.

메모리 기능으로 이미지 생성 자동화하기

챗GPT에게 매번 오늘 하루에 대한 메타포를 작성하고 이미지를 만들어달라고 요청하기 번거롭다면 메모리 기능을 활용해 요청을 저장해 두세요. 한 번 설정해 두면 그 다음엔 별다른 요청 없이도 바로 글과 이미지를 생성해 줍니다.

앞으로 내가 오늘 하루에 대해 이야기할 때마다 감성적인 비유를 작성해 주고 그 비유를 바탕으로 이미지를 생성해 줄래? 이 내용을 기억해 줘.

 알겠어! 앞으로 네가 하루를 들려주면 먼저 감성적인 비유를 찾고 그 장면을 이미지로도 바로 만들어줄게. 언제든지 편하게 이야기해 줘!

> **Tip** '기억해 줘'라고 입력하면 챗GPT의 장기 기억(메모리)에 저장됩니다. 반대로 기억을 지우고 싶으면 프롬프트에 '기억을 지워줘'라고 입력하면 됩니다.

새로운 채팅을 열고 오늘 하루 이야기를 건네봅니다. 새로운 채팅을 열었지만, 이전 대화에서 챗GPT에게 요청을 기억해 달라고 부탁했으므로 따로 요청하지 않아도 메타포를 작성하고 이미지를 생성합니다.

> 오늘 하루는 온종일 몸이 무겁고 피곤했어. 졸려 죽는 줄 알았다니까.

오늘 하루의 감성 비유
"해 질 무렵의 바다 아래, 거대한 고래 한 마리가 깊은 심연으로 천천히 가라앉는다. 파도와 빛은 멀어지고 깊은 음속의 정적만이 고요히 몸을 감싸안는다. 너의 몸도 그렇게 하루 종일 깊은 물의 무게에 눌려, 꿈결과 현실 사이에 떠 있었구나."

💡 이미지 생성됨

감정 이미지를 출력해 '감정 다이어리' 만들기

챗GPT와 이미지 생성 AI를 통해 매일의 감정을 이미지로 표현했다면 그 이미지를 한 장씩 출력해서 작은 노트나 다이어리에 붙여보세요. SNS나 블로그에 올려서 아카이빙하는 방법도 있지만, 생성한 이미지를 출력해 보는 것도 색다른 매력이 있습니다. 이때 이미지 옆에 챗GPT가 만들어준 메타포를 함께 적어두면 더욱 의미 있게 감정을 기록할 수 있을 거예요.

▲ 감정 이미지를 아카이빙한 감정 다이어리

⭐ **한눈에 정리**

- 오늘 하루를 챗GPT가 메타포(비유)로 표현하고 이를 기반으로 AI 이미지를 생성합니다. 생성된 이미지를 출력해 나만의 감정 다이어리를 만들어봅니다.
- 감정 다이어리를 한 번씩 다시 펼쳐보며 내 감정의 흐름과 변화를 시각적으로 쉽게 이해하고 되돌아봅니다. 이를 통해 스스로를 더 깊이 이해하고 위로받는 특별한 시간을 가져보세요.

➕ **활용 더하기**

AI가 제안한 감정 메타포와 이미지를 활용해 나만의 엽서나 아트북 같은 작은 실물 굿즈를 제작해서 일상을 더 특별하게 기억할 수 있어요.

 **Episode #15**　　　　　　　◆챗GPT　◆제미나이　◆소라

필름 사진의 감성을 살린
영상 만들기

> 💬 **이런 고민이 있어요**

안녕하세요. 저는 직장인 하은입니다. 저는 여행을 갈 때마다 꼭 필름 카메라를 챙겨갑니다. 스마트폰 사진은 너무 쉽게 찍히고 바로 확인할 수 있어서 기다림의 즐거움이나 아날로그한 감성이 부족하게 느껴지지만, 필름 사진은 셔터를 누르는 순간의 조심스러움, 현상될 때까지의 기다림이 있어 더욱 설레고 소중하게 느껴지거든요.

하지만 필름 사진을 받고 나면 한 가지 아쉬움이 남아요. 그 순간의 공기, 작은 움직임, 현장에서 느낀 감정이 사진에는 온전히 다 담기지 않기 때문이죠. 그렇다고 스마트폰으로 영상을 촬영하자니 너무 손쉽게 찍히고 특별한 감정 없이 빠르게 소비되니까 또 아쉽고요.

필름 사진의 아날로그적 깊이와 영상의 생생한 움직임을 함께 표현할 수 있는 방법을 고민하던 중 AI 기술로 필름 사진에 생생한 움직임을 더할 수 있다는 걸 알게 되었어요. 저만의 속도로 천천히 완성한 사진 위에 작은 움직임을 입혀서, 나중에 다시 열어봤을 때 여행의 감정과 순간이 다시금 선명하게 살아나도록 기록하고 싶어요.

✅ 저는 이렇게 쓰고 있어요

소영: 멋진 취미를 가지고 있네요! AI를 활용하면 취미 생활의 영역을 사진에서 영상까지 손쉽게 확장해 볼 수 있어요.

하은: 곧 뉴욕으로 여행을 떠날 예정인데, 촬영 스폿 같은 것도 추천받을 수 있을까요?

소영: 네, 촬영 계획부터 이미지 수정, 영상 제작까지 각 단계마다 어느 정도 AI의 도움을 받을 수 있어요.

⚠️ 차근차근 고민을 해결해요

챗GPT로 여행지의 촬영 스폿 찾아보기

필름 카메라로 여행지의 특별한 순간을 감성적으로 담고 싶다면 챗GPT에게 필름 카메라를 촬영하기 좋은 장소를 추천받으세요. 다음과 같이 추천 촬영 스폿뿐만 아니라 시간대도 함께 안내받을 수 있어요.

뉴욕에서 필름 카메라로 촬영하기 좋은 장소를 추천해 줘. 따뜻하고 빈티지한 감성을 담고 싶어.

뉴욕 필름 촬영 Top 6 스폿 - 따뜻하고 빈티지한 무드에 집중

장소 & 핵심 매력	추천 시간대	필름 팁
DUMBO (워싱턴 스트리트 & 브루클린 브리지 파크) - 골목한 조도와 거리캔에 든 브리지 프레이밍으로 '70년대 영화 같은 분위기	일출 직후 / 해 질 녘	35 mm Kodak Portra 400 → 적당한 노출, 과다로 파스텔 분위기 강조
웨스트빌리지 브라운스톤 골목 - 나무 그늘, 벽돌색 계단, 섬세한 난간이 만드는 클래식 뉴욕 로맨스	오전 9-11시 (부드러운 측광)	Portra 160 + 50 mm 단렌즈로 얕은 심도
코니아일랜드 보드워크 & 루나파크 - 빈티지 놀이기구, 파스텔 간판, 해변 사람들로 '아메리칸 서머' 감성 완성	맑은 오후 3-5시	Cinestill 50D로 강한 채도 살리기

> **Tip** 환각 현상이 발생할 수 있으므로 챗GPT의 답변을 한 번 더 검색하여 실제로 있는 장소인지 확인해 보는 것이 좋습니다.

챗GPT는 해외 도시에 대한 정보는 풍부한 편이지만, 국내 도시 정보는 상대적으로 부족해요. 그래서 국내 도시에 대해 물으면 사실과 다른 내용을 그럴듯하게 답변할 가능성이 있습니다. 하은 님의 경우 뉴욕을 가니까 챗GPT가 참고할 자료가 훨씬 많을 거예요.

제미나이로 필름 사진 수정하기

이번에는 필름 카메라의 감성을 살리면서 조금만 편집해 볼까요? 2025년부터 AI 이미지 생성 모델은 텍스트 프롬프트를 기반으로 이미지를 새롭게 만들어주는 것뿐만 아니라, 프롬프트만으로 이미지를 수정 및 변형하고 합성하는 등 이미지 편집 요구까지 수행할 수 있게 되었습니다. 이러한 기능을 가장 먼저 선보인 툴이 바로 구글 제미나이(Gemini)입니

다. 여행지에서 찍은 필름 사진 속 특정 대상을 지워볼까요?

구글 제미나이(gemini.google.com)에 접속하여 로그인한 후 사진 파일을 업로드하고 <u>첨부한 이미지 속 오른쪽 할아버지를 지워줘</u>.라고 요청합니다.

잠시 기다리면 오른쪽 인물이 깔끔하게 지워진 결과물을 받을 수 있습니다.

▲ 수정 전

▲ 수정 후

소라로 필름 사진을 감성적인 영상으로 만들기

원하는 이미지를 완성했다면 이미지에 움직임을 추가해서 짧은 영상을 만들어봅시다. 이번에 사용할 툴은 오픈AI에서 출시한 영상 특화 AI 서비스인 소라(Sora)입니다. 챗GPT를 유료 구독 중이라면 바로 사용할 수 있죠.

최근 소라 2로 업데이트되며 인스타그램처럼 취향에 맞는 사용자끼리 서로 팔로우를 할 수도 있고, 다른 사용자가 생성한 영상을 리믹스하는 것도 가능해졌습니다.

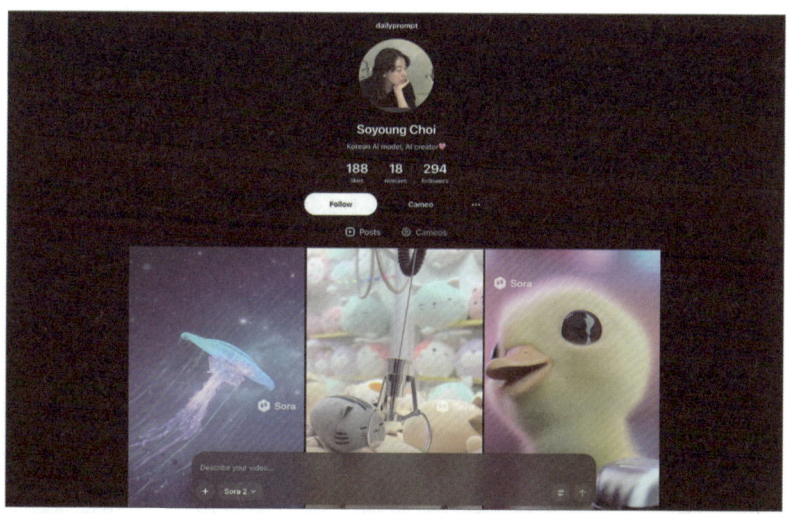

▲ 2025년 10월 출시된 소라 2의 프로필 피드 화면

자, 그럼 소라를 활용해 필름 사진 이미지에 움직임을 더해볼까요? 소라(sora.chatgpt.com)에 접속하여 로그인한 후 ➕ 버튼을 클릭해 이미지를 업로드하고, 프롬프트 입력창의 '설정' 버튼(⚙)을 클릭해 '가로 영상(Landscape)'과 '세로 영상(Portrait)' 중 하나를 선택합니다.

이미지에서 영상을 생성할 때 텍스트 프롬프트는 선택 사항입니다. 필요하다면 이미지를 설명하는 글이나 원하는 움직임을 프롬프트로 입력해도 좋습니다.

잠시 기다리면 이미지를 기반으로 한 영상이 생성됩니다. 생성된 영상은 내 프로필 피드의 'Drafts'에서 확인한 후 게시하거나 다운로드할 수 있습니다.

⭐ 한눈에 정리

- 챗GPT로 여행지의 촬영 스폿을 찾아봅니다.
- 제미나이의 이미지 편집 기능을 활용해 촬영한 필름 사진에서 원하지 않는 요소를 손쉽게 수정합니다.
- 소라를 활용해 필름 사진에 움직임을 추가하고 나만의 감성적 여행 기록을 완성합니다.

➕ 활용 더하기

- 반려동물 사진을 소라에 업로드하고 강아지가 사람으로 변해 공원에서 산책하는 영상 같은 프롬프트를 입력하면 짧고 유쾌한 애니메이션을 만들 수 있습니다.
- 그리운 가족의 옛 사진을 영상으로 되살려보세요. 조부모님 사진을 소라에 업로드하고 사진 속 인물이 웃고 있다라고 프롬프트를 입력하면 정적인 사진이 따뜻한 추억으로 살아 움직이는 경험을 할 수 있습니다.

Part 2

프로 챗GPT

업무에 효율성 더하기

챗GPT는 단순히 질문에 답하는 도구를 넘어 업무를 돕는 든든한 조수로 활약하고 있습니다. 회의록을 정리하고, 해외 고객과 원활하게 소통하며, 복잡한 일정을 체계적으로 관리하는 일까지, 번거로운 업무를 훨씬 가볍게 만들어주죠. 더 나아가 데이터 분석과 보고서 작성, 고객 응대 자동화, 프로젝트 관리 등 실무 곳곳에 스며들며 생산성과 효율성을 높이고 있습니다. 두 번째 파트에서는 실무자라면 누구나 공감할 만한 업무 상황 속에서 챗GPT가 어떤 해결책을 줄 수 있는지 다양한 사례를 살펴봅니다. 챗GPT로 일부 업무를 효율화하면 남은 시간에 전략적이고 창의적인 일을 할 수 있습니다. 물론 개인의 커리어와 성장도 한 단계 더 도약할 수 있겠죠.

— 6 —
시간과 체력 확보를 위한
챗GPT 활용법

바쁜 일상 속에서도 시간과 체력을 효율적으로 관리하는 일은 건강한 일상을 유지하기 위한 기본 조건입니다. 과중한 업무와 잦은 야근으로 체력이 고갈되고 일정이 뒤엉키면 이러한 기본 욕구가 크게 위협받습니다. 회의를 자동으로 기록 및 요약하고, 언어 장벽을 낮추며, 일정 관리를 돕는 챗GPT 기능을 활용하면 일을 매우 효율적으로 처리하면서 에너지를 아끼고 스트레스를 줄일 수 있습니다.

Episode #16
회의록 정리하고 효율적으로 활용하기
Episode #17
해외 고객과의 미팅에 대비하고 실시간 통역하기
Episode #18
꼼꼼한 일정 관리로 우선순위 지키기

 **Episode #16** ♦ 챗GPT

회의록 정리하고
효율적으로 활용하기

이런 고민이 있어요

안녕하세요. 저는 프로덕트 매니저로 일하고 있는 슬기라고 해요. 직무 특성상 회의가 굉장히 많은데, 출근해서 연이어 두세 건씩 회의를 하다 보면 하루 종일 회의실만 돌고 있는 기분이 들어요. 처음에는 열심히 메모하지만, 시간이 지나면 집중력이 흐려져서 노트에 급히 흘려쓴 글씨만 남습니다.

회의가 끝나고 책상으로 돌아오면 '그래서 최종적으로 어떻게 결정했더라?', '다음 단계는 뭐였지?' 하는 생각이 뒤엉켜서 머릿속이 새하얗게 비어버려요. 회의 내용을 녹음해 두어도 다시 듣기엔 시간이 너무 오래 걸려 결국 중요한 결정 사항이나 후속 액션을 놓친 채 다음 회의에 참석하곤 합니다.

이렇게 제대로 정리를 못 하다 보니 책상 위엔 미완성 회의록이 쌓이고 퇴근 후에도 찜찜한 마음에 노트북을 켜서 다시 정리합니다. 그러다 보면 하루가 두 배로 길어진 듯 지치고 '이런 식으로 일을 계속할 수 있을까?' 하는 생각까지 들어요. 회의가 끝나자마자 복잡한 내용을 바로 정리하고 깔끔하게 확인할 수 있는 방법이 있을까요?

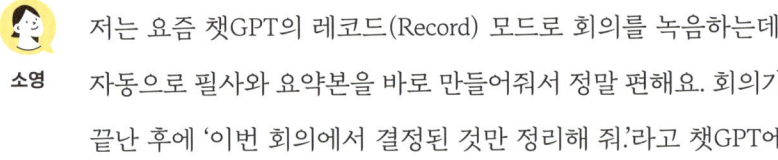

소영 저는 요즘 챗GPT의 레코드(Record) 모드로 회의를 녹음하는데, 자동으로 필사와 요약본을 바로 만들어줘서 정말 편해요. 회의가 끝난 후에 '이번 회의에서 결정된 것만 정리해 줘.'라고 챗GPT에게 추가로 질문하면 필요한 내용만 골라주기도 하고요.

슬기 편할 것 같긴 한데, 보안 문제는 괜찮을까요?

소영 녹음을 잠깐 일시 정지했다가 다시 시작할 수도 있고 회의가 끝나면 자동으로 캔버스에 요약본이 저장돼요. 녹음은 회의 요약에만 사용되고 캔버스를 삭제하면 기록도 같이 사라지니 걱정하지 않으셔도 됩니다. 물론 보안이 절대적으로 중요한 회의에서는 레코드 모드를 사용하지 않는 것을 권합니다.

> ⚠️ **차근차근 고민을 해결해요**

레코드 모드로 회의 녹음 및 요약하기

챗GPT 데스크톱 앱의 레코드(Record) 기능을 사용하면 자동으로 회의록을 작성할 수 있습니다. 챗GPT 데스크톱 앱을 설치한 후 프롬프트 입력창의 '레코드' 버튼(◉)을 클릭하여 회의 시작 전에 챗GPT의 레코드 기능을 활성화합니다.

Tip 챗GPT 데스크톱 앱의 레코드 기능은 현재 맥(Mac)에서만 사용할 수 있고, 윈도우 버전에는 나중에 업데이트될 것으로 예상됩니다.

녹음이 활성화되면 다음과 같이 위쪽 화면에 녹음과 관련된 팝업 창이 나타납니다. 회의가 끝나면 '중지' 버튼을 클릭하여 녹음을 마칩니다.

녹음을 마치면 파란색 '보내기' 버튼이 나타납니다. '보내기' 버튼을 클릭하면 별도로 프롬프트를 입력하지 않아도 바로 회의록을 작성하기 시작합니다.

작성된 회의록을 살펴볼까요? 캔버스에 회의의 핵심 내용이 요약되어 있고 다음에 논의하기로 한 내용도 별도 항목으로 정리되어 있습니다.

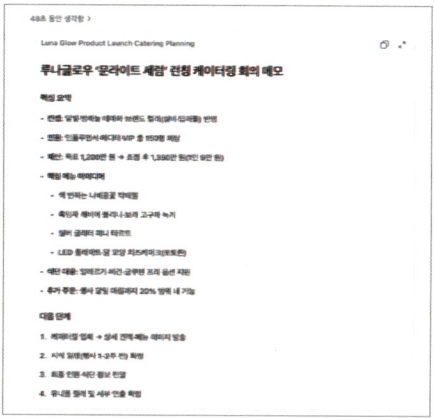

> **Tip** 챗GPT의 레코드 기능은 간편하지만 불완전한 부분도 있습니다. 따라서 회의에서 별도로 메모한 내용과 대조해 보고 크로스체크한 후 사용하는 것을 추천합니다.

작성한 회의록은 워드 파일(.docx)로도 저장할 수 있는데, 다음과 같이 요청하면 회의록을 워드 파일로 준비해 줍니다. 답변에서 '다운로드하기'를 클릭하면 파일을 다운로드할 수 있습니다.

방금 정리한 회의록 문서를 파일로 보내줘.

 회의록 문서를 Word 파일로 보내드립니다.
다운로드하기

다운로드한 워드 파일을 확인하고 기존 회의록의 양식과 서식만 지정해 주면 챗GPT를 활용해서 손쉽게 회의록을 작성할 수 있습니다.

자, 이번에는 지난 회의 자료에 있는 내용을 검색해 볼까요? 원하는 내용을 찾기 위해 회의록 파일을 일일이 열어보는 것도 꽤 수고로운 작업인데, 챗GPT의 에이전트 기능을 사용하면 회의 자료도 쉽게 검색할 수 있습니다.

에이전트 모드로 지난 회의 자료 빠르게 검색하기

챗GPT의 에이전트 모드를 활성화하고 특정 프로그램을 '소스'로 연결하면 자동으로 파일을 찾고 원하는 내용을 가져옵니다. 여기서 말하는 '소스'란, 에이전트가 답변을 만들 때 참고하는 외부 자료 창고 같은 개념입니다. '웹'을 소스로 연결하면 실시간으로 최신 정보를 검색해 오고, '지메일'을 연결하면 편지함 속 메일 내용을 찾아 요약해 줍니다. 또한 '구글 드라이브'를 연결하면 드라이브 속 회의록이나 보고서 파일을 직접 열어 필요한 부분만 정리해 주기도 합니다. 에이전트가 답변을 만들 때 어떤 자료를 참고할지 지정하는 과정이라고 이해하면 됩니다.

프롬프트 입력창에서 ➕ 버튼을 클릭한 후 '에이전트 모드'를 선택합니다. 그리고 '소스' 버튼을 클릭해 구글 드라이브를 소스로 연결합니다.

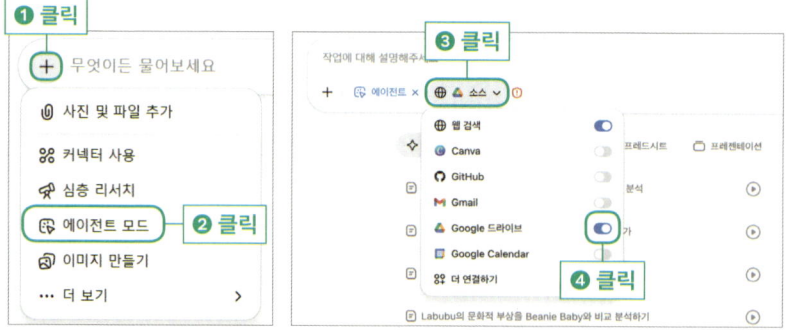

> **Tip** 소스 목록에 'Google 드라이브' 옵션이 보이지 않는다면 '더 연결하기'를 선택하여 전체 옵션 리스트를 확인해 보세요.

소스가 연결되면 이제 구글 드라이브에서 파일을 일일이 열어보면서 원하는 내용을 찾아다닐 필요가 없습니다. 다음과 같이 프롬프트로 요청하면 에이전트가 연결된 구글 드라이브를 탐색하여 원하는 정보를 가져옵니다.

지난번에 루나 글로우 건으로 회의한 적이 있는데, 회의록을 찾아서 핵심 내용과 논의가 필요한 사항이 뭐였는지 알려줘.

 회의록을 찾기 위해 먼저 연결된 API를 검색해 볼게요. 루나 글로우 건과 관련된 지난 회의록을 찾은 후 핵심 내용과 논의가 필요한 사항을 정리해 알려드리겠습니다. 잠시만 기다려주세요.

잠시 기다리면 구글 드라이브에서 회의 내용을 찾아 답변합니다. 답변을 살펴보면 내 구글 드라이브가 출처로 표시되어 있는 것을 확인할 수 있습니다.

Tip 에이전트 모드는 사용자가 제공한 소스를 기반으로 하므로 환각 현상(Hallucination, AI가 사실이 아닌 내용을 사실인 것처럼 만들거나 전달하는 현상)이 적은 편입니다. 에이전트가 일을 완수하는 데 걸리는 시간은 요청한 내용에 따라 다릅니다. 에이전트가 일하는 동안 사용자는 다른 일을 하거나 잠시 휴식을 취할 수 있습니다.

회의록을 기반으로 업무 목록 작성하기

이번에는 회의록을 바탕으로 앞으로 해야 할 일을 정리하고 일정표를 만들어달라고 요청해 봅시다. 앞선 에이전트의 답변에 이어서 다음 프롬프트를 입력합니다.

지난 회의 자료를 참고해서 다음 회의 전까지 해야 할 업무 목록을 세분화해서 만들어줘. 그리고 각 업무의 담당자와 마감일을 표로 정리해 줘.

다음 회의 전까지의 세부 업무 목록

번호	업무 내용	담당 부서/역할	마감일
1	상세 견적서·메뉴 이미지 작성 및 발송	케이터링 PM	7월 28일(월)
2	달 모양 치즈케이크·포토존 메뉴 디자인 확정	메뉴 개발 셰프	7월 28일(월)
3	LED 플레이트 렌탈 견적 및 재고 확인	이벤트 장비 담당	7월 29일(화)
4	시식 일정·장소 예약 및 참석자 안내	고객사 이벤트 매니저	7월 29일(화)
5	VIP 알레르기·식단 정보 수집	VIP 리레이션팀	7월 29일(화)
6	최종 예산안 내부 승인	재무·운영팀	7월 30일(수)
7	스태프 유니폼 색상 결정 및 발주	운영팀	7월 30일(수)
8	SNS 촬영용 디스플레이·배치안 시각화	디자인팀	7월 31일(목)
9	메뉴 단가 조정(1인 9만 원) 확정	케이터링 PM·재무팀	7월 31일(목)
10	업데이트된 회의 자료 정리·배포	프로젝트 코디네이터	7월 31일(목)

필요 시 날짜·담당 부서명을 조정해 주세요. 추가 업무가 생기면 알려주시면 표에 반영하겠습니다.

'회의록을 작성할 때마다 자동으로 할 일 목록을 작성한다.'는 프로세스를 메모리해 두면 더 편리하겠죠? 다음과 같이 요청한 후 기억해 줘.라는 말을 덧붙여서 메모리 기능을 활성화합니다.

앞으로 내가 회의록 작성을 요청하면 그 회의에서 결정된 업무를 담당자와 마감일을 포함해 할 일 목록으로 같이 만들어줘. 회의록과 함께 표 형태로 정리해 주었으면 해. 기억해 줘.

| 📁 저장된 메모리 업데이트됨

네, 앞으로 회의록을 요청하시면 결정된 업무를 담당자, 마감일과 함께 표로 정리해 같이 드리겠습니다. 잘 기억해 둘게요!

Tip 챗GPT의 답변 위쪽에 '저장된 메모리 업데이트됨' 표시가 나타나면 잘 기억된 것입니다. 앞으로 회의록을 작성할 때마다 챗GPT가 할 일 목록까지 함께 정리해서 답변할 것입니다.

✪ 한눈에 정리

- 회의가 시작되면 챗GPT의 레코드 모드를 켜두세요. 녹음이 끝나면 자동으로 회의록과 요약본을 작성해 줍니다. 자료를 워드 문서 파일로 다운로드할 수도 있습니다.
- 에이전트 모드를 활성화한 후 구글 드라이브를 소스로 연결해 두면 드라이브에 있는 파일을 일일이 열어볼 필요 없이 원하는 내용을 바로 확인할 수 있습니다.
- 메모리 기능을 통해 회의록을 작성할 때마다 할 일 목록도 함께 만들어달라고 자동화를 요청하면 매번 같은 요청을 하지 않아도 됩니다.

➕ 활용 더하기

회의록은 PDF 형태로도 다운로드할 수 있습니다. 하지만 서식을 자유롭게 수정하고 싶다면 워드 문서 파일(.docx)로 다운로드하는 것을 추천합니다.

Episode #17　　　　　　　　　　　　　　◆ 챗GPT　◆ 제미나이

해외 고객과의 미팅에 대비하고 실시간 통역하기

이런 고민이 있어요

　안녕하세요. 저는 해외영업팀에서 매니저로 일하고 있는 은성입니다. 최근 해외 파트너사와의 화상 미팅이 부쩍 늘었는데, 회의가 잡힐 때마다 매번 긴장부터 하게 됩니다. 영어가 원어민처럼 유창하지 않아 내용을 미리 정리하고 들어가도 막상 화면을 마주하면 입이 떨어지지 않거든요.

　통역 앱을 실시간으로 사용하면 대화의 흐름이 끊기고, 그렇다고 통역 앱 없이 혼자 감당하자니 중요한 포인트를 빠뜨리거나 핵심 내용을 정확하게 표현하지 못해 항상 후회가 남습니다. 최근에는 중요한 해외 고객과의 미팅에서 내용을 제대로 전달하지 못한 적도 있어요. 미팅이 끝난 후에는 '내가 좀 더 영어를 잘했다면 이런 일이 없었을 텐데.' 하는 생각에 자꾸만 자신감이 떨어집니다.

　해외 업무가 늘고 있는 상황에서 계속 긴장하고 불안해하는 모습을 보이면 팀원들에게도 영향을 줄 것 같아 걱정이에요. 영어를 완벽하게 하지 못해도 해외 미팅에서 중요한 내용을 빠짐없이 전달하고 대화를 자연스럽게 이끌 수 있는 방법이 있을까요?

✓ 저는 이렇게 쓰고 있어요

소영

은성 님, 예전에는 저도 해외 미팅만 잡히면 긴장했는데, 최근에는 챗GPT의 고급 음성 모드 덕분에 걱정이 많이 줄었어요. 이 기능을 이용하면 실시간으로 번역을 해 주기도 하고 대화를 통해 표현을 연습할 수도 있거든요.

은성

좋은 방법이지만, AI 번역이라 조금 걱정됩니다. 문장이 어색하지는 않을까요?

소영

걱정하지 마세요. 챗GPT는 고급 음성 모드로 대화할 때 구어체로 답변하는 경향이 있습니다. 그래서 통역한 문장도 꽤 자연스럽답니다.

❗ 차근차근 고민을 해결해요

고급 음성 모드로 비즈니스 영어 표현 연습하기

챗GPT의 고급 음성 모드로 해외 고객과의 미팅을 준비해 봅시다. 고급 음성 모드를 활성화하고 위쪽에 있는 캡션 버튼(cc)을 클릭하면 챗

GPT의 음성 답변이 화면에 자막처럼 실시간으로 표시됩니다. 이를 활용해 해외 미팅에서 자주 쓰이는 표현을 미리 익히고 준비할 수 있습니다. 단순히 텍스트로 공부하는 것보다 생생한 대화 형태로 표현을 익힐 수 있어서 실제 미팅에서도 자연스럽고 자신감 있게 말할 수 있습니다. 우선 고급 음성 모드를 활성화하고 다음과 같이 요청합니다.

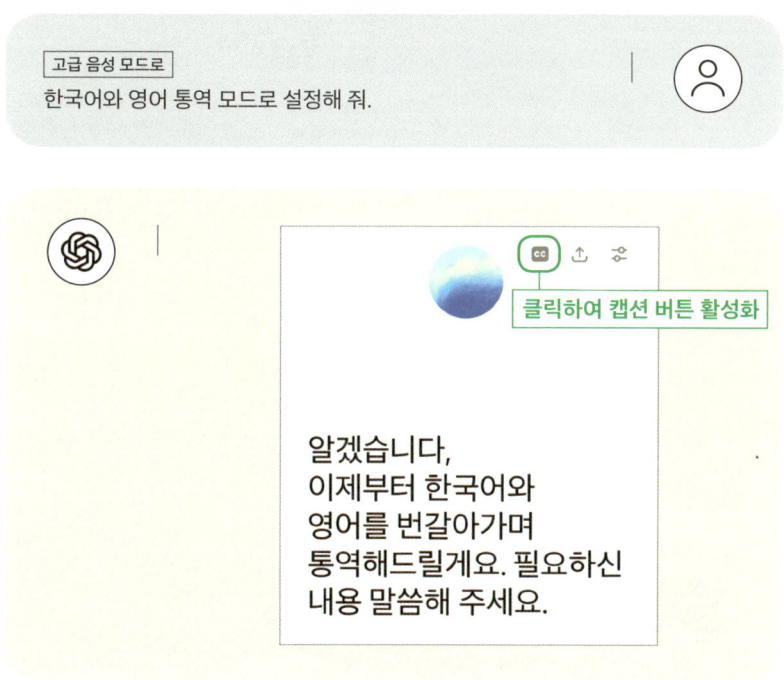

미팅에서 자주 사용하는 표현을 한국어로 말하면 챗GPT가 바로 영어로 통역해 줍니다. 반대로 영어 문장을 작문해 말하면 한국어로 통역하여 제대로 작문되었는지 확인할 수 있습니다.

| 고급 음성 모드로 |
| 이번 미팅의 목적은 신규 제품의 출시 일정을 조율하는 것입니다.

 |

이제부터 한국어와 영어를 번갈아가며 통역해드릴게요. 필요하신 내용 말씀해 주세요.

The purpose of this meeting is to coordinate the launch schedule for the new product.

| 고급 음성 모드로 |
We appreciate that. To meet a mid-November launch, our production needs at least eight weeks. We should finalize specifications by next Monday.

 |

schedule for the launch of the new product.

저희는 그것을 감사하게 생각하며, 11월 중순 출시를 맞추기 위해서는 최소 8주의 생산 기간이 필요하므로, 다음 주 월요일까지 제품 사양을 확정해야 합니다.

이와 같은 방식으로 회의 시간에 고급 음성 모드와 캡션을 활성화해 두면 해외 고객의 말을 실시간으로 한국어로 번역해 주기도 합니다. 다만 챗GPT Pro 플랜을 제외하면 하루 사용 시간이 제한적이어서 회의에 걸리는 시간이 한두 시간 이상 길다면 고급 음성 모드를 활용하기는 어렵습니다. 또한 기밀 유지 등 보안 문제가 발생할 수도 있으니 고급 음성 모드를 회의에 직접 사용할 때는 회사 내규를 확인하는 것을 추천합니다.

손 메모 정리하고 영문 이메일 초안 작성하기

이번에는 회의에서 메모한 내용을 깔끔한 문서로 정리하고 해당 내용을 클라이언트와 공유하는 영문 이메일을 작성해 볼까요? 미팅 중에 손으로 적은 메모를 스마트폰으로 촬영한 후 챗GPT에 업로드합니다. 그리고 다음과 같이 프롬프트를 입력합니다.

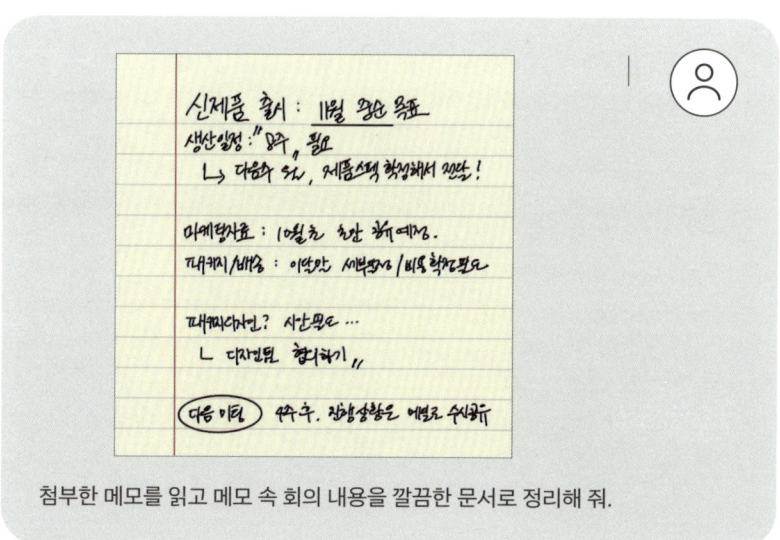

> 21초 동안 생각함
>
> **회의록 — 신제품 출시 준비**
> (작성일: 2025-07-26 / 다음 회의까지 수시 업데이트 예정)
>
> **1. 목표**
> - 신제품 출시: 11월 중순 완료를 목표로 일정·준비 사항 확정
>
> **2. 핵심 논의 및 결정 사항**
>
> | 구분 | 내용 | 비고 |
> |---|---|---|
> | 생산 일정 | 전체 리드타임 8주 필요 | 일정 준수를 위해 세부 일정 확정 필수 |
> | 제품 스펙 | 다음 주 금요일까지 제품 사양 최종 확정 후 전 팀에 공유 | 담당: 제품팀 |
> | 마케팅 자료 | 10월 초순 확보 예정 | 콘셉트·타깃 메시지 정리 포함 |
> | 패키지·배송 | 이달 말까지 세부 사양·비용 확정 | 물류팀, 재무팀 협의 |
> | 패키지 디자인 샘플 | 디자인팀과 협의해 시안 검토 필요 | 샘플 확보 후 승인 절차 진행 |
> | 다음 미팅 | 4주 후 (8월 말 예정) | 진행 상황은 이메일로 수시 공유 |

챗GPT가 정리한 문서를 파일로 저장하고 싶다면 다음과 같이 프롬프트를 이어서 입력합니다. 파란색으로 표시된 다운로드 링크를 클릭하면 파일을 다운로드할 수 있습니다.

> 다운로드할 수 있도록 문서 파일로 만들어줘.

> 문서 파일을 준비했어요. 다음 링크를 클릭해 다운로드하시면 됩니다.
> Download the meeting minutes (DOCX)

자, 메모한 내용을 깔끔한 문서로 정리했으니 이제 이 내용을 클라이언트에게 공유해 볼까요? 다음과 같이 요청해 영문 이메일로 내용을 전달해 봅시다.

메모에 적힌 회의 내용을 간략히 요약해서 클라이언트와 공유하려고 해. 클라이언트에게 보낼 영문 이메일 초안을 작성해 줘.

[Subject] Next Steps toward the Mid-November Product Launch

Dear [Client Name],

Thank you for taking the time to meet with us. Below is a brief recap of the key points and agreed-upon timeline:

Item	Target Date	Notes
Finalize product specifications	Fri 1 Aug	Specs will be shared with all stakeholders
Lock production schedule (8-week lead time)	Early Aug	Coordination with manufacturing partners
Confirm packaging & shipping details	Wed 31 Jul	Costs and logistics to be fixed
Receive first packaging design concepts	Fri 8 Aug	Design team to provide initial samples
Draft marketing materials ready	Early Oct	Concept and copy aligned with launch theme
Next project review meeting	Week of 26 Aug (TBC)	Calendar invite to follow

In addition, each team will send a concise progress update every Friday to keep everyone aligned.
Please review this summary and let us know if you'd like any adjustments. We appreciate your collaboration and look forward to achieving our mid-November launch together.

Best regards,
[Your Name]
[Title] | [Company]
[Phone] · [Email]

간혹 클라이언트가 문서가 아닌 PPT 자료를 요청할 때도 있죠? 초기 챗GPT 모델은 묻는 말에 대답을 하는 AI 챗봇에 가까웠다면 현재는 문서, 스프레드시트 파일, 발표 자료까지 모두 만들어주는 만능 생산성 툴로 거듭났습니다. 여러 언어를 이해하므로 다국어 자료도 만들 수 있죠.

에이전트 모드로 다국어 프레젠테이션 자료 제작하기

에이전트 모드를 사용하면 구글 드라이브에 저장된 파일의 내용을 기반으로 프레젠테이션을 만들 수 있습니다. 프롬프트 입력창에서 에이전트 모드를 활성화한 후 소스에서 '구글 드라이브'를 선택합니다. 다음과 같이 프롬프트를 입력하면 에이전트가 드라이브에서 파일을 찾고 슬라이드를 제작합니다.

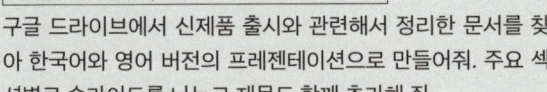

에이전트 모드 활성화, 구글 드라이브를 소스로 연결하고
구글 드라이브에서 신제품 출시와 관련해서 정리한 문서를 찾아 한국어와 영어 버전의 프레젠테이션으로 만들어줘. 주요 섹션별로 슬라이드를 나누고 제목도 함께 추가해 줘.

알겠습니다. 우선 구글 드라이브(Google Drive)에서 '신제품 출시'와 관련된 문서를 찾아 적합한 내용을 확인하고 이를 바탕으로 한국어와 영어 버전 프레젠테이션을 제작하겠습니다.

잠시 기다리면
회의록을 기반으로 한국어와 영어 두 버전의 프레젠테이션을 작성했습니다. 각 버전은 주요 섹션(목표, 핵심 논의 및 결정 사항, 할 일 목록, 다음 단계)으로 나뉘어져 있고 깔끔한 도표와 표, 시각적 요소를 활용해 정보를 명확하게 전달합니다. 슬라이드의 아래쪽에는 참고할 원문 문서에 대한 하이퍼링크가 번호 표기 형태로 포함되어 있어 출처를 확인할 수 있습니다.

> **Tip** 에이전트 모드를 활성화하고 소스를 연결하는 방법은 160쪽을 참고하세요.

- 한국어 버전

- 영어 버전

> **Tip** 에이전트 모드를 활성화한 후 프롬프트 입력창에 문서를 직접 첨부해도 좋습니다.

지메일의 제미나이로 영문 이메일 초안 작성하기

업무에서 지메일(Gmail)을 자주 쓴다면 간단한 영문 이메일은 지메일에서 제공하는 AI 서비스 제미나이(Gemini)를 사용해 작성해 보세요. 새 메일 창을 열고 아래쪽에 있는 '글쓰기 도우미 버튼(✏️)'을 클릭합니다.

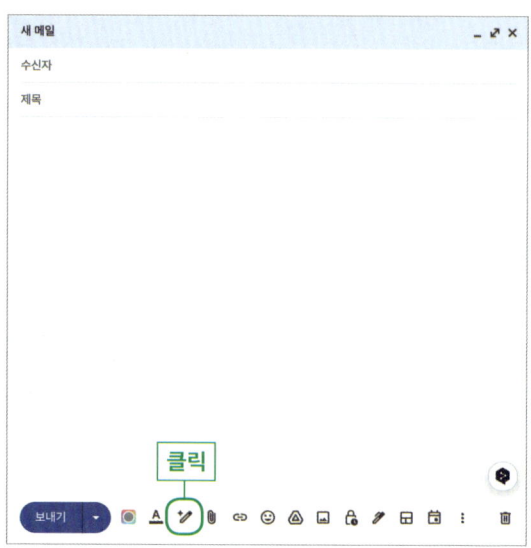

프롬프트 입력창이 나타나면 원하는 이메일 초안 내용을 영어로 작성해 달라고 요청한 후 '만들기' 버튼을 클릭합니다.

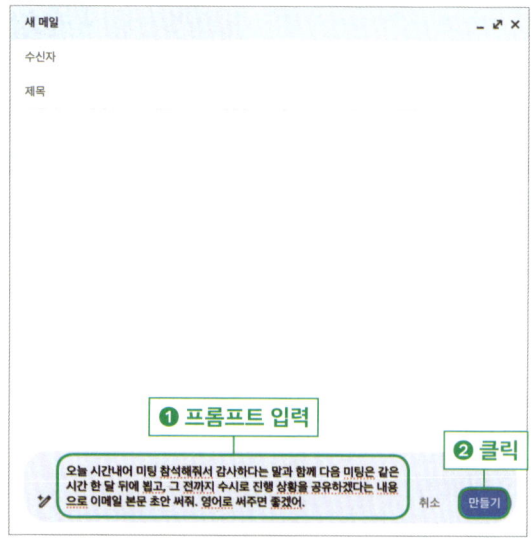

잠시 기다리면 영문 이메일 초안이 작성됩니다. '삽입' 버튼을 클릭하면 메일 본문에 입력됩니다.

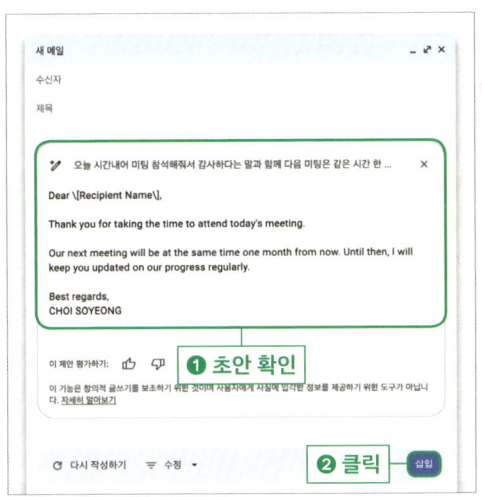

⭐ 한눈에 정리

- 고급 음성 모드를 활용해 비즈니스 영어 표현을 연습하거나 회의 중 실시간으로 통역합니다.
- 회의 후에는 손으로 적은 메모나 회의록을 촬영해 챗GPT에 업로드하고 문서 파일로 정리합니다. 이 내용을 공유하는 영문 이메일 초안도 작성할 수 있습니다.
- 에이전트 모드를 사용하면 구글 드라이브에서 자료를 찾아 다국어 버전의 발표 자료를 자동으로 만들어줍니다.

➕ 활용 더하기

업계에서 사용하는 고유명사나 전문 용어는 챗GPT가 어색하게 번역할 수 있어요. 이때 챗GPT에게 이 용어는 번역하지 말고 그대로 써줘.라고 미리 알려주면 더욱 정확하게 번역할 수 있습니다.

Episode #18 ♦챗GPT ♦제미나이

꼼꼼한 일정 관리로
우선순위 지키기

이런 고민이 있어요

안녕하세요. 저는 마케팅 어시스턴트 채원입니다. 개인 업무나 프로젝트 일정을 스마트폰 캘린더로 관리하고 있었는데, 최근 여러 프로젝트가 동시에 진행되면서 회의, 협업 미팅, 세부 작업 일정이 확 늘어났어요. 하루에도 몇 번씩 새 일정이 생기고 또 변경되다 보니 어느새 제 캘린더는 색색깔 블록이 뒤얽힌 퍼즐판이 되어버렸습니다.

처음에는 각 일정에 우선순위와 마감일을 적어두면서 나름대로 정리했지만, 새로운 일정이 계속 생기고 기존 일정도 자주 바뀌어 더 이상 정리할 엄두가 나지 않더라고요. 프로젝트 관리 툴을 써보려고 했지만, 사용법이 복잡하고 사용료도 있어서 부담스럽더라고요. 결국 우선순위를 잘못 잡아 마감일을 놓치거나 작은 작업을 깜빡해 동료들에게 민망한 상황이 반복됐습니다.

반복 업무와 개인 일정까지 한 번에 파악하고 우선순위에 따라 효율적으로 재배치하는 방법이 있을까요? 챗GPT를 활용해 제 캘린더를 분석하고 일정 관리 스트레스를 줄일 수 있다면 정말 좋겠습니다.

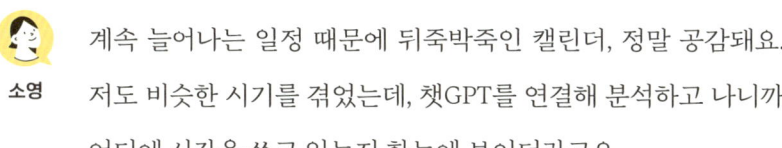

계속 늘어나는 일정 때문에 뒤죽박죽인 캘린더, 정말 공감돼요. 저도 비슷한 시기를 겪었는데, 챗GPT를 연결해 분석하고 나니까 어디에 시간을 쓰고 있는지 한눈에 보이더라고요.

챗GPT가 캘린더도 분석해 주는군요!

네, 챗GPT의 에이전트 모드를 켜면 구글 캘린더에 등록된 일정을 분석할 수 있어요. 어떤 요일과 시간대에 업무가 몰려있는지, 불필요하게 쌓인 일정이 무엇인지 정리해서 알려준답니다.

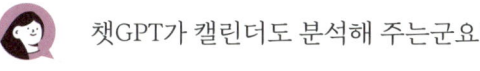

에이전트 모드로 캘린더 일정 분석해 업무 구조 파악하기

챗GPT의 에이전트 모드를 켜고 '소스'에서 'Google Calendar'를 선택한 후 다음과 같이 프롬프트를 입력하면 챗GPT가 사용자의 구글 캘린더를 분석하기 시작합니다.

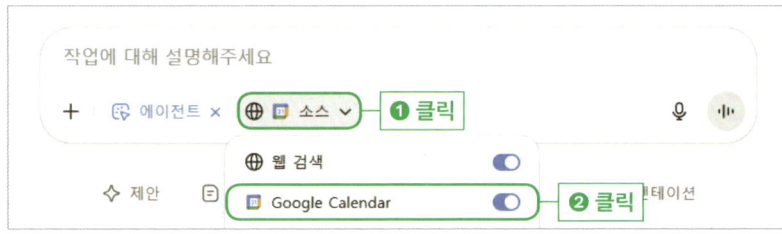

2025년 6월 구글 캘린더에 있는 내 일정을 분석해 줘. 회의, 프로젝트 업무, 개인 일정의 비율과 가장 바쁜 요일 및 시간대를 알려주고 일정이 겹치거나 과도하게 집중된 부분이 있는지 알려줘.

잠시 기다리면

2025년 6월 일정에는 총 30일 동안 하루 평균 5개의 일정이 배치되어 있습니다. 이를 유형별로 분류해 보면 다음과 같아요.

- **회의(회의, 미팅, 세션)**: 주간 마케팅 회의와 세일즈팀 협업 미팅, 데이터 분석, 외부 협력 미팅 등 업무적 소통이 필요한 일정이 가장 많았습니다. 회의는 전체 일정의 약 36~37%를 차지한 것으로, 비중이 높습니다.
- **프로젝트 업무**: 프로젝트 준비/분석문 정리, 콘텐츠 편집/뉴스레터 작성, 마케팅 데이터 분석, 캠페인 콘텐츠 작성 등 실제 업무 수행 시간이 많았습니다. 프로젝트 업무는 전체 일정의 약 22~25% 정도로 나타납니다.
- **개인 일정**: 온라인 강의/개인 공부, 운동 및 취미 활동, 친구들과 식사, 독서/필사하기 등 휴식과 자기 계발 시간이 비교적 잘 배치되어 있었습니다. 개인 일정은 전체 일정의 약 38~41%로, 주중에는 하루 평균 23개, 주말에는 평균 5개의 개인 일정이 잡혀있었습니다.

가장 바쁜 요일 및 시간대
- **요일**: 화요일과 목요일에 회의가 3건씩 잡히는 경우가 많아 업무 밀도가 가장 높았습니다.
- **시간대**: 오후 2~5시 사이에 회의 및 교육 세션, 데이터 분석 등의 업무가 연속적으로 배치되는 경우가 많아 집중도가 높았습니다. 중략

일정을 분석해 보니 휴식 시간이 많이 부족하네요. 다음 주에는 휴식 시간을 충분히 확보할 수 있도록 일정을 조정해 볼까요? 챗GPT와 다음 주 일정의 우선순위를 함께 논의해 보고 시간 배분에 대한 조언을 받아 봅시다.

에이전트 모드로 일정의 우선순위 정하기

이번에도 마찬가지로 구글 캘린더가 소스로 연결된 에이전트 모드를 활용합니다. 중요도와 긴급도를 기준으로 우선순위를 다시 세우고 새롭게 시간표를 조정해 봅시다.

> 다음 주(7월 7일~13일) 스케줄이 너무 꽉 차서 쉴 틈이 없네. 구글 캘린더 일정을 좀 봐주고 중요도랑 긴급도를 기준으로 우선순위를 세워서 오전에는 집중 업무를 하고 오후에는 협업 미팅을 하는 식으로 새 시간표를 짰으면 해. 하루에 15분씩 2번 쉴 수 있을까? 참고로 점심시간은 오후 12시부터 오후 1시까지야.

> **잠시 기다리면**
> 다음 주(7월 7일~13일)의 구글 캘린더 일정을 확인하고 중요도와 긴급도에 따라 일정 우선순위를 배치했어요. 주기적 일정의 경우 오전에는 집중 업무에, 오후에는 협업 워크에 맞춰 시간을 조정했습니다.
>
> **일정 분류 및 우선순위 요약**
> - **중요 & 긴급**: 외부/클라이언트 미팅, 팀 전체 회의, 보고서 작성, 경쟁사 분석 등 → 되도록 오전에 배치하여 집중해서 처리하도록 함(Google Calendar)
> - **중요 & 비긴급**: 내부 교육, SNS 스케줄링, 아이디어 브레인스토밍, 디자인 리뷰 등 → 오후 협업 시간대에 배치(Google Calendar)
> - **낮은 중요도 & 개인 일정**: 운동 및 자기 계발, 독서 및 셀프케어, 친구들과의 만남 등 → 업무 시간 외 또는 주말에 유지(Google Calendar)

제안된 새 일정(요약)			
날짜	오전 (집중 업무 및 분석)	오후 (협업 미팅/트레이닝)	비고
7/7 월	09:00–10:30 캠페인 콘텐츠 작성 → 집중 작업	13:00–14:00 주간 마케팅 회의, 14:00–15:00 세일즈팀 미팅 Google Calendar	10:30–10:45, 15:00–15:15 휴식; 12:00–13:00 점심; 17:30–18:30 운동 유지
7/8 화	09:00–10:30 SNS 콘텐츠 스케줄링, 10:45–11:45 개인 프로젝트/독서로 심층 작업 Google Calendar	13:00–14:30 캠페인 아이디어 브레인스토밍, 15:00–16:00 디자인 리뷰 미팅, 16:00–17:00 내부 교육 세션 Google Calendar	휴식 10:30–10:45 & 15:45–16:00; 저녁 19:00–21:00 개인 프로젝트 유지
7/9 수	09:00–10:00 경쟁사 분석, 10:15–11:45 마케팅 트렌드 조사 Google Calendar	13:00–14:00 외부 파트너 미팅, 14:00–15:00 런치 앤 런 세션 Google Calendar	휴식 10:00–10:15 & 15:00–15:15; 18:00–19:00 자기계발(취미) 유지

에이전트 모드로 일정 한 번에 수정하기

 분석과 우선순위 조정이 끝났으면 이제 새로 짠 일정을 구글 캘린더에 반영할 차례입니다. 에이전트가 구글 캘린더에 접속해서 일정을 알아서 등록해 주면 좋겠지만, 구글은 보안 정책상 이 방법을 허용하지 않고 있습니다. 따라서 새로 짠 일정표를 ics 파일로 내려받고 이것을 구글 캘린더로 '가져오기'를 해야 합니다.

방금 만들어준 새 시간표를 구글 캘린더에 반영하려고 해. 캘린더 설정에서 '가져오기'를 할 수 있도록 ics 파일을 줘. 그리고 회의나 협업 일정은 알람이 10분 전에 울리도록 설정해 줘.

여기 새로 짠 시간표를 구글 캘린더에서 가져올 수 있도록 ics 파일로 준비했습니다. 월요일부터 금요일까지의 협업 및 회의 일정에는 10분 전 알람을 추가했습니다. 구글 캘린더의 '설정' → '가져오기/내보내기' → '가져오기' 메뉴에서 이 파일을 선택하면 새 시간표를 추가할 수 있습니다. 파일을 다운로드하려면 다음 링크를 눌러주세요.

schedule.ics

> **Tip** ics는 일정 데이터를 캘린더 간에 쉽게 주고받을 수 있도록 표준화한 파일 형식입니다. ics 파일을 다운로드한 후 구글 캘린더에 가져오면 여러 개의 일정을 한 번에 등록하거나 업데이트할 수 있습니다.

챗GPT가 만들어준 ics 형식의 파일을 업로드하기 위해 구글 캘린더로 이동합니다. 내 캘린더의 오른쪽에 있는 '옵션' 버튼( )을 클릭하고 '설정 및 공유'를 선택합니다.

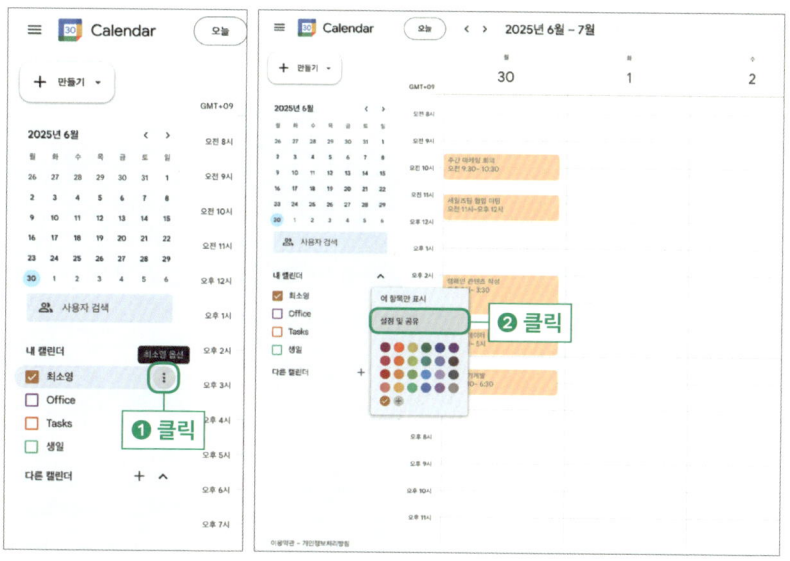

캘린더 위쪽에 있는 '설정' 버튼( )을 클릭하고 '가져오기/내보내기'에서 '컴퓨터에서 파일 선택'을 클릭해 챗GPT가 만들어준 ics 파일을 불러옵니다.

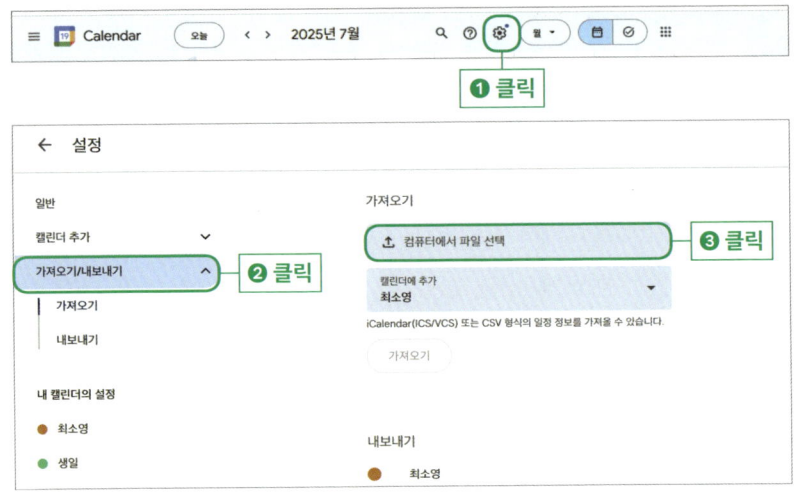

Tip ics 파일을 가져와서 일정표에 일괄적으로 적용할 때는 기존에 사용하던 캘린더를 사용하는 것보다 새 캘린더를 만드는 방법을 추천합니다. 기존 캘린더는 그대로 백업해 두고 새로 만든 캘린더에 ics 파일을 불러오면 이후 일정을 좀 더 편리하게 한 번에 삭제하거나 수정할 수 있습니다.

챗GPT가 만들어준 일주일 치 일정이 한 번에 입력되었습니다.

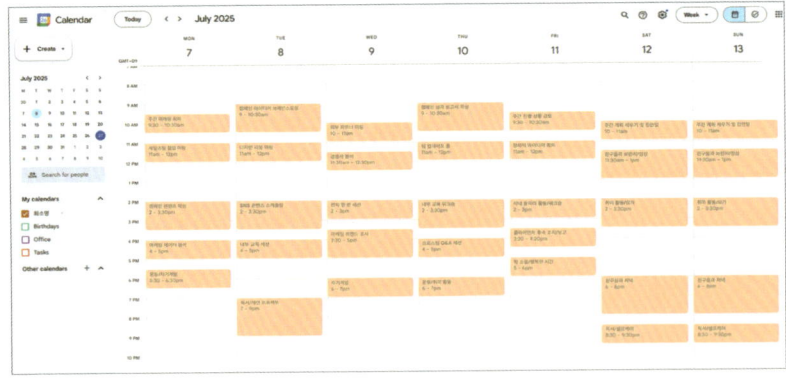

제미나이로 구글 캘린더에 일정 반영하기

챗GPT는 구글 캘린더에 새로운 일정을 생성할 권한이 없지만, 구글의 AI인 제미나이(Gemini)를 사용하면 가능합니다. 제미나이에 접속한 후 @Google Calendar라고 태그하면 구글 캘린더 안에서 검색하거나, 일정을 생성 또는 삭제할 수 있습니다.

@Google Calendar 8월 12일에 오후 8시부터 1시간 동안 연극리딩 모임을 추가해 줘.

 네, 8월 12일 오후 8시부터 1시간 동안 '연극리딩 모임' 일정을 추가했습니다.

Google Calendar
연극리딩 모임
8월 12일 (화요일) • 오후 8:00~ 오후 9:00

@Google Calendar 8월 12일 연극 리딩모임 일정을 삭제해 줘.

 알겠습니다. 일정 항목을 삭제하고 싶으시군요. 지금 바로 항목을 삭제할까요?

Google Calendar
연극 리딩모임
8월 12일 (화요일) • 오후 8:00~ 오후 9:00

응, 삭제해 줘.

 네, 완료되었습니다.

@Google Calendar 7월 23일 글쓰기 워크숍 시작 시간을 오후 7시로 미뤄줘.

 글쓰기 워크숍 시작 시간이 2025년 7월 23일 오후 7시로 변경되었습니다.

✪ 한눈에 정리

- 에이전트 모드를 통해 구글 캘린더를 분석하면 회의, 업무, 개인 일정의 비율과 가장 바쁜 요일 및 시간대를 확인할 수 있습니다.
- 분석 결과를 챗GPT와 공유하면서 특정 조건을 제시하면 중요도와 긴급도를 기준으로 재배치한 새 일정표를 제안합니다.
- 챗GPT가 제안한 새 일정표를 ics 파일로 다운로드하고 구글 캘린더로 가져와서 일괄적으로 반영할 수 있습니다.
- 제미나이를 활용하면 좀 더 편리하게 구글 캘린더의 일정을 추가 및 수정할 수 있습니다.

✪ 활용 더하기

챗GPT에게 이번 주 일정에서 가장 많이 시간을 쓴 활동은 무엇인지 분석해 줘.라고 요청해 보세요. 주 단위, 월 단위, 반기 단위의 일정도 분석해 줍니다.

— 7 —

협업과 성장, 자기 개발을 위한 챗GPT 활용법

사람은 타인과 연결되고, 공동체에 소속되기를 원하며, 동시에 자신의 성과를 인정받고 자존감을 높이려고 합니다. 챗GPT를 통해 프로젝트 자료를 한곳에 모으고, 전문적인 보고서를 쉽게 작성하며, 개인별 학습 계획을 세우면 팀워크를 강화해 사회적 욕구를 충족시키는 동시에 전문성을 인정받아 존중 욕구를 채울 수 있습니다. 더 나아가 새로운 지식과 기술을 습득하는 과정은 자신을 발전시키려는 자아 실현 욕구의 출발점이기도 합니다.

Episode #19
흩어진 프로젝트 자료를 한곳에 모으기
Episode #20
데이터 분석 자동화하고 보고서 작성하기
Episode #21
토익을 넘어 비즈니스 영어까지 정복하기

Episode #19 ♦ 챗GPT ♦ 퍼플렉시티

흩어진 프로젝트 자료를
한곳에 모으기

😌 이런 고민이 있어요

안녕하세요. 저는 홍보팀에서 근무하고 있는 새봄입니다. 신제품 출시를 앞두고 저희 팀에서 다뤄야 할 자료와 소통해야 할 채널이 급격히 늘어났어요. 처음에는 구글 드라이브 하나로 충분히 관리할 수 있었는데, 프로젝트가 본격화되자 상황이 점점 복잡해지더라고요.

미디어 키트는 노션(Notion)에서 관리하고, 보도자료 초안은 주로 이메일로, 중간 피드백은 메신저 앱으로 오가다 보니 어느 순간 자료가 여기저기 흩어져 버렸습니다. 필요한 자료를 찾을 때마다 이메일을 검색했다가 노션을 뒤지고, 다시 메신저 앱을 확인하면서 시간과 에너지를 너무 많이 쓰게 됐어요.

회의 후 정리한 결정 사항이나 역할 분담도 이메일과 드라이브에 따로 저장되어 있어서 팀원 간에 정보가 제대로 공유되지 않고 있습니다. 그 결과, 팀원 간에 역할이 중복되거나 중요한 업무가 누락돼 팀 전체가 곤

란해진 적도 있습니다.

효율적으로 업무를 처리하기 위해 팀 모두가 한눈에 쉽게 자료를 찾고 일정까지 명확히 확인할 수 있는 방법이 간절합니다. 여러 채널에 흩어진 업무 자료를 간편하게 통합하고 관리할 방법이 있을까요?

✓ 저는 이렇게 쓰고 있어요

소영

새봄 님, 하나의 프로젝트를 진행하는 데도 너무 많은 채널을 살펴봐야 하는 상황이네요. 무언가를 찾을 때 AI만큼 시간을 절약해 주는 게 또 없죠. 특히 에이전트 모드로 구글 드라이브나 지메일을 연결해 지난주 프로젝트 관련 문서에서 클라이언트 요구를 찾아서 정리해 줘.라고 요청하면 중요한 파일과 핵심 내용을 한눈에 볼 수 있어요.

새봄

아, 그거 좋네요! 안 그래도 업무용으로 구글 드라이브를 사용하고 있거든요. 이메일까지 한 번에 챗GPT가 읽고 분석해 준다니 꿈만 같은 기능인데요?

> ⚠️ 차근차근 고민을 해결해요

에이전트 모드로 이메일과 문서에서 정보 찾기

챗GPT의 '에이전트' 모드를 켜고 소스로 'Gmail'과 'Google 드라이브'를 선택합니다. 이렇게 두 가지 소스를 동시에 연결하면 좀 더 유기적으로 자료를 검색하고 정리할 수 있습니다.

소스를 연결하고 다음과 같이 요청하면 지메일과 구글 드라이브를 함께 살펴보고 답변합니다. 그리고 한눈에 메일과 문서로 주고받은 내용을 정리해 주고 앞으로 어떤 일을 해야 하는지 요약해 줍니다.

○○사와 주고받은 이메일과 문서를 살펴보고 클라이언트의 니즈가 무엇인지, 전달하려고 하는 주요 메시지가 무엇인지 정리해 줘. 각 요구 사항에 대한 담당자와 마감일도 함께 적어줘.

클라이언트(○○)와 PR 에이전시(△△) 간의 이메일과 문서를 검토한 결과, 이번 신제품에서 요구하는 사항과 핵심 메시지, 역할 분담 및 마감일은 다음과 같습니다.

클라이언트의 니즈와 전달하려고 하는 메시지
신제품(코이보틀) 출시 PR 지원 – 친환경 텀블러 '코이보틀' 출시를 알리고 보도자료, 미디어 키트, SNS 콘텐츠 등 다양한 PR 자산을 제작해 소비자에게 알리려고 함 중략

요약
- 클라이언트는 신제품 '코이보틀' 홍보를 위해 보도자료를 수정 및 보완, 소비자 친화적 표현, 미디어 키트 이미지 추가, SNS 콘텐츠 기획을 요청하고 있습니다.
- 핵심 메시지는 생활 속 작은 혁신과 지속 가능한 선택, 이 두 가지 메시지가 소비자에게 분명히 전달되도록 모든 PR 자산을 작성해야 합니다.
- 마감일은 7월 중순과 8월 초에 집중되어 있으므로 각 담당자는 일정을 맞춰 작업을 완료하고 7월 16일 회의에서 진행 상황을 보고해야 합니다.

이처럼 에이전트 모드를 활용하면 중요한 정보를 빠뜨리지 않고 챙길 수 있어요. 분석 외에도 ○○ 업무 기한이 언제였지?와 같이 단순하게 메일이나 문서 내용을 물어보는 것도 가능하고요. 말 그대로 챗GPT를 비서처럼 활용할 수 있답니다.

심층 리서치로 경쟁사 홍보 캠페인 분석하기

홍보팀에서 일하다 보면 경쟁사 리서치를 많이 하게 되죠. 챗GPT의 심층 리서치 기능을 활용하면 리서치 업무도 빠르게 처리할 수 있어요. 다른 AI에도 심층 리서치 기능이 있지만, 개인적으로 리서치 결과물의 퀄리티는 챗GPT가 가장 만족스러웠어요. 앞선 대화에 이어 프롬프트 입력창의 ⊞ 버튼을 클릭한 후 '심층 리서치'를 선택하고 프롬프트를 작성합니다.

> 심층 리서치 기능을 활성화하고
> 최근 6개월 동안 주요 경쟁사 두 곳에서 진행한 홍보 캠페인을 심층 리서치해 줘. 각 캠페인의 목표, 타깃 고객, 핵심 메시지, 사용한 홍보 채널을 표로 비교해 주고 어떤 전략이 가장 효과적이었는지도 분석해 주었으면 해.

Tip 프롬프트 입력창에서 '심층 리서치'를 선택하지 않아도 프롬프트에 '심층 리서치'라는 키워드가 들어가면 자동으로 활성화됩니다.

심층 리서치를 시작하면 리서치의 범위를 좀 더 명확하게 정하기 위해 사용자에게 한 번 더 질문을 합니다. 그리고 여기에 답변하면 리서치를 수행하기 시작합니다.

 알겠어. 산업 분야나 제품 카테고리를 지정해 주면 해당 범위에서 경쟁사 후보를 조사할게.

친환경 제품 위주로 주요 경쟁사가 어떤 곳이 있을지 네가 찾아 봐주면 좋겠어.

 좋아. 최근 6개월간 친환경 제품 산업 안에서 주요 경쟁사 2곳이 진행한 홍보 캠페인을 선정해 심층 분석해 볼게.

리서치가 시작되면 화면의 오른쪽에 어떤 웹페이지를 탐색하며 리서치를 진행하고 있는지 엿볼 수 있습니다.

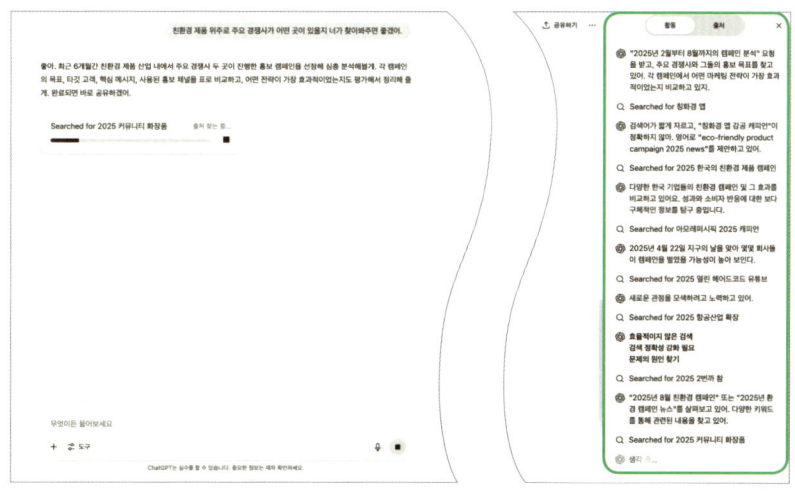

잠시 뒤 리서치를 끝낸 챗GPT가 내용을 정리해 답변합니다.

최근 6개월간 친환경 업계 경쟁사 홍보 캠페인 분석

친환경 제품 산업 경쟁사 홍보 캠페인 비교 분석 (2025년 상반기)

캠페인 개요 및 배경

2025년 2월부터 8월까지 친환경 제품 산업에서 두 주요 경쟁사로 선정된 ●●●●(The Body Shop)과 ●●●(●●●● Korea)는 각기 독창적인 친환경 홍보 캠페인을 전개했습니다. 두 기업 모두 친환경 철학을 바탕으로 제품을 판매하는 글로벌 뷰티 브랜드로서, 2025년 상반기에 지속가능성을 주제로 한 마케팅 활동을 펼쳤습니다. 아래에서는 각 캠페인의 목표, 타깃, 핵심 메시지, 활용 채널을 정리하고, 성과와 소비자 반응 측면에서 어떤 전략이 더 효과적이었는지 비교해보겠습니다.

경쟁사 A – ●●●●●: 'Change Making Beauty' 지구의 날 캠페인 (2025년 4~5월)

●●●●은 지구의 날(4월 22일)을 맞아 2025년 4월 22일부터 5월 6일까지 2주간 고객 참여형 친환경 실천 캠페인을 진행했습니다. donga.com . 이 캠페인은 ***Change Making P●●●●ity***라는 슬로건 하에 전개되었으며, 윤리적 소비와 지속가능한 아름다움을 강조해 온 브랜드 철학을 소비자들과 함께 실천하고자 기획되었습니다. donga.com

— 중략 —

캠페인 주요 요소 비교

두 경쟁사의 캠페인을 아래 표와 같이 항목별로 비교할 수 있습니다:

비교 항목	●●●● – 'Change Making Beauty' 캠페인 (2025년 상반기)	●●● ●●●● – '고 네이키드' 캠페인 (2024~2025년)
캠페인 목표	고객 참여형 이벤트로 일상 속 친환경 실천 독려. 작은 실천을 모아 지속가능한 아름다움 구현 및 브랜드 철학 공감 유도. donga.com	퍼포먼스 캠페인으로 포장 폐기물 문제 환기. 일회용 포장 감소를 촉구하여 환경 보호 실천 및 업계·소비자 의식 변화를 도모. lush.co.kr
타깃 고객	●●●● 제품 구매층 전반 (주로 2030 세대 여성)으로, 윤리적 소비와 SNS 활용에 적극적인 고객 donga.com . 인스타그램을 통한 MZ세대 중심 참여 유도.	전 연령 대중 + ●●● 팬층. 환경에 관심 있는 누구나 대상. 직원·고객이 **캠페인 참여자(구조대)**로 결집하고, 거리 시위를 통해 일반 시민에게도 메시지 전달 lush.co.kr
핵심 메시지	"작은 실천이 모여 큰 변화를 만든다." 고객과 함께 지속 가능한 아름다움을 실천하자는 긍정적 메시지 donga.com . (예: 분리수거, 텀블러 생활화 등 친환경 습관 장려)	"불필요한 포장은 벗어 던지자!" 일회용 플라스틱·포장 쓰레기 줄이기를 강렬하게 호소. 포장 폐기물이 환경에 미치는 피해와 제로 웨이스트의 중요성 강조 lush.co.kr
주요 홍보 채널	SNS 캠페인 위주 전개. 인스타그램 등에서 해시태그 인증 이벤트 진행 donga.com . 브랜드 공식 계정 안내 및 온라인 뉴스 보도로 확산. (오프라인 매장에서는 안내 및 경품 증정)	오프라인 거리행진 + 온라인 확산 병행. 거리 퍼레이드와 이벤트로 현장 홍보 및 언론 보도 유도. 캠페인 스토리를 담은 공식 웹사이트, SNS 콘텐츠 제공. 참여자들의 자발적 SNS 공유를 통한 바이럴.

성과 및 소비자 반응 비교 분석

Tip 심층 리서치 답변의 위쪽에 있는 '공유하기' 버튼(⬆)을 클릭하면 리서치 결과물을 PDF나 워드 파일로 다운로드하거나 링크를 복사하여 공유할 수 있습니다.

챗GPT로 캠페인 아이디어 브레인스토밍하기

클라이언트의 주요 키워드와 니즈를 파악했고 경쟁사 리서치도 했으니 홍보 캠페인을 기획하기 위한 아이디어 브레인스토밍을 해 볼까요? 챗GPT와 함께 브레인스토밍을 할 때는 실제 사람과 대화를 나누는 것처럼 자신의 생각을 확장하는 데 AI의 도움을 받는다고 생각하며 프롬프트를 입력하면 좋습니다. 조금 전 심층 리서치를 수행한 대화에 이어서 프롬프트를 입력합니다.

> 정리한 클라이언트 요구와 경쟁사 분석을 참고해서 친환경을 주제로 한 홍보 캠페인 아이디어를 세 가지 제안해 줘. 아이디어 별로 어떤 스토리로 메시지를 전달할지, SNS나 미디어, 오프라인 중 어떤 채널이 적합할지 함께 적어줘.

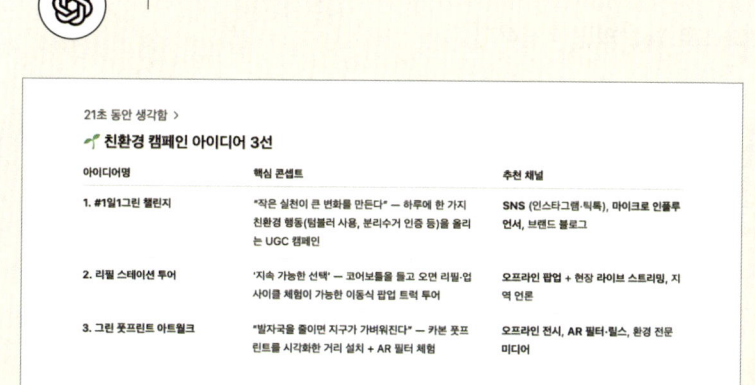

전략별 기대 효과 비교			
전략	즉각적 화제성	참여 지속성	브랜드 이미지 강화
#1일1그린 챌린지	★★☆	★★★	★★☆
리필 스테이션 투어	★★★	★★☆	★★★
그린 풋프린트 아트월크	★★☆	★★☆	★★★

- 단기 타깃을 노린 팬 리필 스테이션 투어(현장 체험+미디어 노출)
- 장기 팬덤 구축에는 #1일1그린 챌린지(습관형 UGC)가 적합
- 브랜드 가치 및 예술성을 동시에 표현하려면 그린 풋프린트 아트콜라주가 효과적

Tip 챗GPT가 업무 이메일과 파일을 분석하고 경쟁사를 리서치한 결과를 바탕으로 아이디어를 제안했어도 그 아이디어의 실효성, 현실 가능성, 예산 타당성을 고려하는 것은 사람의 몫입니다. 또한 답변을 그대로 실행할 경우 챗GPT를 사용하는 경쟁사도 유사한 전략을 취할 수 있습니다. 이러한 이유로 자신의 생각을 넓혀가고 자기가 가지고 있는 아이디어의 실효성을 검증하는 용도로 AI를 쓸 때 보다 잘 쓴다고 말할 수 있습니다.

챗GPT로 팀 브리핑 작성하기

마지막으로 현재까지의 진행 상황을 팀원과 공유하기 위한 브리핑 문서를 작성해 달라고 요청합니다. 브리핑 문서는 내부 공유나 외부 회의용으로 사용할 수 있습니다.

현재까지의 PR 프로젝트 진행 상황을 팀원 모두에게 공유할 수 있는 브리핑 문서도 작성해 줘. 각 팀원의 기여를 칭찬하는 문장을 포함해 줬으면 해. 팀원명은 내가 직접 입력할 테니까 이름이 들어갈 곳은 그냥 ○○○로 남겨주면 돼.

브리핑 문서를 캔버스에 올려두었어. 각 팀원 이름만 'OOO' 부분에 입력하면 바로 공유할 수 있어!

그린워터게이트 PR 프로젝트 브리핑 (2025-08-02)

1. 프로젝트 개요
- 목표: 친환경 텀블러 '코어보틀' 출시를 위한 통합 PR·마케팅 실행
- 핵심 메시지: ① 생활 속 작은 혁신 ② 지속 가능한 선택
- 기간: 2025-07-01 ~ 2025-08-10 (1차 런칭 페이즈)

2. 주요 업무 진행 현황

업무	담당	상태	비고
보도자료 초안 수립 & 1차 검토	OOO	✅ 완료	클라이언트 핵심 메시지 반영 여부 체크 (7-31)
보도자료 수정안 작성	OOO	진행 중	소비자 친화적 문장·소제 설명 간소화 (D-3)
미디어 키트 기획(이미지 3장)	OOO	디자인 확정	코어보틀 라이프스타일 컷 → 편집 중 (D-3)
SNS #1일1그린 챌린지 기획	OOO	착수	해시태그, 인플루언서 후보 리스트업 (8-03 회의)
리필 스테이션 투어 일정·동선	OOO	기획 중	전기차 친척·지역별 장소 섭외 접촉
7-16 온라인 회의 리캡 & 액션아이템 정리	OOO	✅ 완료	회의록 및 역할 분담 Google Doc 공유

| 전반적 진척율: 약 60 %

3. 다음 마일스톤
- 8-05(화) · 클라이언트 제출용 보도자료 수정본 확정
- 8-05(화) · 미디어 키트 최종 이미지 납품
- 8-06(수) · 인플루언서 계약 및 해시태그 챌린지 사전 게시물 승인
- 8-08(금) · 리필 스테이션 트럭 래핑 디자인 결정 → 제작 발주
- 8-10(일) · 보도자료·키트·SNS 챌린지 동시 런칭 (1차 캠페인 개시)

4. 팀원별 칭찬 한 마디 ✨
- OOO: 까다로운 초안에서도 클라이언트 핵심 메시지를 빠르게 파악해 놀라운 통찰력을 보여줬어요!
- OOO: 짧은 시간 내 소비자 눈높이에 맞춘 문장 리라이트로 프로젝트에 생기를 불어넣었습니다.
- OOO: 촬영부터 레이아웃까지 꼼꼼히 챙겨서 미디어 키트 퀄리티를 한 단계 끌어올렸어요.
- OOO: SNS 챌린지 아이디어 회의 때 번뜩이는 크리에이티브로 모두를 사로잡았어요.
- OOO: 리필 스테이션 투어 동선을 현실적으로 설계해 실행 가능성을 크게 높여줬어요.
- OOO: 회의록 정리와 액션아이템 배포 덕분에 팀 전체가 같은 방향을 보게 되었어요.

모두 덕분에 프로젝트가 순항 중입니다. 계속 힘내주세요! 🙌

뭔가 쓰는 중...

Tip 챗GPT는 프롬프트에 '문서 작성', '보고서 작성' 같은 표현이 포함되어 있으면 보다 편리하게 작업하고 다운로드할 수 있는 문서 환경을 제공하기 위해 자동으로 캔버스 기능을 실행합니다.

퍼플렉시티로 전문 자료 웹 검색하기

챗GPT에서도 웹 검색을 할 수 있지만, 검색에 특화된 AI 툴인 퍼플렉시티(Perplexity)를 활용하면 더 양질의 검색 결과를 얻을 수 있습니다. 퍼플렉시티에서는 챗GPT나 클로드(Claude) 같은 다양한 외부 AI 툴 모델을 선택해 사용할 수 있습니다. 구글에서 검색하듯이 특정 정보를 물어보면 선택한 외부 AI 모델을 통해 그 결과를 요약하고 대화형 답변을 제공하죠. 퍼플렉시티는 답변에 출처를 표시하므로 믿을 수 있고 연구나 사실 확인 등이 목적인 경우에 사용하기 좋습니다.

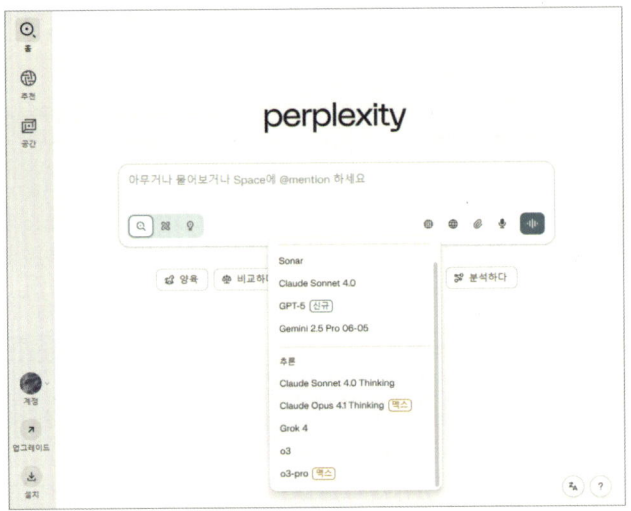

Tip 일부 모델은 유료 구독해야 사용할 수 있습니다.

또한 퍼플렉시티는 단순한 웹 검색뿐만 아니라 논문과 같은 학술 자료(학문 모드), 소셜 미디어와 커뮤니티 자료(소셜 모드), 재무와 경제 관련 소스(Finance 모드)를 집중해서 검색해 볼 수도 있습니다.

⬢ 한눈에 정리

- 챗GPT의 에이전트 모드를 통해 구글 드라이브나 이메일에 흩어져있는 브리핑, 회의록, 요청 사항을 손쉽게 정리하면 팀원 모두가 같은 정보를 바탕으로 작업하면서 혼선을 줄일 수 있습니다.
- 챗GPT의 심층 리서치를 활용하여 여러 출처를 동시에 분석해 경쟁사의 홍보 전략과 시장 동향을 구조화된 보고서로 받아봅니다. 클라이언트의 니즈와 비교해 우리 팀만의 차별화 포인트를 찾을 수 있고 자료를 크로스체크해 신뢰성을 높일 수 있습니다.
- 챗GPT와 함께 캠페인 아이디어를 브레인스토밍하면서 여러 아이디어와 추천 채널을 제안받습니다.
- 챗GPT에게 브리핑 문서를 요청해 현재까지의 프로젝트 진행 정도와 방향성을 한 문서로 정리한 후 팀 내부에 손쉽게 공유합니다.

⊕ 활용 더하기

- 클라이언트의 자료를 요약할 때 핵심 포인트 5개만 추려줘.와 같이 숫자를 명시하면 보고서나 프레젠테이션에 바로 활용할 수 있는 길이로 정리해 줍니다.
- 팀 브리핑을 자료를 요청할 때 pdf와 docx 두 가지 형식으로 만들어줘.라고 부탁하면 문서 파일로 다운로드할 수 있습니다.

Episode #20　　　　　　　　◆ 챗GPT　◆ 젠스파크

데이터 분석 자동화하고 보고서 작성하기

😀 이런 고민이 있어요

　안녕하세요. 저는 교육 운영 담당자 유빈입니다. 저는 매달 사내 직원과 외부 파트너를 위한 다양한 교육 프로그램을 기획 및 운영하고 있어요. 소규모 교육 프로그램이지만, 동시에 진행하는 교육 과정의 수가 많아서 한 달이 어떻게 지나가는지 모를 정도로 정신없이 바쁩니다.

　교육이 끝날 때마다 만족도에 대한 설문조사를 하는데, 교육 과정별 응답을 스프레드시트에 정리하고 점수와 의견을 하나하나 분석하는 일이 정말 만만치 않아요. 여러 과정의 설문 응답을 일일이 확인해 평균 점수를 내고 개선점을 정리하다 보면 비슷한 업무를 몇 날 며칠씩 반복하게 됩니다. 게다가 그 결과를 임원 보고용 보고서와 발표 자료로 따로 준비해야 합니다. 저는 숫자 분석이나 디자인 툴 사용에 익숙하지 않아 매달 야근을 하면서 업무를 겨우겨우 소화해 내고 있어요.

설문 결과를 좀 더 효율적으로 분석한 후 보기 좋고 이해하기 쉬운 보고서와 발표 자료를 빠르게 만드는 방법은 없을까요? 이런 반복 작업에 쓰는 시간을 줄이고 핵심적인 업무에 더 집중할 수 있다면 정말 큰 도움이 될 것 같습니다.

✅ 저는 이렇게 쓰고 있어요

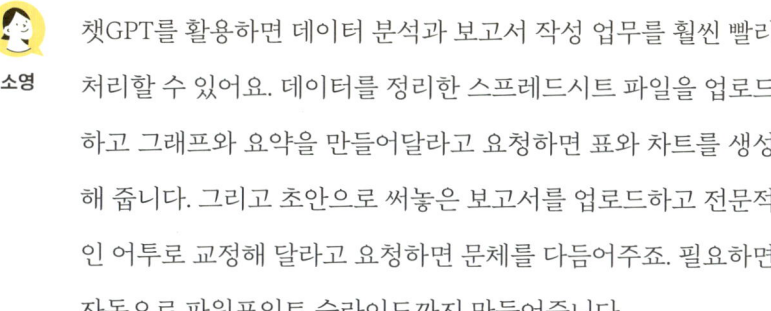

소영: 챗GPT를 활용하면 데이터 분석과 보고서 작성 업무를 훨씬 빨리 처리할 수 있어요. 데이터를 정리한 스프레드시트 파일을 업로드하고 그래프와 요약을 만들어달라고 요청하면 표와 차트를 생성해 줍니다. 그리고 초안으로 써놓은 보고서를 업로드하고 전문적인 어투로 교정해 달라고 요청하면 문체를 다듬어주죠. 필요하면 자동으로 파워포인트 슬라이드까지 만들어줍니다.

유빈: 챗GPT가 그래프나 슬라이드까지 만들어주는 줄은 몰랐어요.

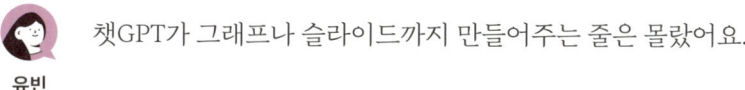

소영: 네, 그렇게 절약한 시간을 활용해 팀원 코칭이나 전략 수립에 집중할 수 있겠죠?

> ⚠️ 차근차근 고민을 해결해요

에이전트 모드로 만족도 설문 분석 및 요약하기

구글폼으로 교육 만족도 설문조사를 받은 후 'Sheets에서 보기'를 클릭하면 구글폼에 연동되는 구글 스프레드시트가 생성됩니다.

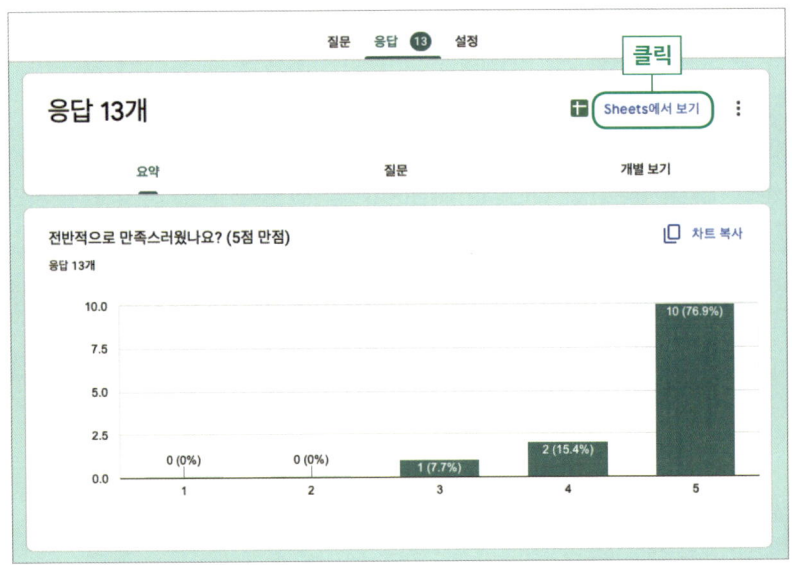

스프레드시트 속 데이터를 에이전트 모드를 통해 분석해 봅시다. 프롬프트 입력창에서 에이전트 모드를 활성화하고 소스로 구글 드라이브를 연결합니다. 다음과 같이 요청한 후 잠시 기다리면 챗GPT 에이전트가 응답을 분석해 지표를 요약하고 서술형 답변에서 반복적으로 등장하는 단어들을 추출해서 알려줍니다.

에이전트 모드 활성화, 구글 드라이브를 소스로 연결하고
디지털 마케팅 기초 교육 설문 데이터에서 전체 만족도 평균, 질문별 1~5점 분포, 가장 많이 언급된 긍정/부정 키워드와 개선 요청 사항을 표로 정리해 줘.

분석 결과를 정리한 보고서는 다음 파일에서 확인하세요.

디지털 마케팅 기초 교육 설문 분석 보고서

분석 개요

설문은 2024년 5월 2일에 실시된 디지털 마케팅 기초 교육 과정을 대상으로 한다. 만족도는 "매우 불만족 – 매우 만족"의 5점 리커트(Likert) 척도로 측정되었다. 리커트 척도는 중간 점수 또는 중립적 옵션을 포함한 5개의 답항을 사용하여 응답자의 의견을 평가하는 방식으로, 설문조사 응답자가 더 정확하고 미묘한 답변을 제공할 수 있게 한다. ko.surveymonkey.com . 총 13명이 설문에 응답했다.

전체 만족도 평균

각 응답자에게 세 가지 질문(전반적 만족도, 도움 여부, 추천 의향)을 1~5점으로 평가하도록 요청하였다. 응답자별 세 질문의 평균을 "전체 만족도"로 정의하면 4.59점(13명 평균)이었다. 이는 대부분의 참가자가 강의에 높은 만족도를 표시했음을 의미한다.

질문별 1~5점 분포와 평균

만족도 항목	평균 점수	1점 응답수	2점 응답수	3점 응답수	4점 응답수
전반적 만족도	4.69	0	0	1	2
도움 여부	4.46	0	0	0	7
추천 의향	4.62	0	0	1	3

- 전반적 만족도 질문에서는 전체 응답 중 5점이 10건으로 가장 많았다. 3점은 1건, 4점은 2건이었다.
- 도움 여부 질문은 4점과 5점만 나타났으며 4점이 7건(54 %), 5점이 6건(46 %)이었다.
- 추천 의향 질문에서도 5점(9건, 69 %)이 가장 많았으며 4점이 3건, 3점이 1건이었다.

중략

> **Tip** 만족도 조사 결과가 담긴 구글 스프레드시트가 포함된 구글 드라이브를 소스로 연결해야 챗GPT가 해당 파일을 열고 탐색할 수 있습니다.

소영: 챗GPT를 활용하니 데이터 분석이 금방 끝나죠? 따라서 앞으로는 데이터 자체보다 현실 세계와 데이터 사이의 정성적인 인사이트를 도출하는 일이 더욱 중요해질 것으로 예상됩니다.

유빈: 그렇겠네요! 분석된 데이터를 토대로 간결한 결과 보고서도 만들 수 있을까요?

소영: 에이전트 모드를 사용하면 완성된 문서를 파일로 다운로드할 수 있을 뿐만 아니라 사내 보고서 양식이나 자주 쓰는 구조를 공유해 해당 형식대로 문서를 작성해 달라고 요청할 수도 있어요. 앞선 대화에 이어서 보고서 작성을 요청해볼까요?

> **Tip** 여기서 말하는 '정성적인 인사이트'란, 숫자와 통계처럼 수치로 표현되는 정량적 분석과 달리 숫자가 의미하는 바와 배경, 맥락을 해석하는 것을 말합니다. 즉 데이터 뒤에 숨은 사람들의 행동, 상황, 의미를 읽어내는 통찰을 의미하죠.

에이전트 모드로 결과 보고서 자동으로 작성하기

디지털 마케팅 기초 교육의 만족도 조사 결과를 보고서 형식으로 작성해 줘. 서론, 분석 방법, 주요 결과, 개선점, 향후 계획 순으로 정리해 줬으면 해. 작성이 완료되면 문서 파일로 줘.

다음 문서 파일을 다운로드하여 확인해 주세요.

디지털 마케팅 기초 교육 만족도 조사 보고서

1. 서론

2024년 5월 2일에 실시한 디지털 마케팅 기초 교육 과정에 대해 참가자들의 만족도를 조사하였다. 이번 교육은 마케팅 기초 개념과 실습을 통해 디지털 마케팅 역량을 향상하는 데 목적이 있다. 교육 후 참가자들이 느낀 전반적인 만족도와 교육의 효과를 파악한 이후 프로그램을 개선하기 위한 자료로 활용하기 위해 설문을 진행하였다. 설문은 5점 리커트(Likert) 척도를 사용하여 각 질문에 대한 만족도를 평가하도록 설계되었다. 리커트 척도는 중립적인 옵션을 포함한 5개의 답항으로 응답자의 의견을 평가하며 ko.surveymonkey.com , 응답자가 더 정확하고 미묘한 답변을 제공할 수 있게 한다 ko.surveymonkey.com .

2. 분석 방법

1. 대상 및 데이터 수집
   - 설문에는 총 13명의 교육 참가자가 응답하였다.
   - 설문 문항은 전반적 만족도, 교육이 도움이 되었는지, 주변에 추천할 의향이 있는지 등 세 개의 5점 척도 질문과 만족스러운 점, 더 배우고 싶은 부분(개선 사항) 등 2개의 개방형 질문으로 구성되었다.

2. 정량 데이터 분석
   - 세 개의 5점 척도 질문에서 평균 점수와 **점수 분포(1점~5점)**를 계산하였다.
   - 각 응답자의 세 질문 점수를 평균하여 전체 만족도 평균을 산출하였다.

3. 정성 데이터 분석
   - 개방형 문항(만족스러운 점, 더 배우고 싶은 부분)에서 핵심 키워드를 파악하기 위해 텍스트를 정제한 후 단어를 분리하였다.
   - 빈도수를 기준으로 긍정 키워드와 개선/부정 키워드를 분류하였다.
   - 유사한 의미의 표현을 하나의 카테고리로 묶어 요약하였다.

3. 주요 결과

3.1 전체 만족도 평균

각 응답자의 세 질문 점수를 평균하여 계산한 전체 만족도 평균은 **4.59점**(만점 5점)으로 나타났다. 이는 대부분의 참가자가 교육에 대해 높은 만족도를 보였음을 의미한다.

3.2 질문별 만족도 분석

구분	평균 점수	1점 응답수	2점 응답수	3점 응답수	4점 응답수
전반적 만족도	4.69	0	0	1	2
교육이 도움이 되었는지	4.46	0	0	0	7
추천 의향	4.62	0	0	1	3

중략

6. 결론

이번 디지털 마케팅 기초 교육 만족도 조사는 참가자들의 높은 만족도와 더불어, 교육 시간과 실습 기회 확대, 심화 과정 개설 등 다양한 개선 요구를 확인하였다. 특히 실습과 사례 중심의 교육이 긍정적으로 평가되었으며, 리커트 척도가 응답자 의견을 수집하는 데 유용함을 보여 준다 ko.surveymonkey.com . 이러한 피드백을 바탕으로 향후 교육 프로그램을 개선하면 참가자의 학습 경험을 더욱 향상시킬 수 있을 것이다.

> **Tip** 보고서 아래쪽에 있는 '공유하기' 버튼()을 클릭하면 PDF 파일이나 워드 문서로 다운로드할 수 있습니다.

자주 쓰는 보고서 양식이 있다면 챗GPT가 전체 구조를 참고할 수 있도록 첨부 파일로 업로드하고 다음과 같이 프롬프트를 입력해 보세요.

첨부한 양식에 맞춰 결과 보고서를 작성해 줘. 작성이 완료되면 문서 파일로 줘.

다음 첨부된 문서 파일은 보내주신 템플릿 양식에 맞춰 작성한 보고서입니다. 다운로드하여 확인해 주세요.
report.docx

젠스파크로 보기 좋은 발표 자료 만들기

챗GPT의 에이전트 모드로 발표 자료를 만들 수도 있지만, 시각적으로 좀 더 완성도 높은 발표 자료를 원한다면 젠스파크(Genspark)를 추천합니다. 젠스파크의 'AI 슬라이드'는 링크나 문서 자료를 업로드하고 프롬프트를 입력하면 해당 자료를 바탕으로 슬라이드를 만들어주는 기능입니다. 우선 젠스파크 홈페이지(genspark.ai)에 접속해 회원 가입하고 로그인한 후 'AI 슬라이드'를 클릭합니다.

직전에 챗GPT에서 완성한 보고서를 다운로드한 후 젠스파크에 첨부하고 프롬프트를 입력합니다.

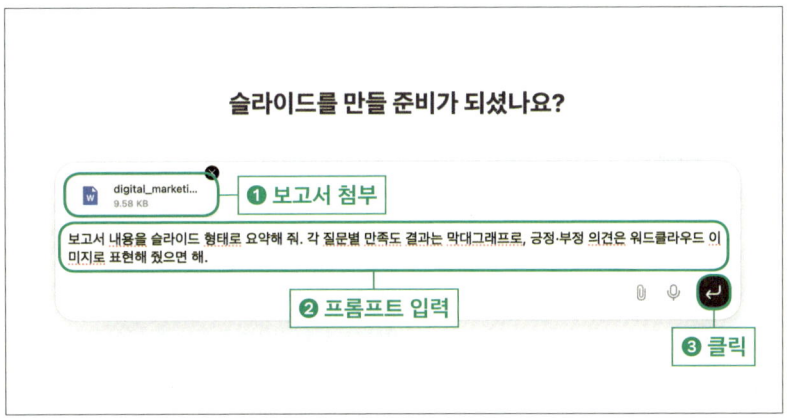

젠스파크가 심층 사고를 활용해 할 일을 리스트업하고 슬라이드를 제작합니다. 잠시 기다리면 슬라이드가 완성됩니다.

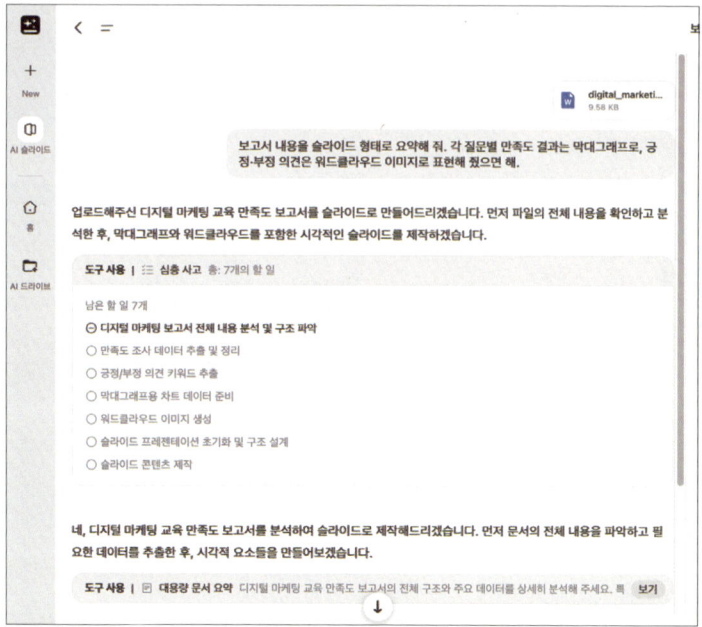

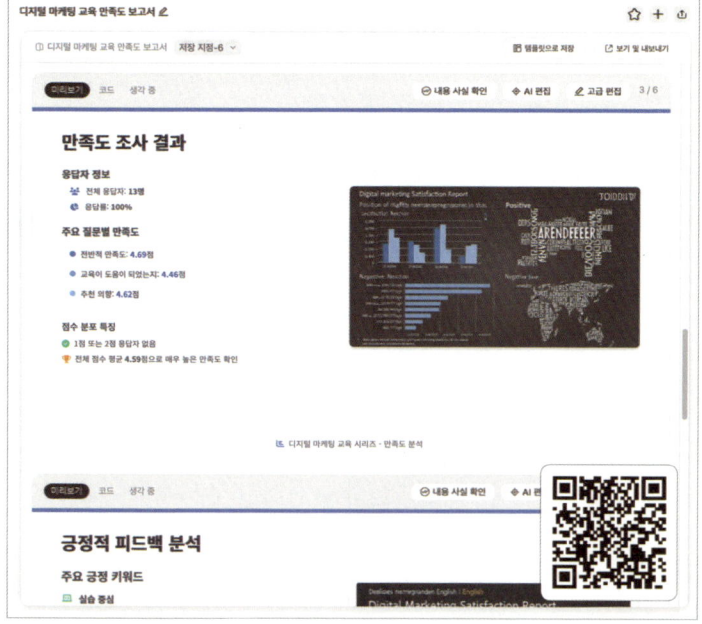

> **Tip** 젠스파크의 AI 슬라이드는 내용에 따라 이미지나 차트가 필요하다면 자동으로 생성해서 슬라이드에 삽입해 줍니다.

⭐ 한눈에 정리

- 에이전트 모드를 활용하면 챗GPT가 설문 데이터 파일을 탐색하고 분석해 줍니다.
- 분석 결과를 활용해 보고서 형식의 문서나 발표 자료를 생성합니다. 단 생성된 파일을 사람의 손길로 다듬는 과정이 꼭 필요합니다.
- 젠스파크를 활용해 보고서를 기반으로 보기 좋은 발표 자료를 제작합니다.

➕ 활용 더하기

- 설문지에 여러 개의 질문이 있으면 챗GPT에게 질문별 Top 3 의견을 추려줘.라고 요청해 설문 결과를 더욱 효율적으로 정리할 수 있습니다.
- 설문 결과를 반복적으로 분석한다면 메모리 기능을 활용해 앞으로 교육 만족도 보고서를 만들 때마다 같은 형식으로 작성해 줘.라고 설정해 둡니다. 이렇게 하면 매번 같은 구조의 보고서를 받을 수 있습니다.
- 설문 데이터를 더 깊이 분석하고 싶다면 챗GPT에게 참가자 그룹별 만족도 차이나 질문 간 상관관계를 추가로 살펴봐줘.라고 요청해 보세요. 그러면 예상치 못한 인사이트를 얻을 수 있습니다.

Episode #21 ◆ 챗GPT ◆ 세서미

토익을 넘어 비즈니스 영어까지 정복하기

이런 고민이 있어요

안녕하세요. 저는 스타트업 제품 기획자 세웅입니다. 최근 이직을 준비하며 토익(TOEIC) 공부를 시작했는데, 한 가지 걱정이 있습니다. 토익 점수가 높다고 해서 실무에서 영어로 능숙하게 업무 이메일을 쓰거나 해외 담당자와 편하게 대화할 수 있을 거라는 확신이 들지 않습니다. 회화 학원을 다니자니 시간과 비용 부담이 크고, 책이나 앱으로 독학을 하려고 하면 집중이 잘 되지 않아 매번 흐지부지 끝나곤 합니다.

제가 원하는 건 토익으로 영어 기본기를 튼튼히 다지면서 동시에 실무에서 바로 활용할 수 있는 회화 표현이나 비즈니스 이메일 작성법을 자연스럽게 익히는 거예요. 점수를 위한 영어가 아니라 실제 현장에서 유용하게 쓸 수 있는 영어를 배우고 싶습니다. AI의 도움을 받아 토익 공부와 실무 영어 능력을 함께 키울 수 있을까요?

✅ 저는 이렇게 쓰고 있어요

소영
이럴 때는 챗GPT의 '스터디 모드'를 활용해 보세요. 스터디 모드는 AI가 선생님처럼 질문을 던지고 답을 유도하는 방식이라 스스로 생각하면서 공부할 수 있도록 도와줘요. 토익 문제를 주면 함께 풀어보거나 풀이에 도움이 되는 조언을 받을 수 있을 거예요.

⚠️ 차근차근 고민을 해결해요

스터디 모드로 주차별 공부 계획과 목차 생성하기

한때 과제나 공부용으로 챗GPT를 사용할 경우 챗GPT가 바로 정답을 알려주어 학습에 도움이 되지 않는다는 비판이 많았습니다. 이를 보완하기 위해 나온 기능이 바로 스터디 모드입니다. 스터디 모드에서는 챗GPT가 학습한 방대한 지식을 바탕으로 영어 공부뿐만 아니라 다양한 학문에서 스터디 메이트로 활용할 수 있고 개념 설명, 상세한 문제 풀이, 연상법을 안내해 줍니다. 프롬프트 입력창의 + 버튼을 클릭하고 '공부하고 배워요'를 선택하면 스터디 모드가 활성화됩니다.

그리고 나서 다음과 같은 프롬프트를 입력하면 6주 분량의 커리큘럼을 구성해 줍니다. 예문과 어휘를 조정하기 위해 목표 점수와 관심 산업에 대해 추가 질문도 하죠.

> 토익 점수를 올리면서 비즈니스 영어도 같이 공부하고 싶어. 6주 계획으로 주차마다 하나의 비즈니스 상황을 다루는 목차를 만들어줘. 예를 들어 이메일 작성, 회의 진행, 협상 및 계약, 고객 응대, 프레젠테이션, 네트워킹 같은 주제를 넣어줬으면 해. 그리고 각 주차의 레슨마다 학습 목표, 핵심 단어 10개(뜻과 예문, 기억하기 위한 연상법까지), 비즈니스 구문과 회화 표현 3개(짧은 대화 예시 포함), 이해를 확인할 퀴즈 3개를 정리해 줘. 한 레슨씩 질문해 주고 내가 답하면 다음 단계로 넘어가도록 해 줘.

> 좋아요! 먼저 두 가지를 짧게 여쭤볼게요. 답을 주시면 그 정보에 맞춰 예문 및 어휘를 조정하고 바로 1주 차 레슨부터 함께 풀어나가겠습니다.
>
> 1. 현재 토익(TOEIC) 점수와 목표 점수는 어느 정도인가요?
> 2. 업무 분야 또는 관심 산업(예 IT 스타트업, 무역, 금융 등)이 있나요?

목표 점수와 관심 산업을 답변하면 챗GPT가 1주 차의 단어와 예문을 제시합니다.

> 목표 점수는 800점, IT 스타트업에 관심 있어.

6-Week Roadmap (IT Startup Focused)

주차	비즈니스 상황	핵심 스킬 포인트
1	이메일 작성 – 명확·간결·친절한 메일 쓰기	구조, 톤, 후속 조치
2	회의 진행 – 효율적 미팅 리드 & 참여	아젠다, 의견 조율, 액션 아이템
3	협상·계약 – 윈-윈 협상 전략	조건 제시, 타협, 합의 문서화
4	고객 응대 – 기술 지원 & 불만 처리	공감, 해결책 제안, 후속 확인
5	프레젠테이션 – 설득력 있는 피칭	스토리라인, 시각 자료, Q&A
6	네트워킹 – 관계 구축 & 유지	자기소개, 후속 연락, 가치 교환

Week 1 Lesson : Email Etiquette & Clarity
(목표 점수 800, IT 스타트업 맥락 반영)

1. 학습 목표
1. "서론-본문-결론" 3단 구성으로 이메일을 작성할 수 있다.
2. 수신자에게 다음 단계(Next Action)를 분명히 전달할 수 있다.
3. 전문적이면서도 친근한 톤(startup culture)을 유지한다.

2. 핵심 단어 10 (뜻·예문·연상법)

단어	뜻	예문	연상법
follow-up	후속 조치	I'll send a follow-up tomorrow.	"다음 걸 따라간다"
clarify	명확히 하다	Could you clarify the timeline?	clear + identify
recipient	수신자	Please double-check the recipient list.	receive → 받는 사람
attachment	첨부파일	Find the report in the attachment.	파일이 붙어 있다
concise	간결한	Keep the message concise and direct.	con-(together) + size↓
promptly	신속히	We'll respond promptly.	빨리 pump!
inquiry	문의	Thank you for your inquiry.	질문이 궁금 in?
escalate	(문제) 상위 보고하다	We need to escalate this bug.	계단 escalate 단계 ↑
template	서식, 틀	Use our onboarding email template.	템플(들) 기억
signature	서명, 서명란	Best regards, (email signature)	sign + nature(모양)

[중략]

이해도 확인 퀴즈(총 3문제)
Quiz 1. '후속 조치'를 영어로 무엇이라고 하나요?
당신의 답을 댓글로 보내주세요! 정답을 확인한 후 Quiz 2로 넘어갑니다.

표에 정리된 단어와 예문을 먼저 학습한 후 챗GPT가 제시한 퀴즈를 하나씩 풀어보세요.

follow-up

 정답입니다! '추후 조치' = follow-up이 맞아요.

Quiz 2. 다음 문장에서 빈칸에 들어갈 알맞은 단어를 써주세요.
"I've attached the API docs for your _____."
(힌트: '참고용으로'라는 뜻)
정답을 보내주시면 바로 확인한 후 Quiz 3으로 넘어갈게요!

챗GPT가 마치 문제집 같죠? 답변이 매번 다르게 생성되므로 같은 주제여도 더 다양한 단어와 표현을 접할 수 있다는 장점도 있답니다. 단순히 단어장만 보는 게 아니라 관련 퀴즈를 풀어야 하니까 사용자의 적극성이 더욱 요구되기도 하죠.

단어카드와 연상법으로 어휘력 키우기

암기에 자신이 없다면 연상법을 활용해 보세요. 영어 단어를 외울 때 단순히 뜻만 반복해서 보는 방식은 오래 기억하기 어렵습니다. 챗GPT에게 오늘 배운 단어로 암기카드와 연상법을 만들어줘.라고 요청하면 각 단어의 뜻과 예문뿐만 아니라 기억을 돕는 연상 스토리까지 함께 제안해줍니다. 이를 HTML과 자바스크립트로 동작하는 플래시카드 프로그램으로 만들면 더욱 효과적으로 암기할 수 있고요.

오늘 배운 핵심 단어로 플래시카드를 만들어줘. 앞면에는 단어가 써있고 플래시카드를 뒤집으면 뜻과 예문, 연상법을 볼 수 있도록 HTML과 자바스크립트 코드를 작성해 줘. '다음 카드', '이전 카드' 버튼과 '카드 뒤집기' 버튼을 포함해 줬으면 해. 단어카드가 무작위로 섞여 나오면 좋겠고 카드 디자인은 심플한 흰색 배경에 파란색 테두리를 사용해 줘. 그리고 코드 전체를 하나의 HTML 파일에 담아줄 수 있을까?

다음에 나오는 전체 코드를 복사해 저장한 후 더블클릭해서 열면 바로 학습용 플래시카드가 작동합니다.

```html
<!DOCTYPE html>
<html lang="en">
<head>
    <meta charset="UTF-8" />
    <title>Email Vocabulary Flashcards</title>
    <style>
        body {
            font-family: Arial, sans-serif;
            display: flex;
            flex-direction: column;
            align-items: center;
            justify-content: center;
            height: 100vh;
            margin: 0;
            background: #f7f9fc;
```

챗GPT가 작성해 준 코드를 어떻게 실행해야 할지 난감하다면 이어서 프롬프트를 입력합니다.

HTML 파일로 줄래?

완료했어요!
HTML 플래시카드 파일 바로 받기

생성된 HTML 파일은 별도의 앱을 설치하지 않아도 웹 브라우저에서 바로 열 수 있습니다. 각 카드를 클릭하면 앞면에는 단어가 있고 뒷면에는 뜻과 예문, 연상법이 나타나 인터랙티브 학습 도구로 사용할 수 있죠. 이렇게 만든 플래시카드를 통해 단어를 무작위로 반복 학습하면서 암기 효과를 높일 수 있습니다.

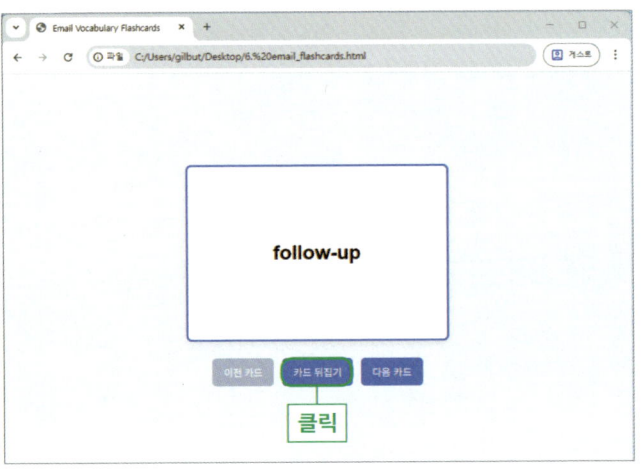

고급 음성 모드로 회화 연습과 발음 교정하기

학습을 마치고 나면 챗GPT 모바일 앱에서 고급 음성 모드를 활성화하고 챗GPT와 영어로 대화해 보세요. AI가 실제 사람처럼 말을 걸어주므로 자연스럽게 발음과 억양을 익힐 수 있습니다.

> [고급 음성 모드로]
> 나는 영어 초보야. 간단한 인사와 자기소개, 하루 일과 같은 쉬운 주제로 영어 대화를 연습하고 싶은데, 영어로 "안녕하세요? 반갑습니다. 오늘 하루는 어떤가요?"와 같은 질문을 네가 먼저 해 줄래? 내가 대답하면 그 표현을 더 자연스럽게 말할 수 있는 문장으로 즉각적으로 피드백해 주면 좋겠어. 대화는 짧은 문장 위주로 진행해 줘.

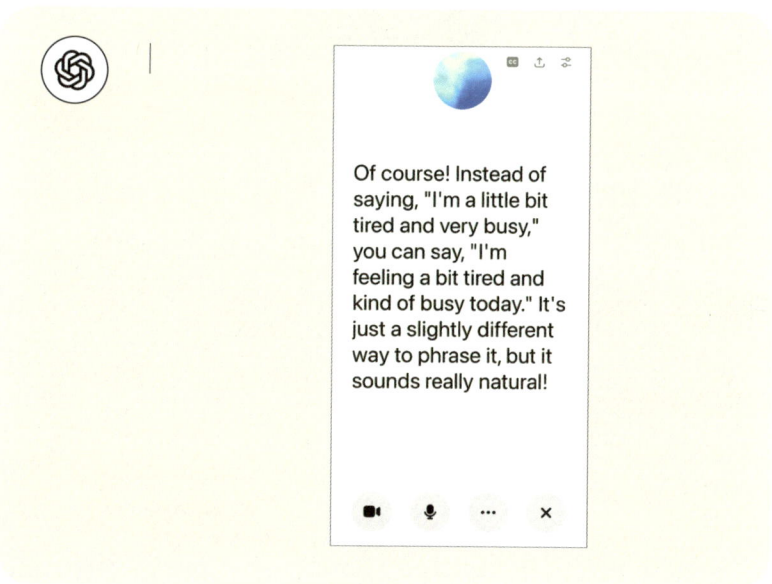

Tip 챗GPT에게 '지금까지 배운 내용을 기억해 달라.'고 요청하면 진도를 기억하고 다음 음성 대화에 반영합니다.

세서미로 AI와 자연스럽게 대화 나누기

챗GPT 고급 음성 모드보다 좀 더 친근하게 대화를 나누고 싶다면 '세서미(Sesame)'와 같은 대화형 AI 서비스를 사용해 보세요. 세서미 공식 웹 사이트(app.sesame.com)에 접속한 후 대화를 나눌 상대를 선택합니다. Maya는 여성 목소리이고 Miles는 남성 목소리입니다.

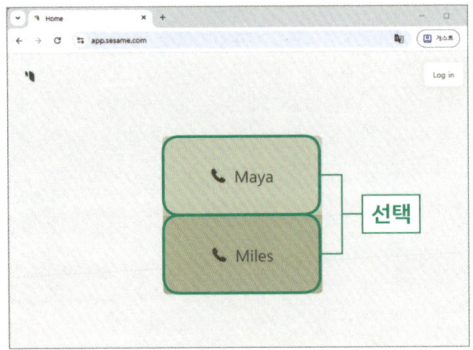

목소리를 선택한 후 자연스럽게 대화할 수 있습니다. 영어뿐만 아니라 한국어로도 대화를 나눌 수 있으며 마치 사람과 대화할 때처럼 상대의 말을 끊고 끼어들 수도 있습니다.

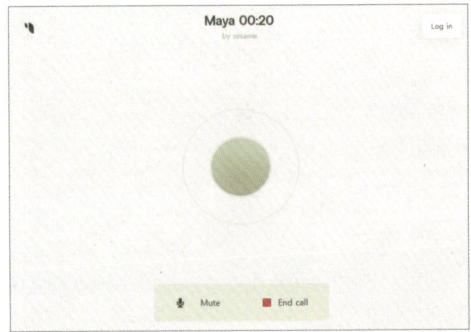

⊙ 한눈에 정리

- 챗GPT에게 학습 기간과 목표를 알려주면 주차별 학습 목차와 주간 계획을 생성합니다. 토익과 비즈니스 영어를 병행한 공부 방향을 잡을 수 있습니다.
- 챗GPT에게 단어 암기에 도움이 되는 단어 연상법을 제안받고 이것을 웹 브라우저에서 실행할 수 있는 HTML 플래시카드를 만들어달라고 요청하면 직접 코딩하지 않아도 암기카드를 만들 수 있습니다.
- 고급 음성 모드를 통해 자연스러운 영어 대화를 나눕니다. 챗GPT는 사용자의 답변에 더 좋은 표현을 제안하며 적절한 피드백을 제공합니다.
- 대화형 AI 서비스 세미를 활용해 보다 자연스럽고 친근한 대화를 연습합니다.

⊕ 활용 더하기

학습 계획을 월 단위로 세워두고 챗GPT에게 매주 일요일에 다음 주 영어 공부 계획을 보내줘.라고 요청하면 작업 기능이 활성화되어 일요일마다 학습 계획표 알림을 받아볼 수 있습니다.

— 8 —
고객의 마음을 읽고 소통하는
챗GPT 활용법

사람들은 고객과의 관계에서도 신뢰와 소속감을 느끼고 싶어 하고 자신의 노력과 서비스가 인정받기를 바랍니다. 챗GPT를 이용해 반복되는 문의에 신속하게 답변하고 방대한 피드백을 분석한 후 서비스 개선과 맞춤형 제안을 제공하면 고객과의 신뢰를 쌓고 긍정적인 평가를 받을 수 있습니다. 이는 우리의 사회적 욕구 및 존중 욕구를 만족시키고 업무에 대한 자부심과 자신감을 크게 높여줍니다.

Episode #22
반복되는 고객 문의에 대응하기

Episode #23
성공적인 팝업스토어 기획하기

Episode #24
디자인 견적 작성 자동화하기

 **Episode #22**　　　　　　　　　　　　　　◆ 챗GPT

반복되는 고객 문의에 대응하기

이런 고민이 있어요

안녕하세요. 저는 고객 지원 담당자 서연입니다. 저희 회사는 아이폰 케이스를 온라인으로 판매하고 있어요. 제품 특성상 신형 아이폰이 출시될 때마다 신상품을 출시하는데, 매번 고객 문의가 폭주합니다.

가장 많이 받는 질문은 무선 충전 가능 여부, 떨어뜨렸을 때의 안정성, 케이스 소재 같은 내용이에요. 반복되는 질문이지만 문의 창구가 여러 개라 이메일과 인스타그램 DM 창을 수없이 열고 닫으면서 일일이 답변을 작성해야 합니다. 그러다 보니 하루 업무 중 대부분의 시간을 비슷한 질문에 답변하는 데 쓰고 있어요.

별도의 FAQ 페이지도 만들어봤지만, 신제품이 나올 때마다 업데이트하기가 어렵더라고요. 게다가 제품이 늘어날수록 FAQ 내용이 길어져서 고객들이 원하는 정보를 찾지 못해 결국 다시 문의가 들어옵니다.

비슷한 질문에 반복해서 답변하느라 정작 중요한 업무에 쓸 시간이 부족해지고 스트레스도 많아지고 있어요. 고객들에게 필요한 정보를 빠르고 간편하게 제공하면서 반복적인 문의 답변 업무를 줄일 수 있는 효과적인 방법이 있을까요?

✓ 저는 이렇게 쓰고 있어요

소영 신제품을 출시할 때마다 문의가 폭주하는 상황, 정말 힘드시겠어요. 챗GPT를 활용해 자주 반복되는 문의와 응답을 정리한 FAQ 문서를 만들면 문의 응대에 걸리는 시간이 크게 줄어들 거예요.

서연 네, 그렇게 FAQ가 있으면 응대가 확실히 편한데, 그걸 만드는 것도 일이더라고요. 저희는 신제품도 자주 출시되는 편이라 그때마다 내용을 업데이트하기가 무척 번거롭거든요.

소영 챗GPT에게 제품 사양이 적힌 파일만 주면 정말 쉽게 FAQ 문서를 제작하고 고객 맞춤형 답변도 생성할 수 있어요. 단계별로 차근차근 안내해 드릴게요!

> ⚠️ 차근차근 고민을 해결해요

에이전트 모드로 신제품 출시에 맞춘 FAQ 만들기

기존 파일을 참고해 새로운 문서를 만드는 일은 에이전트 모드가 가장 잘 처리합니다. 프롬프트 입력창의 ⊕ 버튼을 클릭해 에이전트 모드를 활성화하고 신제품 정보가 담긴 스프레드시트 파일을 업로드합니다. 그리고 다음과 같이 프롬프트를 입력한 후 잠시 기다리면 첨부 파일을 분석한 챗GPT가 신제품 FAQ를 정리해 줍니다.

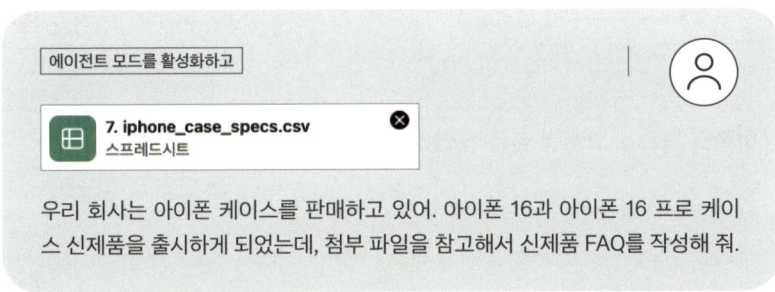

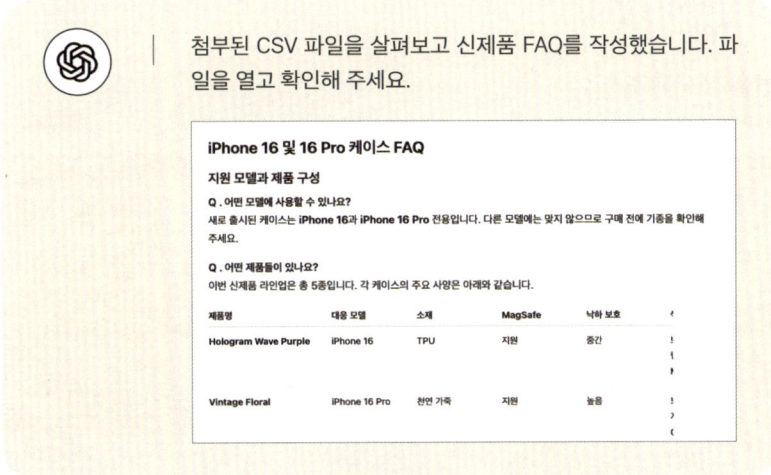

> **Tip** 스프레드시트 파일에 제품의 상세 스펙을 자세하게 설명할수록 챗GPT가 양질의 FAQ를 작성할 수 있습니다.

에이전트 모드로 고객별 맞춤 답변 생성하기

자주 묻는 질문(FAQ) 외에도 다양한 고객 문의가 들어올 텐데요, 매번 같은 정보를 복사해서 붙여넣기보다는 질문에 담긴 요구와 상황을 파악해 맞춤형 답변을 생성하면 훨씬 친절하고 정확하게 응답할 수 있습니다. 앞선 대화에 이어 다음과 같이 요청하면 챗GPT가 문의에 적합한 답변을 작성해 줍니다.

첨부한 스프레드시트 파일 속 아이폰 케이스 제품 정보를 참고하여 맞춤형 답변을 만들고 싶어. 지금 들어온 문의는 다음과 같아.

'아이폰 16 프로를 쓰고 있는데, 맥세이프(MagSafe)가 되고 귀여운 캐릭터 무늬가 있는 케이스가 있을까요? 색상은 파스텔 계열이면 좋겠어요. 가격대도 알려주세요.'

이 문의에 대해 친근한 어조로 답장을 작성해 줘. 비슷한 다른 디자인이 있다면 추가로 추천해 줬으면 해.

현재 저희 상품 중 해당 조건을 가장 잘 충족하는 제품은 'Vintage Floral' 케이스입니다. 이 제품은 가죽 소재에 맥세이프(MagSafe)를 지원하고, 높은 내구성 보호 기능이 탑재돼 있으며, 사랑스러운 패턴과 미니멀한 플로럴 캐릭터 일러스트가 포인트입니다. 가격은 56,000원입니다.
파스텔톤 케이스를 원하신다면 'Pastel Check Pink' 케이스도 추천드립니다. 실리콘 소재에 맥세이프를 지원하고, 가벼운 보호력을 갖추었으며, 핑크/화이트 체크 패턴이 감각적인 포인트를 줍니다. 가격은 41,000원입니다. 캐릭터 무늬는 아니지만 부드러운 색감과 깔끔한 디자인을 원하신다면 적합할 수 있습니다.

[중략]

서연 반복 업무에서 벌써 해방된 느낌이에요! 이제 다른 중요한 업무에 집중할 수 있겠어요. 고객들이 자주 묻는 문의를 보면 트렌드를 파악할 수 있는데, 데이터를 분석할 시간이 없었거든요.

소영 좋은 포인트를 말씀해 주셨어요. AI의 이점이 바로 이런 것이죠. 반복 업무를 줄이고 보다 중요한 일에 더 많은 시간을 투자할 수 있게 됩니다. 그동안 쌓인 문의와 응답 파일을 챗GPT에게 주고 데이터를 분석해 보는 것은 어떠세요?

고객 목소리에서 인사이트와 트렌드 찾아내기

반복되는 질문과 응답 속에는 고객이 무엇을 기대하고 무엇에 불만을 느끼는지에 대한 힌트가 숨어있습니다. 단순히 FAQ를 만드는 것을 넘어 챗GPT를 활용해 문의 데이터에서 공통된 요구와 트렌드를 분석하면 앞으로 어떤 기능이나 디자인을 강화해야 할지, 어디에 불만이 쌓이고 있는지 파악할 수 있겠죠?

프롬프트 입력창에서 에이전트 모드를 활성화하고 고객 문의와 응답 데이터를 파일로 정리해 업로드한 후 다음과 같이 요청해 보세요. 잠시 기다리면 챗GPT가 데이터를 분석하여 요청 사항을 종합적으로 정리해 줍니다. 인사이트와 트렌드를 파악하는 데 큰 도움이 되죠.

에이전트 모드를 활성화하고

첨부한 CSV는 지난 3개월간 고객 문의와 답변을 모은 데이터야. 이 데이터를 분석해서 다음 정보를 정리해 줘.

1. 가장 많이 언급된 키워드와 빈도(예: 소재, 색상, 무늬, MagSafe, 드롭 보호 등)를 정리해 줘. 비슷한 키워드는 하나의 그룹으로 묶어서 표로 보여줘.
2. 반복되는 불만 사항이나 개선 요청을 요약하고 해당 요청이 몇 번 나왔는지도 함께 정리해 줘.
3. 앞의 분석 자료를 바탕으로 제품 기획이나 마케팅에 참고할 만한 인사이트를 두세 문장으로 제안해 줘. 예를 들어 어떤 소재나 디자인을 강화하거나 새로 추가해야 할지, 어떤 정보가 FAQ에 더 잘 표시되어야 할지 등을 제안해 줘.

분석 결과 보고서를 준비했습니다. 첨부 파일에서 자세한 내용을 확인하세요.

고객 문의 데이터 분석 보고서 (지난 3개월간)

1. 자주 언급된 키워드

지난 3개월간 고객 문의와 답변 100건(문의 100개, 답변 100개)을 분석하여 키워드를 그룹화하였다. 비슷한 의미를 가진 단어들은 하나의 그룹으로 묶었고, 문의와 답변에서 모두 언급된 횟수를 합산하였다. 아래 표는 주요 키워드 그룹과 언급 빈도를 정리한 것이다.

키워드 그룹	설명(유사어)	언급 횟수
소재	제품 소재/재질, 폴리카보네이트(Polycarbonate), TPU, 실리콘, 가죽(Leather) 등	54회
탈착/사용 편의	케이스 탈착이 쉬운지, 버튼·카메라를 가리지 않는지, 두께/무게에 대한 문의	52회
보호/충격 보호	드롭 테스트, 낙하/충격 보호 기능에 대한 질문	48회
MagSafe/무선 충전	MagSafe 지원 여부, 내장 자석, 일반 무선 충전 호환성	43회
호환성	특정 모델(iPhone 14/15/16 등)과의 호환, 다른 기종에서 사용 가능한지 여부	34회

> **Tip** 챗GPT를 효과적으로 활용하려면 원본 데이터를 체계적으로 관리해야 합니다. 문의가 들어올 때마다 제품명, 모델, 질문, 답변, 날짜 등을 표준화된 형태로 기록해 두면 나중에 카테고리별로 분류하기 쉽습니다. 그리고 일정 기간마다 데이터를 업데이트하고 새로운 제품이 출시되었을 때 스펙 정보를 추가해 두면 챗GPT가 더 정확한 FAQ를 만들어줄 수 있습니다.

프로젝트 기능으로 다양한 문서를 한곳에 모아 관리하기

챗GPT의 프로젝트 기능을 사용하면 제품 스펙 CSV, 고객 문의 데이터, FAQ 문서 등을 한곳에 모아 관리할 수 있습니다. 또한 매번 파일을 업로드하고 대화 기록을 찾는 수고를 덜 수도 있어요.

69쪽을 참고하여 '신제품 맞춤형 답변 생성' 프로젝트를 생성한 후 '파일 추가'를 클릭하여 챗GPT가 답변에 참고할 자료를 업로드합니다. 여기에 파일을 한 번 올려두면 해당 프로젝트 안에서 채팅할 때마다 챗GPT가 자동으로 파일을 참고하여 답변합니다.

오른쪽 위에 있는 '더 보기' 버튼(...)의 '지침 추가'를 선택하면 응답 방식을 설정할 수 있습니다. 예를 들어 핵심만 간단히 답변하되, 친근한 어조를 사용해 줘.와 같은 지침을 입력하면 지침대로 핵심만 간단히 답변하면서도 친근하게 말합니다.

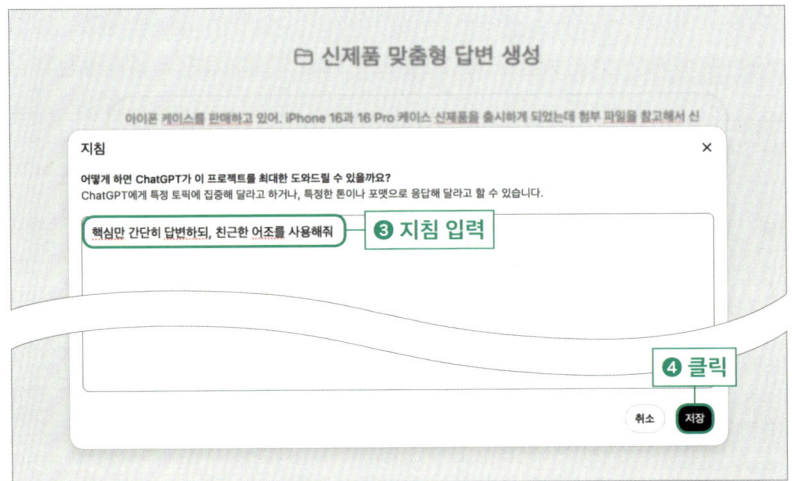

> **Tip** 에이전트 모드와 프로젝트 기능은 목적이 다릅니다. 에이전트 모드는 가상의 컴퓨터로 외부 앱에 접속해 문서를 열고 코드를 실행하는 등 실제 작업을 대신 처리하는 기능입니다. 반면 프로젝트 기능은 여러 대화와 파일을 한 공간에 묶어 기억을 유지하고 아이디어를 쌓아가는 '작업 공간'입니다. 에이전트 모드는 외부 앱과 상호작용해 즉각적으로 작업하는 도구이고, 프로젝트 기능은 자료와 지시 사항을 축적해 나중에 다시 참고하는 공간이라고 이해하면 됩니다.

⬢ 한눈에 정리

- 에이전트에게 제품 정보가 상세히 담긴 파일을 제공해 신제품 FAQ를 쉽고 빠르게 작성합니다.
- 에이전트 모드를 활용하여 제품 정보 파일을 참고해 고객이 원하는 조건에 맞는 맞춤형 답변을 빠르게 생성합니다.
- 최근 몇 달간의 문의 데이터를 분석해 가장 많이 언급된 키워드와 개선 요청을 정리하고, 어떤 기능이나 디자인이 인기인지, 또는 어떤 고객 불만이 있는지 파악한 후 이것을 제품 개발과 마케팅 전략에 반영할 수 있습니다.
- 프로젝트 기능으로 고객 문의에 활용할 다양한 파일을 한곳에 모아 정리하고 손쉽게 활용할 수 있습니다.

⊕ 활용 더하기

- 프롬프트 입력창에 첨부할 파일의 크기가 크다면 구글 드라이브에 업로드한 후 해당 구글 드라이브를 소스로 연결하는 방식을 추천합니다. 그리고 챗GPT에게 구글 드라이브의 ○○ 파일을 탐색해 줘.라고 요청하면 됩니다.
- 원하는 답변의 길이나 어조가 있다면 챗GPT에게 예시를 보여주세요. 예시의 길이와 톤을 참고하여 비슷한 느낌으로 답변을 생성합니다.

 **Episode #23**　　　　　　　　◆ 챗GPT　◆ 힉스필드

성공적인 팝업스토어 기획하기

⋯ 이런 고민이 있어요

안녕하세요. 저는 마케팅 매니저 채은입니다. 저희 브랜드에서 이번에 Z세대를 타깃으로 한 팝업스토어를 준비 중입니다. 젊은 층이 선호하는 쿠션과 틴트 제품을 중심으로 한정판 파우치나 엽서, 키링 같은 굿즈도 함께 선보일 예정입니다.

그런데 아이디어를 구체적으로 발전시키는 과정에서 문제가 생겼어요. 임원진이 "온라인 쇼핑을 선호하는 젊은 세대가 굳이 오프라인 팝업스토어에 올 이유가 있느냐?"라면서 근거 자료를 요구했고 팀원들도 추상적인 콘셉트 대신 명확한 시각 자료를 보고 싶어 합니다.

시장 조사와 트렌드 분석을 통해 임원진을 설득할 데이터를 확보하고 우리 팝업스토어의 콘셉트를 누구나 이해할 수 있는 매력적인 기획안을 만들어야 하는데, 어디서부터 시작해야 할지 막막합니다. 최신 팝업스토어 트렌드와 Z세대가 실제로 열광하는 요소들을 효과적으로 분석하고 우리 브랜드의 정체성까지 녹여낼 방법을 찾고 싶어요.

> ✅ **저는 이렇게 쓰고 있어요**

🧑 **소영**   기획안 준비는 늘 고되죠. 새로운 트렌드를 찾아보고 경쟁사의 사례를 벤치마킹하면서 타깃 고객이 좋아하는 요소를 추려내야 하니까요. 그래도 요즘은 챗GPT가 시장 조사부터 트렌드 분석, 심지어 무드보드용 이미지 생성까지 도와줘서 작업이 훨씬 수월해졌어요. 특히 심층 리서치 기능은 여러 기사와 보고서를 동시에 읽고 핵심만 추려주므로 팝업스토어의 성공 요인이나 최신 트렌드를 빠르게 파악할 수 있어요. 우선 설득의 근거를 마련하기 위해 심층 리서치부터 시작해 봅시다. 그런 다음, 리서치 결과를 바탕으로 제안서 목차를 짜고 브랜드 콘셉트와 맞는 무드보드까지 만들어보죠.

> ❗ **차근차근 고민을 해결해요**

심층 리서치로 팝업스토어 시장 트렌드 분석하기

    프롬프트 입력창에서 ➕ 버튼을 클릭해 '심층 리서치'를 활성화하고 프롬프트를 입력합니다. 처음 심층 리서치를 요청할 때는 챗GPT가 사용자 정보를 파악할 수 있도록 프롬프트에 ❶ 내가 누구인지, ❷ 어떤 브랜드나 프로젝트를 담당하고 있는지, ❸ 왜 이 조사를 하는지와 같은 맥락 정보를 함께 적어주는 것이 좋습니다. 이렇게 맥락을 충분히 제공하면 챗GPT가 상황을 정확히 이해해 목적에 맞는 자료와 인사이트를 제시하는 데 큰 도움이 됩니다.

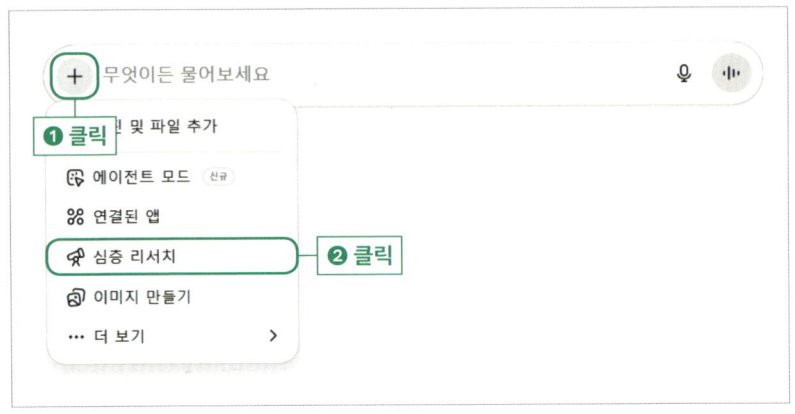

> ❶ 나는 파스텔 라벤더랑 베이지 오렌지를 시그니처 컬러로 쓰는 Z세대용 뷰티 브랜드 '라벤더피치'의 마케팅 매니저야. ❷ 쿠션이랑 틴트, 미니파우치, 엽서, 키링 같은 굿즈를 함께 파는 팝업스토어 기획안을 준비 중인데, ❸ 임원진을 설득할 근거 자료가 필요해. Z세대와 20대 초반을 겨냥한 화장품 팝업스토어의 최근 성공 사례와 트렌드를 심층 리서치해 줘. 기간 한정으로 희소성을 만드는 전략, SNS 연계, 체험 요소(포토존, AR 체험 등), 굿즈 판매와 같은 성공 요인과 고객 반응을 중심으로 분석해 줬으면 해. 우리 브랜드처럼 파스텔톤을 쓰는 뷰티 브랜드에 적용할 수 있는 시사점도 정리해 줘. 결과는 한글로 요약하고 참고한 출처도 함께 알려줘.

Tip 팝업스토어 기획 제안서를 작성하려면 시장과 트렌드에 대해 정확하게 이해해야 합니다. 복합적인 요인을 한꺼번에 파악해야 하는 이러한 업무에는 다양한 출처를 교차 검증해 핵심만 추려주는 심층 리서치 기능이 효과적입니다.

본격적으로 리서치를 시작하기 전에 리서치 범위를 명확하게 정하기 위해 챗GPT가 추가 질문을 합니다. 질문에 답을 하고 잠깐 기다리면 챗GPT가 국내외 팝업스토어 사례 및 트렌드와 함께 시사점을 정리하여 브랜드를 위한 활용 방안을 함께 제안합니다.

정확하게 리서치를 진행하기 위해 몇 가지 추가로 여쭤볼게요.
1. 참고하고 싶은 지역이 있나요? 우리나라 국내 사례, 아니면 글로벌 사례도 포함될 수 있나요?
2. 리서치 대상 기간은 어느 정도로 할까요? 최근 1년, 2년 등?
3. 특정 브랜드 중 참고하고 싶은 사례가 있으면 알려주세요.

1. 국내, 글로벌 사례 모두
2. 최근 1년
3. 특정 브랜드는 없어.

✦ Z세대 겨냥 화장품 팝업스토어 성공 사례 및 트렌드 분석

Z세대 겨냥 화장품 팝업스토어 성공 사례 및 트렌드

최근 1년 사이 화장품 브랜드의 팝업스토어가 Z세대와 20대 초반에게 큰 호응을 얻으며 마케팅 트렌드로 부상했습니다. insighttrendsworld.com · fitzday.co.kr · 코로나 엔데믹 이후 억눌렸던 오프라인 체험형 마케팅이 폭발하며, 팝업스토어가 단순 판매를 넘어 경험과 커뮤니티를 중시하는 공간으로 자리잡은 모습입니다 insighttrendsworld.com insighttrendsworld.com. 아래에서는 주요 성공 요소 네 가지를 중심으로 국내외 사례와 트렌드를 살펴보고, 파스텔 톤을 시그니처 컬러로 삼은 Z세대 뷰티 브랜드에의 시사점을 정리합니다.

1. 희소성 높은 '기간 한정' 팝업 전략과 고객 반응

한정된 기간 동안만 운영되는 팝업스토어는 Z세대에게 FOMO(놓치면 후회할 두려움) 심리를 자극해 큰 관심을 모읍니다. 실제로 미국에서는 ███ ███ Fenty Beauty가 런칭한 Fenty Hair 팝업을 영국 백화점에 1개월 간만 열어 폭발적인 반응을 얻었습니다. 이 팝업은 2024년 9월 Selfridges 백화점 내 코너샵에서 단 한 달(9/3~9/28) 운영되며, 브랜드 런칭 캠페인 속 거리를 재현한 몰입형 공간으로 꾸며졌습니다 cosmeticsbusiness.com. 또한 이 팝업 기간에만 구매할 수 있는 여행용 한정 세트를 출시하고, 첫 50명에게 증정품을 제공하는 등 희소성을 강화해 팬들의 발길이 끊이지 않았습니다 cosmeticsbusiness.com.

국내에서도 짧은 기간의 팝업 이벤트가 흥행 요소로 확인됩니다. 예를 들어 K-뷰티 브랜드 ██████(Touch in Sol)은 2024년 현대백화점 일부 지점 팝업에서 예상을 뛰어넘는 호응을 얻은 데 힘입어, 2025년 1월에는 MZ세대의 성지로 불리는 더현대서울에서 7일간 한정 팝업을 진행했습니다 fittoday.co.kr. 명확한 종료일이 있는 기간 한정 행사 덕분에 행사 내내 젊은 고객들의 방문 열기가 뜨거웠으며, 팝업 종료 후에도 ***다시 열어달라***는 반응이 이어지는 등 단기간 집중 효과를 거두고 있습니다. 이처럼 제한된 기간의 희소성은 Z세대 고객들에게 ***지금 아니면 못 한다***는 동기를 부여해 자발적 홍보와 방문을 유도합니다.

에이전트 모드로 제안서 구조 짜기

트렌드 분석을 마쳤다면 이제 팝업스토어 제안서의 뼈대를 잡아봅시다. 제안서에 포함되어야 할 항목과 강조하고 싶은 전략을 함께 알려주면 챗GPT가 목적, 타깃, 콘셉트, 체험 프로그램, 마케팅 전략, 예산과 효

과 등 필요한 항목을 빠짐없이 담은 목차를 생성합니다.

   심층 리서치 세션에서는 에이전트 모드를 바로 사용할 수 없으므로 리서치 결과를 PDF로 저장한 후 새 채팅창을 열어 에이전트 모드를 활성화하고 PDF 파일을 첨부합니다. 그런 다음, 다음과 같이 요청하면 챗GPT 에이전트가 첨부 파일뿐만 아니라 추가적으로 웹 검색까지 수행하여 답변합니다.

> 에이전트 모드 활성화, 리서치 결과 PDF 파일을 첨부하고
>
> '라벤더피치' 브랜드 팝업스토어 제안서를 작성하려고 해. 목적, 타깃 고객, 브랜드 콘셉트(파스텔 라벤더와 베이지 오렌지), 판매 제품 및 굿즈, 체험 프로그램, 마케팅 전략, 예상 비용과 기대 효과, 지속할 수 있는 운영 방안을 포함한 목차를 만들어주고 각 항목에 들어가야 할 핵심 내용을 정리해 줘.

> 제공해 주신 PDF 파일에서 성공 사례와 트렌드 정보를 분석한 후 이를 바탕으로 목차와 각 항목의 핵심 내용을 정리했습니다.
>
> **'라벤더피치' 팝업스토어 제안서 목차 및 핵심 내용**
>
> **1. 제안 개요 및 목적**
> - 목적: Z세대와 20대 초반의 소비자를 대상으로 브랜드 세계관을 생생하게 전달하고, 신제품을 한정 판매하여 FOMO(놓치면 후회하는 심리)를 자극하는 것이 목적이다. 또 오프라인에서 브랜드 커뮤니티를 형성하고 SNS 바이럴을 통해 온라인 확산을 노린다 cosmeticsbusiness.com.
>
> **2. 타깃 고객 분석**
> - 주요 타깃: 메이크업과 라이프스타일 트렌드에 민감한 10대 후반~20대 초반의 여성·남성.
> - 소비 성향: 희소성·한정판에 반응하고, 인증샷 촬영과 SNS 공유를 중시하며, 오프라인 체험을 중요한 즐길 거리로 인식한다 cosmeticsbusiness.com .
>
> **3. 브랜드 콘셉트 (파스텔 라벤더 & 베이지 오렌지)**
> - 시그니처 컬러: 마음을 진정시키는 라벤더와 따뜻한 피치·베이지 톤을 조화롭게 사용해 부드럽고 감각적인 분위기를 연출한다.
> - 공간 디자인: 복숭아 모양 오브제, 라벤더꽃 미로, 네온사인 메시지 등을 이용해 "인증샷 맛집"으로 알려질 수 있는 포토존을 다수 조성한다 cosmeticsbusiness.com .
> - 세계관: '라벤더 정원 속 비밀 정원'이라는 이야기를 설정해 체험과 제품이 연결되도록 한다.
>
> **4. 판매 제품 및 굿즈**
> - 팝업 한정 제품: 라벤더피치 톤의 쿠션 팩트, 틴트, 스킨케어 세트 등 한정판 컬러나 패키지를 도입한다 .
> - 굿즈: 복숭아 모양 키링, 라벤더꽃 일러스트 엽서, 파스텔 손거울·파우치 등 소장 욕구를 자극하는 키치한 굿즈를 마련한다. 첫 방문자나 구매 금액대별 증정품을 제공하여 구매를 촉진한다 .

> **Tip** 제안서를 작성할 때는 바로 전체 내용 작성을 요청하는 것보다는 먼저 개요를 짜고 이후 각 항목을 하나씩 채우는 방식으로 프롬프트를 분할하는 것이 좋습니다. 이렇게 하면 챗GPT가 맥락을 정확히 이해하고 필요할 때마다 내용과 톤을 조정하면서 제안서를 완성해 나갈 수 있습니다.

소영: 이렇게 하면 심층 리서치에서 얻은 데이터를 토대로 체계적인 제안서 구조를 마련할 수 있어요. 또한 추가로 필요한 자료가 있을 경우에는 에이전트 모드를 활용해 보완할 수도 있습니다.

채은: AI가 이렇게까지 발전한 줄 몰랐는데, 요긴하게 사용할 수 있겠어요! 한 가지 더 부탁드려도 될까요? 기획서를 작성할 때 콘셉트 이미지 제작이 은근히 어려운 복병이에요. 매번 외주를 맡길 수도 없는 노릇이거든요. 챗GPT가 콘셉트 이미지까지 만들어줄 수 있을까요? 이것도 프롬프트를 잘 써야 하겠죠?

소영: 예전에는 챗GPT의 텍스트 프롬프트만으로 이미지를 생성하기 어려웠지만, 이제는 대화를 통해 손쉽게 이미지를 생성하고 수정할 수 있어요. 자, 그러면 바로 시작해 볼까요?

챗GPT로 무드보드 및 콘셉트 이미지 생성하기

제안서를 설득력 있게 만들려면 말로만 설명하는 것보다 시각 자료로 콘셉트를 보여주는 것이 효과적입니다. 챗GPT의 이미지 생성 기능을 이용하면 브랜드의 시그니처 컬러를 활용한 팝업스토어 내부 이미지를 손쉽게 만들 수 있습니다. 이때 브랜드 콘셉트 이미지나 로고를 함께 업로드하면 색감과 분위기를 레퍼런스로 삼아 일관된 스타일을 유지할 수 있습니다. 앞선 대화에 이어 브랜드 컬러가 담긴 이미지를 업로드하고 다음과 같이 프롬프트를 입력합니다.

라벤더피치 팝업스토어에서 굿즈(미니파우치, 엽서, 키링)를 전시하는 코너를 시각화해 줘. 첨부한 컬러 이미지를 참고하여 파스텔 라벤더와 베이지 오렌지 색상이 조화를 이루는 진열대와 귀여운 캐릭터 요소를 포함하고 아기자기한 분위기가 살아있었으면 해. 실사 이미지로 만들어줘.

다음 이미지는 '라벤더피치' 팝업스토어의 굿즈 코너를 실사에 가깝게 재현한 것입니다. 파스텔 라벤더와 베이지 오렌지의 조화로운 진열대 위에 귀여운 캐릭터가 그려진 미니파우치, 열쇠, 키링 등이 아기자기하게 배치되어 현장의 감성을 잘 살려줍니다.

공간뿐만 아니라 예상되는 굿즈 디자인을 이미지로 생성할 수도 있습니다. 앞선 대화에 이어 다음과 같이 요청하면 마찬가지로 브랜드의 시그니처 컬러를 반영한 실사 이미지를 만들어줍니다.

> 브랜드 팝업스토어에 함께 전시할 만한 캔버스백, 엽서, 스노볼도 생성해 줘.

 다음 이미지는 팝업스토어에 함께 전시할 수 있는 캔버스백, 엽서, 스노볼을 실사 느낌으로 시각화한 것입니다. 라벤더피치 브랜드의 파스텔 라벤더와 베이지 오렌지 색상과 귀여운 캐릭터를 살린 아기자기한 분위기로 구성했습니다.

Tip 브랜드의 시그니처 컬러와 분위기를 정확히 반영하려면 콘셉트 아이디어와 함께 브랜드 무드가 담긴 이미지나 무드보드를 업로드하는 것이 도움이 됩니다. 챗GPT의 이미지 생성 기능은 사용자가 업로드한 레퍼런스 이미지를 참고해 비슷한 색감과 분위기를 적용하여 새로운 이미지를 만들기 때문입니다.

힉스필드로 기획안에 고퀄리티 이미지 삽입하기

힉스필드(Higgsfield)와 같은 사실적인 이미지 생성 AI 툴을 활용하면 타깃 페르소나의 모습을 시각화해 기획안에 삽입하거나 SNS 마케팅에 활용할 수 있습니다. 힉스필드 공식 웹 사이트(higgsfield.ai)에 회원 가입한 후 'Image' 탭에서 'Create Image'를 선택합니다.

> **Tip** 힉스필드는 유료로 구독하지 않더라도 매일 크레딧이 5개씩 충전되어 이미지 2~3장 또는 영상 1개를 생성할 수 있습니다. 단 무료 크레딧 정책은 변경될 수 있습니다.

프롬프트 입력창의 오른쪽에 있는 스타일 박스를 클릭해 생성하고 싶은 스타일을 고릅니다.

스타일을 지정하고 원하는 이미지를 설명하는 프롬프트를 작성합니다. 힉스필드는 영문 프롬프트만 인식하므로 영어로 작성한 후 'Generate' 버튼을 클릭하여 이미지를 생성합니다.

> A softly smiling young person in their early twenties. They have medium-length natural wavy hair and are wearing a pastel lavender knit top paired with a beige-peach toned skirt or trousers. They hold a small lavender mini pouch or keyring, giving off a creative and friendly vibe. The background is a soft gradient of lavender and peach that complements the brand's mood. Photorealistic style.

▲ 입력한 프롬프트

▲ 생성된 이미지 결과물

Tip 힉스필드에 사용할 영문 프롬프트 작성이 어렵다면 기획안을 작성하면서 대화를 나누었던 챗GPT 대화창에 '타깃 페르소나 이미지 생성을 위한 영문 프롬프트를 작성해 줘.'라고 요청해 보세요.

✪ 한눈에 정리

- 심층 리서치를 통해 팝업스토어의 최신 트렌드와 Z세대 소비자들이 선호하는 요소를 분석해서 기획안에 담을 근거 자료를 확보합니다.
- 심층 리서치 보고서를 기반으로 에이전트에게 기획안 개요를 요청한 후 각 상세 항목을 챗GPT와 함께 작성해 봅니다.
- 기획안에 필요한 이미지도 챗GPT로 생성합니다. 브랜드 무드가 담긴 이미지를 함께 제공하면 무드와 컬러가 반영된 팝업스토어 콘셉트 이미지나 굿즈 이미지를 생성할 수 있습니다.
- 힉스필드를 활용해 타깃 페르소나 이미지나 SNS 홍보용 이미지를 생성합니다.

✚ 활용 더하기

심층 리서치를 마친 뒤에는 챗GPT에게 추가 질문을 던져 구체적인 실행 방안이나 세부 사례를 더 알아볼 수 있습니다. 이번 리서치에서 언급된 성공 사례 중 Z세대에게 특히 반응이 좋았던 세 가지를 선정해 상세히 설명해 줘. 그리고 리서치 결과를 바탕으로 우리 '라벤더피치' 브랜드에 적용할 수 있는 구체적인 실행 계획과 예상 예산(공간 임차료, 인력, 굿즈 제작 비용 포함)을 요약해 줘.와 같은 꼬리 질문을 통해 리서치 내용을 한층 더 깊이 있게 파악하고 실제 기획에 바로 적용할 수 있는 인사이트를 얻을 수 있습니다.

Episode #24 ◆ 챗GPT

디자인 견적 작성 자동화하기

😊 이런 고민이 있어요

　안녕하세요. 저는 로고, 브랜드 아이덴티티, 제품 패키지 등 다양한 디자인 프로젝트를 진행하고 있는 프리랜서 디자이너 연주입니다. 견적 문의가 들어올 때마다 정확한 견적을 잡지 못해 어려움을 겪고 있어요. '로고 하나만 디자인해 주세요.'처럼 핵심 정보가 빠진 간략한 문의가 들어오는 경우가 많거든요. 그러다 보니 견적을 너무 낮게 잡아 손해를 보거나, 너무 높게 잡아 고객을 놓치는 일이 반복되고 있습니다. 부족한 정보만 가지고 미팅에 참석했다가 제대로 설명하지 못 해서 고객과의 관계가 어색해진 적도 있어요.

　견적을 낼 때는 작업의 복잡도나 범위, 사용 용도, 수정 횟수, 예상 마감일 같은 요소가 중요하다는 것을 잘 알고 있지만, 고객에게 이것을 자연스럽게 설명하면서 필요한 정보를 얻는 것이 무척 어렵습니다. 내부적으로 체계화된 단가표라도 있다면 좋겠지만, 혼자 일하는 프리랜서다 보니 아직 표준화된 기준을 갖추지 못한 상태예요.

　견적 단계에서부터 필요한 정보를 깔끔하게 수집하고 표준화된 내부 단가표를 기준으로 자동 견적서를 산출할 수 있다면 얼마나 좋을까요? 저와 고객 모두 편하고 명확하게 프로젝트를 시작할 수 있는 방법을 꼭 찾고 싶습니다.

> ⌄ 저는 이렇게 쓰고 있어요

소영 연주 님의 어려움은 잘 알겠어요. 챗GPT로 고객에게 보내는 질문 가이드를 만들고 작업 복잡도와 수정 횟수별 내부 단가표를 미리 준비해 두면 가격과 조건을 명확하게 정할 수 있을 거예요.

연주 네, 그렇게만 해도 소비되는 시간과 에너지가 많이 줄어들 것 같아요. 견적서를 매번 직접 작성하는 것도 어려운 일인데, 쉽게 자동화할 수 있는 방법이 있을까요?

소영 그럴 때는 준비한 단가표와 고객 답변을 기반으로 챗GPT에게 견적서를 작성해 달라고 요청하세요. 주요 작업 범위와 가격을 구조화된 문서로 만들어주므로 반복적인 견적 작업에서 해방될 수 있습니다.

> ⚠️ 차근차근 고민을 해결해요

심층 리서치로 견적 문의 양식과 단가표 만들기

디자인 견적은 작업의 난이도, 예상 소요 시간, 제공해야 할 결과물, 수정 횟수, 사용 권한 등 여러 요소에 따라 결정됩니다. 따라서 견적을 산정하기 전에 이러한 요소를 빠짐없이 수집할 수 있는 견적 문의 양식과 이것을 체계적으로 계산해 주는 내부 단가표를 준비해야 합니다. 고객에게는 친절하고 명확한 안내를 제공하고 내부적으로는 합리적인 기준을 마련하는 것이죠.

그러나 업계 표준을 모른다면 어디서부터 시작해야 할지 막막할 수밖에 없습니다. 이럴 때는 심층 리서치 기능을 활용해 디자인 업계에서 일반적으로 사용하는 견적 항목과 금액 범위를 조사해 보는 것이 좋습니다. 여러 출처를 교차 검증하므로 신뢰할 수 있는 기준을 찾아낼 수 있죠.

> 나는 프리랜서 디자이너야. 고객들이 견적을 쉽고 명확하게 문의할 수 있도록 양식을 만들고 싶어. 원하는 디자인 카테고리(예 로고, 브랜드 아이덴티티, 패키지 등), 작업 난이도, 마감 기한, 제공해야 할 결과물, 수정 횟수, 사용 권한을 빠짐없이 수집할 수 있도록 만들어줘.

좋아, 고객이 필요한 정보를 빠짐없이 입력할 수 있도록 견적문의 양식을 구조적으로 만들어줄게. 이 양식은 온라인 폼이나 PDF, 혹은 이메일 템플릿 형태로 바로 적용할 수 있어.

1. 기본 정보
- 이름/회사명:
- 연락처(이메일/전화):
- 예상 예산 범위: (선택)

2. 디자인 카테고리(복수 선택 가능)
☐ 로고 디자인
☐ 브랜드 아이덴티티(BI/CI)
☐ 패키지 디자인
☐ 웹/앱 UI 디자인
☐ 인쇄물(명함, 브로슈어, 포스터 등)
☐ 기타: _____

3. 작업 난이도(자유 선택 or 범위 선택)
☐ 간단(텍스트 중심, 단순 구조)
☐ 보통(아이콘/그래픽 포함, 기본 가이드라인 필요)
☐ 고급(맞춤형 그래픽, 복잡한 요소 다수, 브랜드 전략 포함)
- 참고할 레퍼런스 링크/이미지: _____

4. 마감 기한
- 희망 완료일: _____
- 긴급 여부: [ ] 일반 / [ ] 급행(추가 비용 발생)

중략

좋아, 이번에는 디자인 견적을 책정하려고 해. 로고 디자인, 브랜드 아이덴티티, 패키지 디자인, 캐릭터 개발 같은 주요 서비스별로 난이도, 소요 시간, 수정 횟수, 사용 권한 등이 가격에 어떤 영향을 미치는지 조사해 줘. 한국디자인진흥원이나 산업통상자원부에서 공개한 공공디자인 노임 단가표와 같은 자료를 참고해서 일반적인 단가 범위와 계산 방법을 알려줬으면 해. 자료는 심층 리서치 모드로 찾아서 한국어로 요약해 줘.

정확한 조사를 위해 다음 정보를 조금 더 알려주세요.
- **대상 클라이언트**: 주요 기업 대상인지, 스타트업/개인 대상인지에 따라 단가가 달라질 수 있어요.
- **작업 방식**: 고정 견적 방식인지, 시간당 과금 방식인지 궁금합니다.
- **사용 권한**: 전면 양도(퍼블리싱 포함)인지, 제한적 사용 권한 부여인지 알려주세요.
- **원하는 결과 형식**: 각 서비스별 평균 단가표만 필요할지, 아니면 실제 견적 산출 예시와 서식(예 엑셀 견적서 양식)까지 포함할까요?

이 정보를 주시면 한국디자인진흥원 등 공신력 있는 자료를 바탕으로 심층 리서치를 진행할게요.

1. 중소기업과 스타트업
2. 내부적으로 단가 기준을 만들려고 해. 모두 조사해 주면 어떤 방식이 좋을지 판단해 볼게.
3. 둘 다
4. 우선 평균 단가표만 줘.

잠시 기다리면

중소기업/스타트업 디자인 서비스 비용 조사 및 견적 가이드

중소기업과 스타트업에서는 로고 디자인, 브랜드 아이덴티티(CI/BI), 패키지 디자인, 캐릭터 개발 등의 디자인 작업을 프리랜서에게 의뢰하는 경우가 많습니다. 각 서비스의 평균적인 가격 범위와 가격 책정 방식을 이해하면 예산을 계획하고 원활한 협의를 하는 데 도움이 됩니다. 특히 작업 난이도, 소요 시간, 수정 횟수, 사용 권한(전면 양도 vs 제한적 사용권) 등의 요소가 가격에 큰 영향을 미치므로, 이를 충분히 고려해야 합니다. 아래에서는 공신력 있는 자료와 최신 정보를 바탕으로 각 서비스별 평균 단가 범위와 견적 산정 시 고려사항을 정리합니다.

로고 디자인 비용 (Logo Design)

- **평균 비용 범위**: 로고 디자인의 외주 비용은 평균 약 15만 원~60만 원 선으로 형성됩니다. 간단한 로고는 10만 원대 초반부터 의뢰할 수 있지만, 고퀄리티 브랜드 로고의 경우 100만 원 이상까지 비용이 올라가기도 합니다. (예: 소규모 업체 로고 10~30만 원, 전문 브랜딩 전략을 반영한 로고 100만 원 이상).
- **가격 책정 방식**: 대부분 프로젝트 단위의 정액 견적으로 진행됩니다. 디자이너는 기본 시안 개수와 포함될 수정 횟수를 정해 계약하며, 추가 수정이 많아지면 별도 비용이 붙습니다. 한국디자인진흥원(KIDP)의 산업디자인 대가기준에서도 로고 같은 시각디자인 업무는 실무 경력 8~12년 차 중급 디자이너 기준 1일 노임 약 18만 7천 원으로 책정되어 있으며, 여기에 소요되는 **총 작업일수(공수)**와 창작료 등을 반영해 산출하도록 되어 있습니다. 프리랜서는 이러한 공식을 토대로 프로젝트 전체 비용을 산정하며, 통상 작업 기간(예: 약 3일~2주 소요)과 난이도를 고려해 견적을 제출합니다.
- **비용 영향 요소**: 같은 로고 디자인이라도 작업 범위와 요구 사항에 따라 가격 차이가 큽니다. 일반적으로 다음 요소들을 기준으로 견적이 달라집니다.
  - 브랜드 전략 포함 여부: 단순 심볼만 디자인하는지, 브랜드 스토리와 컨셉 기획까지 포함하는지에 따라 비용이 달라집니다. 브랜드 아이덴티티 전략까지 반영하면 추가 기획 시간이 필요하여 가격이 상승합니다.
  - 디자이너의 경력: 경력이 적은 신진 디자이너는 비교적 저렴하지만, 10년 차 이상의 브랜딩 전문 디자이너일수록 단가가 높습니다. 숙련도와 포트폴리오에 따른 디자인 완성도 차이가 가격에 반영됩니다.

> **Tip** 심층 리서치의 결과가 영어로 나오는 경우가 종종 있습니다. 오랜 시간 기다려서 결과물을 받았는데 영어로 나오면 실망스럽겠죠? 이런 불편을 막으려면 프롬프트 끝에 '한국어로 요약해 줘.'라고 명시하는 것이 좋습니다.

심층 리서치 결과를 기반으로 나만의 기준을 덧붙여 내부 단가표를 만들어봅시다. 예를 들어 <u>로고 디자인은 기본 2회 수정, 상업적 독점 사용권 포함</u>처럼 사용자의 업무 방식과 경험을 반영해 가격을 조정합니다. 앞선 대화에 이어 다음 프롬프트를 입력하면 챗GPT가 단가표를 CSV 파일로 제작해 줍니다.

> 나는 10년 차 프리랜서 디자이너야. 앞에서 조사한 디자인 견적 항목과 금액을 참고해서 나만의 단가표를 만들어줘. 로고 디자인, 브랜드 아이덴티티, 포스터/배너 디자인, 패키지 디자인, 캐릭터/마스코트 개발을 포함하고 각 항목에 기본 가격과 예상 작업 시간, 기본 수정 횟수, 상업적 사용권료를 적어줘. 그리고 이 표를 CSV나 스프레드시트 파일로 생성해 줬으면 해.

My Design Pricing Table

	Service	Base Price (KRW)	Expected Time (days)	Included Revisions
1	Logo Design	400000	3-5	2
2	Brand Identity Design	2000000	10-15	3
3	Poster/Banner Design	250000	2-3	2
4	Package Design	450000	5-7	2
5	Character/Mascot Design	600000	7-10	3

표를 확인한 후 필요하면 값이나 항목을 조정해 보세요. 완성한 CSV 파일은 다음 링크로 다운로드할 수 있습니다.
Download the CSV

> **Tip** 단가표를 CSV 파일 형식으로 받아두면 이후 자동 견적서를 생성할 때 바로 활용할 수 있습니다.

프로젝트 기능으로 자동 견적서 생성하기

단가표를 마련했다면 이제 견적 계산을 자동화해 봅시다. 프로젝트 기능을 활용해 견적서 작성에 필요한 자료와 대화를 한곳에서 관리하면 반복적으로 들어오는 문의에 빠르게 대응할 수 있습니다. 새로운 문의가 들어올 때마다 엑셀과 메신저를 왔다 갔다 하면서 계산할 필요 없이 프로젝트 내부에서 파일을 불러와 손쉽게 견적서를 생성할 수 있죠. 챗GPT가 단가표와 고객 요청을 기반으로 항목별 가격을 합산해 주므로 견적 과정이 일관되고 신뢰성 있는 구조를 갖추게 됩니다.

챗GPT의 왼쪽 사이드 메뉴에서 '새 프로젝트'를 클릭하여 '디자인 견적서 작성하기' 프로젝트를 새롭게 생성합니다. '파일 추가'를 클릭하여 단가표 파일을 업로드하고 챗GPT의 답변이 견적서 작성에 집중할 수 있도록 다음과 같이 지침을 입력합니다.

> 이 프로젝트에서는 프리랜서 디자인 의뢰에 대한 견적서를 작성하는 데 집중해 줘. 고객이 남긴 문의를 분석해 작업 범위, 예상 소요 시간, 수정 횟수, 사용 권한, 마감일 등의 정보를 파악하거나 필요한 사항은 물어봐 줘. 업로드된 단가표를 참고해 항목별 가격과 추가 비용을 계산하여 총액을 산출하고 표로 정리해 줘. 요청이 있으면 엑셀 파일(.xlsx)로도 저장해 줄 수 있도록 해 줘. 견적 결과를 낼 때는 친절하고 전문적인 어조를 유지해 줘.

> **Tip** 챗GPT에서 새 프로젝트를 만들고 파일과 지침을 추가하는 과정은 69쪽과 226쪽을 참고하세요.

파일과 지침을 모두 설정했으면 해당 프로젝트 안에서 새로운 채팅을 시작합니다. 견적서를 요청하고 잠시 기다리면 챗GPT가 프로젝트에 업로드한 단가표 파일을 참고하여 답변합니다.

> 다음은 <메디웍스>에서 온 로고 디자인 의뢰 메일이야. 업로드된 단가표를 참고해서 견적서를 작성해 줘. 각 항목의 기본 가격과 추가 비용을 합산해 총액을 제시하고 예상 작업 시간도 함께 알려줘. 견적서는 한글 표 형태로 만들고 엑셀 파일(.xlsx)로도 저장해 줬으면 해.
>
> 메일:
> 안녕하세요? 저희는 의료기기 스타트업 <메디웍스>입니다. 신규 브랜드 론칭을 위해 로고 디자인을 의뢰하려고 합니다. 브랜드 콘셉트는 '청결함과 신뢰감', 사용처는 웹사이트와 제품 패키지, 온라인 광고 등입니다. 견적과 예상 작업 시간을 알려주시면 감사하겠습니다.

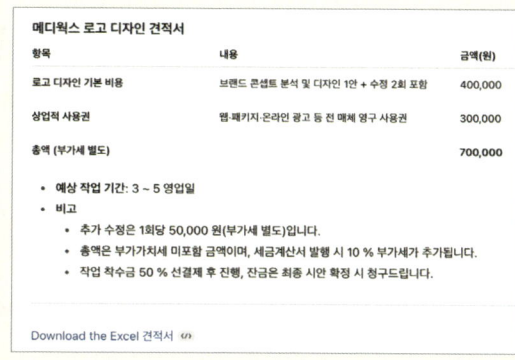

Tip 프롬프트 입력창에 단가표를 직접 업로드하여 견적 계산을 요청해도 되지만, 대화가 길어지다 보면 챗GPT가 초반의 대화 기록을 놓치는 경우가 있습니다. 따라서 늘 첨부 파일을 참조하여 답변할 수 있도록 프로젝트 기능을 사용하는 것이 좋아요. 단가표 파일이 업데이트된다면 프로젝트의 '파일 첨부'에서 기존 파일을 삭제하고 새 파일을 업로드하면 됩니다.

심층 리서치로 계약서 초안 작성하기

견적서가 확정되고 작업 범위에 대해 합의되었으면 프로젝트를 시작하기 전에 계약서를 작성해야 합니다. 프리랜서 디자이너의 계약서는 단순히 금액과 납기만 적는 것이 아니라 작업 범위와 산출물 등 구체적인 내용이 포함되어야 분쟁을 예방할 수 있습니다.

챗GPT의 심층 리서치 기능을 활용하면 표준 계약서 양식을 빠르게 찾고 중요한 항목들을 파악할 수 있습니다. 프롬프트 입력창에서 '심층 리서치'를 활성화하고 챗GPT에게 디자인 계약서에 필요한 항목과 유의점을 설명해 달라고 요청합니다.

심층 리서치 기능을 활성화하고
프리랜서 디자이너로서 표준 계약서 양식을 참고해 맞춤 계약서를 작성하려고 해. 디자인 업계에서 일반적으로 사용하는 계약서의 필수 항목과 조항(작업 범위, 인도물, 수정 횟수, 지급 조건, 일정, 저작권 및 사용 권한, 보안 조항, 중도 해지 조건 등)을 조사해 줘. 한국디자인진흥원이나 정부 기관, 업계 단체 등에서 제공하는 디자인 용역 표준 계약서 템플릿을 찾고 각 조항의 목적과 유의점을 설명해 줬으면 해. 결과는 심층 리서치 모드로 찾아서 한글로 요약해 줘.

맞춤형 디자인 계약서를 작성하려는 목적이 프리랜서로서 클라이언트와 계약을 체결하기 위해서인지, 아니면 여러 유형의 프로젝트에 적용할 수 있는 범용 계약서가 필요한지 알려주실 수 있을까요? 또한 다음 정보도 알려주시면 더 정확하게 조사하는 데 도움이 됩니다.

1. 주로 다루는 디자인 업무 범주(예 그래픽, 편집, 브랜드, 웹 등)
2. 개인 사업자 또는 사업체 형태 여부
3. 클라이언트가 대부분 국내인지, 해외인지 여부

1. 그래픽, 브랜딩
2. 개인 사업자
3. 국내

범용 계약서로 주면 내 상황에 맞춰서 수정할게.

잠시 기다리면
그래픽과 브랜딩 중심의 프리랜서 디자인 업무에 활용할 수 있는 범용 계약서 주요 조항을 정리했어요.

리서치 결과물의 오른쪽 위에 있는 '공유하기' 버튼( )을 클릭하면 결과물을 다운로드하거나 링크로 공유할 수 있습니다. 이제 이 문서가 계약서 초안을 작성할 때 가이드 역할을 해 줄 것입니다.

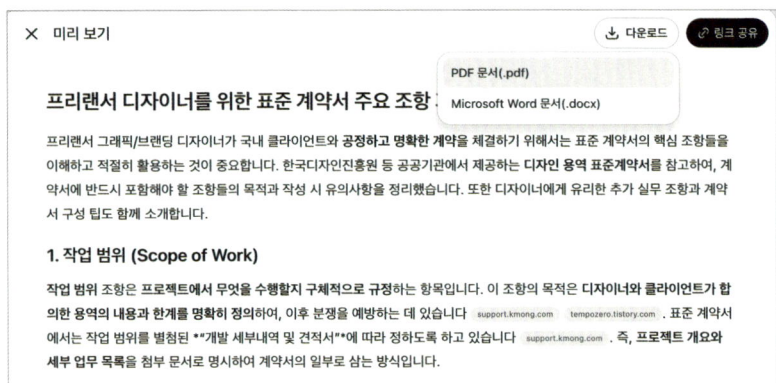

'계약서 초안 작성'이라는 새 프로젝트를 생성하고 '파일 추가'를 클릭하여 조금 전에 다운로드한 심층 리서치 결과와 한국디자인진흥원 홈페이지(kidp.or.kr)에 있는 디자인 표준 계약서 파일을 업로드합니다.

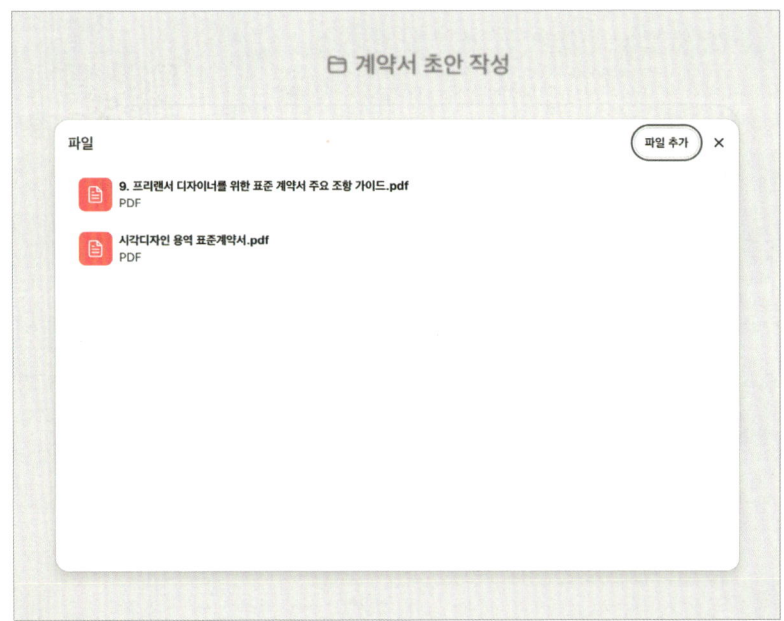

> **Tip** 꼭 디자인 분야가 아니어도 웹 검색을 통해 정부나 기관에서 제공하는 분야별 표준 계약서를 다운로드해 활용할 수 있습니다.

해당 프로젝트 안에서 새 채팅을 시작합니다. 결정된 견적과 계약 내용을 챗GPT에게 주고 계약서 초안 작성을 요청합니다. 잠시 기다리면 계약서 초안을 문서 파일로 다운로드할 수 있습니다.

계약서 초안을 작성해 줘. 의뢰인은 의료기기 회사 '메디웍스'이고 작업 범위는 브랜드 로고 1종과 제품 패키지 디자인 1종을 포함해 총 수정 2회까지야. 납기일은 2025년 9월 15일, 총금액은 2,500,000원, 상업적 독점 사용권을 클라이언트에게 부여하지만, 디자이너는 포트폴리오 용도로 결과물을 사용할 수 있도록 해 줬으면 좋겠어. 최종 계약서는 워드 문서(.docx) 형식으로 작성해서 첨부 파일로 제공해 줘.

완료했습니다! 다음 링크에서 계약서 초안을 다운로드할 수 있어요. 필요한 부분(대표자 정보, 계좌번호 등)만 채워넣은 후 사용하시면 됩니다.

메디웍스_디자인용역_계약서 다운로드

✪ 한눈에 정리

- 디자인 견적을 정확히 계산하기 위해 고객이 제공해야 할 기본 정보를 포함한 견적 문의 양식을 만듭니다.
- 심층 리서치를 활용해 업계 표준을 참고한 기본 단가표를 만들어 일관된 기준으로 견적을 산정합니다.
- 새 프로젝트를 만들어 단가표를 업로드하고 고객 문의를 입력합니다. 업로드된 단가표를 참조해 항목별 가격과 추가 비용을 계산하여 견적서를 자동으로 작성해 줍니다.
- 견적이 확정되면 심층 리서치를 통해 표준 계약서 양식과 필요 조항을 찾아보고 프로젝트 안에서 맞춤형 계약서를 작성합니다.

➕ 활용 더하기

챗GPT가 만들어준 견적 문의 양식을 구글폼, 타입폼, 노션에 적용하면 고객이 쉽게 입력할 수 있고 응답 데이터를 바로 스프레드시트로 받아 챗GPT에게 전달하기 좋습니다.

– 9 –
업무 효율화와 성장을 위한 챗GPT 활용법

사람들은 안정과 질서를 통해 마음의 평안을 얻고 팀 내부에서 관계를 맺고 인정받기를 원합니다. 그리고 새로운 지식과 이해를 추구하는 인지적 욕구가 있습니다. 이 장에서는 챗GPT를 활용해 사내 정책과 업무 지식을 위키로 정리하고, 반복 업무를 줄이는 HR 챗봇을 만들며, 팀 세미나를 통해 배우고 성장하는 과정을 안내합니다. 지식을 체계화해 안정감을 높이고, 함께 배우며, 소속감을 강화하고, 학습과 공유를 통해 성장하는 흐름을 살펴볼 것입니다.

Episode #25
반복 문의에 대응하는 사내 위키 만들기
Episode #26
함께 배우고 성장하는 사내 세미나 준비하기
Episode #27
이력서와 링크드인으로 커리어 관리하기

 **Episode #25** ♦챗GPT

반복 문의에 대응하는 사내 위키 만들기

이런 고민이 있어요

안녕하세요. 저는 인사 담당자로 일하고 있는 예진입니다. 빠르게 성장하는 스타트업에서 일하다 보니 휴가 제도, 복지 혜택, 각종 보험 안내 같은 규정이 수시로 바뀌고 있어요. 그런데 문제는 이런 변경 사항이 한 곳에 정리되지 않고 이메일, 드라이브, 채팅 공지 등 여기저기에 흩어져 있다는 것입니다. 그래서 출근만 하면 '연차가 며칠 남았나요?', '육아휴직은 어디서 신청해요?', '교육비 지원은 어느 범위까지 가능해요?'와 같은 질문이 줄줄이 들어오고 저도 최신 버전 문서를 찾느라 늘 자료를 뒤적이게 됩니다.

더 큰 문제는 변경된 규정을 제가 놓치거나 예전 문서를 기준으로 답했다가 잘못 안내하기도 한다는 거예요. 인사 정책은 정확성과 일관성이 중요한데, 지금처럼 산발적으로 흩어진 상태에서는 실수할까 봐 늘 불안합니다. 그래서 직원들이 검색만 하면 최신 규정을 바로 찾을 수 있는 '사내 위키'를 제대로 만들어보고 싶어요. 휴가 및 복지, 보험, 양식 카테고리별로 자주 묻는 정보를 분류하고 변경 이력까지 한눈에 보면서, 누구에게나 똑같은 답을 줄 수 있는 체계를 갖추고 싶은데, 어떤 구조와 기준, 도구로 시작해야 효율적일지 모르겠어요.

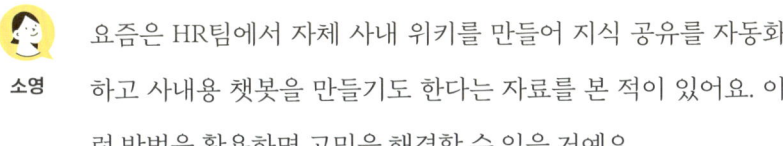

소영 요즘은 HR팀에서 자체 사내 위키를 만들어 지식 공유를 자동화하고 사내용 챗봇을 만들기도 한다는 자료를 본 적이 있어요. 이런 방법을 활용하면 고민을 해결할 수 있을 거예요.

예진 두 가지 방법 모두 좋아요! 그런데 AI를 활용해 본 적이 없어서 구축하는 것이 어렵진 않을까요?

소영 기존 데이터가 충분히 준비되어 있다면 걱정하지 마세요. 그 안에 있는 내용을 검색하거나 정리 요약하는 건 챗GPT가 가장 잘하는 일이거든요. 사내 위키를 만드는 건 생각보다 어렵지 않고 그보다는 정보 구조를 잘 설계하는 것이 중요해요.

> ⚠️ 차근차근 고민을 해결해요

챗GPT로 문서 수집과 구조 설계하기

사내 인사 정보를 위키 형태로 관리하려면 먼저 자료를 모으고 체계화하는 작업이 필요합니다. 복무 규정, 채용 절차, 휴가 및 복지 제도, 각종 양식 등 다양한 문서가 서로 다른 폴더나 PC에 흩어져 있으면 어떤 정보가 최신판인지 찾기 어렵습니다. 따라서 모든 인사 관련 자료를 한곳으로 모아 카테고리별로 정리하고 파일 이름이나 버전 정보를 일관성 있게 표기해 두는 것이 첫 단계입니다. 이렇게 체계적으로 구조를 설계해 두면 이후 챗GPT가 자료를 분석하고 위키로 변환하는 과정이 훨씬 수월해집니다.

먼저 인사 정책, 업무 매뉴얼, 양식 및 자료, FAQ 등 주요 카테고리를 정의하고 하위 항목을 정해 봅니다.

나는 기업의 인사 담당자인데, 직원들을 위한 사내 위키를 만들려고 해. '인사 정책 및 규정', '업무 매뉴얼', '양식 및 자료', 'FAQ', 이렇게 네 가지 카테고리를 생각하고 있는데, 각각 어떤 하위 주제를 포함해야 할지 추천해 줘.

 좋아요. 다음과 같이 4개의 대분류에 들어갈 하위 주제를 잡으면 검색과 유지 보수가 쉬운 구조로 작성할 수 있어요.

1. 인사 정책 및 규정
- 근로 시간 및 휴가
  - 근무 형태(정규직, 계약직, 프리랜서 등)
  - 출퇴근/재택근무 규정
  - 휴가 종류(연차, 병가, 경조사 휴가 등), 사용 절차

- 보상 및 복리후생
  - 급여 지급 및 성과급 기준
  - 4대 보험, 퇴직금 안내
  - 복지 포인트, 사내 복지 제도

2. 업무 매뉴얼
- 일반 행정
  - 출퇴근 기록 방법(출퇴근 시스템, 앱 사용법)
  - 경비/법인카드 사용 매뉴얼
  - 비품 및 시설 이용 방법(회의실 예약 등) 중략

구글 드라이브와 챗GPT로 사내 위키 자동화하기

자료를 모으고 대략적인 구조를 설계했다면 구글 드라이브에 폴더를 만들어 파일을 업로드합니다. 'HR_Wiki'라는 최상위 폴더를 만든 후 그 안에 '인사정책 및 규정', '업무 매뉴얼', '양식 자료', 'FAQ' 등 카테고리별로 하위 폴더를 생성합니다.

모아둔 자료를 각각의 폴더에 업로드합니다. 예를 들어 휴가 규정은 '인사정책 및 규정' 폴더에, 휴가 신청서는 '양식 자료' 폴더에 업로드하는 것이죠.

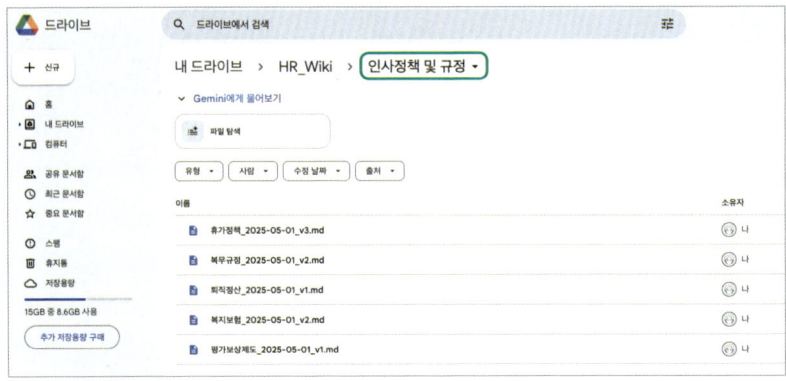

> **Tip** '휴가정책_복지_교육비지원_2025-05-01.pdf'처럼 핵심 키워드를 파일명에 적어두면 이후 챗GPT가 구글 드라이브를 탐색할 때 정보를 쉽게 찾을 수 있습니다.

모두 업로드했으면 챗GPT로 돌아와서 에이전트 모드를 활성화한 후 구글 드라이브를 소스로 연결합니다. 챗GPT에게 'HR_Wiki' 폴더를 분석해 카테고리별 목차와 업데이트 일자를 포함한 인덱스를 생성하도록 요청합니다.

에이전트 모드 활성화, 구글 드라이브를 소스로 연결하고
'HR_Wiki' 폴더에 업로드된 문서를 분석해서 두 가지 결과물을 만들어줘.

1. **카테고리별 목차**: '인사정책 및 규정', '업무 매뉴얼', '양식 자료', 'FAQ' 등 카테고리별로 어떤 문서가 포함돼 있는지 목록을 만들고 각 문서에 대한 간단한 설명을 함께 달아줘.
2. **인덱스 파일**: 각 문서의 카테고리, 파일명, 최종 업데이트 날짜, 간단한 요약을 표 형태로 정리해 줘. 이 표는 [카테고리, 파일명, 업데이트 날짜, 요약] 순서로 열을 배치하고 엑셀 파일(.xlsx)로 저장한 후 파일명 'HR_인덱스.xlsx'로 제공해 줬으면 해.

| 잠시 기다리면

카테고리별 목차와 인덱스 파일을 준비했습니다. 다음 파일을 확인해 주세요.

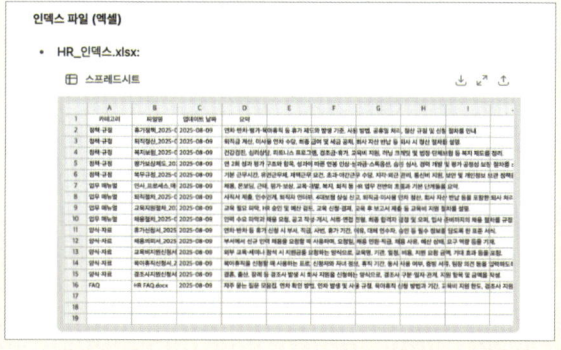

소영

이렇게 정리한 인덱스 문서와 'HR_Wiki' 구글 드라이브 링크를 내부 구성원에게 공유하면 인덱스 문서를 열어서 원하는 파일의 위치를 쉽게 찾을 수도 있고, 챗GPT 에이전트 모드를 통해 'HR_Wiki' 폴더를 검색할 수도 있어요.

예진 구성원들에게 자료를 효율적으로 공유할 수 있는 시스템이네요! 그런데 챗GPT 에이전트 모드를 활성화하고 구글 드라이브를 스스로 연결하는 과정이 번거롭다고 느끼는 구성원도 있을 것 같아요. 저와 묻고 답하는 듯한 챗봇을 만들 수는 없을까요?

소영 맞춤형 GPT 기능을 활용하면 챗봇도 간단히 만들 수 있어요. 관련 파일을 업로드하고 몇 가지 지침만 추가하면 됩니다.

맞춤형 GPT로 'HR 도우미' 챗봇 만들기

챗GPT의 맞춤형 GPT 기능으로 'HR 도우미' 챗봇을 만들어 규정집과 문서를 업로드해 두면 직원들이 언제든지 궁금한 것을 물어보고 바로 답을 얻을 수 있습니다. 맞춤형 GPT는 챗GPT를 특정 목적에 맞게 커스터마이징한 모델로, 특정 맥락에서 전문 챗봇처럼 사용할 수 있습니다. 설정된 파일이나 자료, 지침을 기반으로 질문에 대한 답변을 정확하고 빠르게 제공합니다.

챗GPT의 왼쪽 사이드 메뉴에서 'GPT'를 클릭한 후 '만들기' 버튼을 클릭합니다.

'구성' 탭을 클릭하고 맞춤형 GPT의 이름, 설명, 지침 등을 입력합니다.

구성 항목을 어떻게 입력해야 할지 모르겠다면 해당 화면을 캡처한 후 챗GPT에게 주고 다음과 같이 프롬프트를 입력합니다.

맞춤형 GPT 구성 화면을 업로드하고
인사 규정집 GPT를 만들어서 사내 구성원들이 궁금한 걸 언제든지 물어볼 수 있게 하고 싶어. 첨부 이미지를 보고 설명이나 지침 항목을 어떻게 입력하면 좋을지 작성해 줘.

스크린샷을 기준으로 인사 규정집 전용 GPT의 '설명', '지침', '대화 스타일'에 넣을 내용을 준비했어요. 필요하면 회사명과 링크만 바꿔쓰면 됩니다.

설명 (짧고 명확)

css

[회사명] 사내 인사 규정·복지·근무제·휴가·평가·승진·휴직·퇴사 절차 등 HR 전반을 24/7로 안내하는 내부 전용 GPT입니다. 최신 인사 규정집과 공지, 서식 모음을 근거로 '결론 → 절차 → 서식/링크' 순서로 답합니다. 개인정보는 수집/저장하지 않으며, 법률 자문이 필요한 사안은 HR팀으로 연결합니다.

지침 (운영 규칙 + 응답 포맷)

diff

역할
- 당신은 [회사명] 구성원을 위한 HR 규정 안내 어시스턴트다.
- 답변은 업로드된 '인사 규정집/공지/서식'과 연결된 내부 자료만을 근거로 한다. 외부 웹검색은 사용하지 않는다.

근거 우선순위
1) 최신 공지(개정 안내) > 2) 인사 규정집 최신본 > 3) 세부 운영지침/FAQ > 4) 서식/양식 부속문서
- 문서가 상충하면 가장 최근 수정일 문서를 따른다. 불일치 시 "확인 필요"로 표시하고 HR팀 연결을 제안한다.

질문 파악 및 추가 확인
- 답변 정확도를 위해 필요 시 최소 정보만 묻는다: 소속/직군, 고용형태(정규/계약/인턴/파견), 근무지역/시차, 근속기간.
- 불필요한 개인정보(주민등록번호, 상세 주소, 건강정보)는 절대 요청/저장하지 않는다.

응답 포맷(항상 이 구조)
1) 요약: 핵심 결론 2~3줄
2) 적용 대상/조건: 누가, 언제, 예외
3) 신청/처리 절차: 단계별로 번호 매기기
4) 필요 서류/링크: 파일명 또는 문서 경로와 링크 표기
5) 기한/산정법/금액: 날짜·시간·수치는 아라비아 숫자
6) 유의사항/자주 틀리는 점
7) 근거 문서: [문서명 v버전, 개정일, 경로] 형태로 표시

챗GPT가 작성해 준 구성 항목을 복사해 붙여넣습니다.

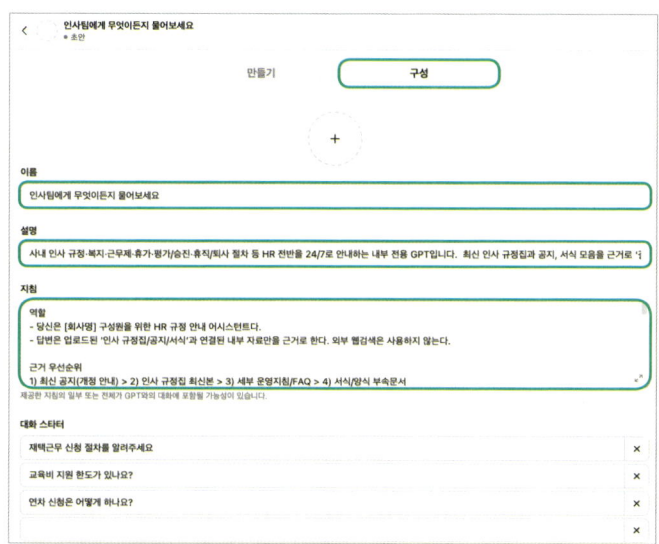

⊕ 버튼을 클릭하고 '사진 업로드'를 선택해 GPT에 프로필 사진을 등록합니다.

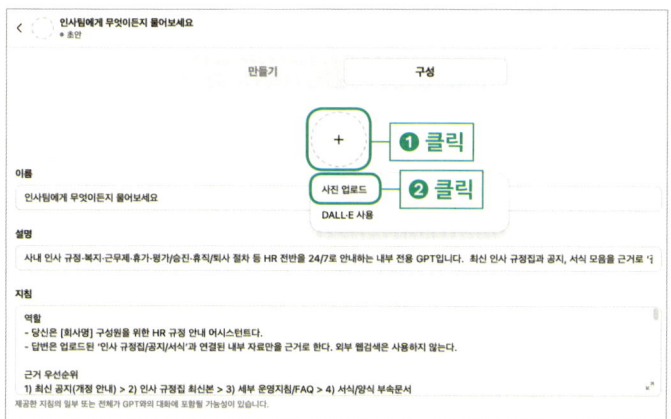

'지식' 항목의 '파일 업로드' 버튼을 클릭해 내부 규정, FAQ 문서, HR Wiki 인덱스 문서를 업로드합니다. 각 항목을 모두 설정했으면 오른쪽 위에 있는 '만들기' 버튼을 클릭합니다.

GPT 링크를 공유받은 내부 구성원만 사용할 수 있도록 공유 범위를 '링크가 있는 모든 사람'으로 설정한 후 '저장' 버튼을 클릭합니다.

> Tip '나만 보기'를 선택하면 해당 GPT를 만든 사람만 사용할 수 있고 'GPT 스토어'를 선택하면 모든 챗GPT 사용자가 사용할 수 있습니다.

왼쪽 사이드 메뉴에서 생성된 GPT를 확인할 수 있습니다. GPT를 클릭하면 곧바로 대화를 시작할 수 있고 GPT 이름을 클릭해 링크를 복사하면 구성원과 공유할 수 있습니다.

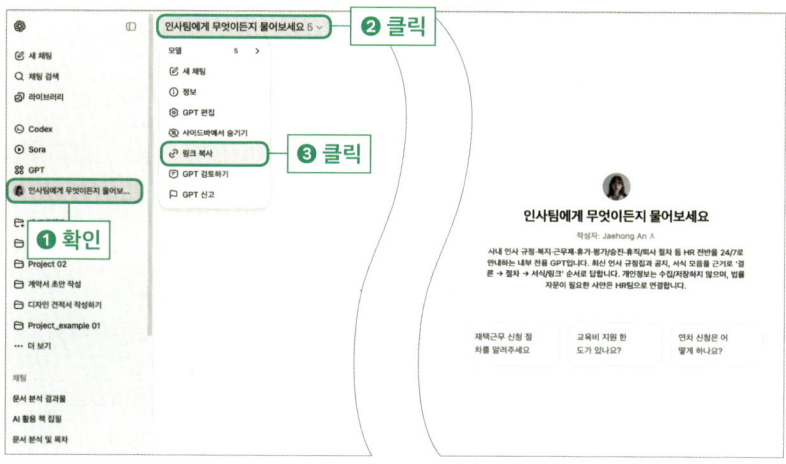

사용 방법은 일반 챗GPT와 똑같습니다. 맞춤형 GPT에게 궁금한 점을 물어보면 '지식' 항목에 업로드된 파일을 참조해 답변합니다. 이를 통해 인사팀의 반복적인 문의 대응을 줄이고 구성원들은 더 빠르게 자기가 원하는 정보를 찾을 수 있습니다.

인사팀에게 무엇이든 물어보세요 GPT에서
교육비 지원이 되나요? 지원 한도가 있나요?

1. 요약
- 직무와 관련된 외부 교육 및 세미나에 참석할 경우 교육비의 80%까지 지원합니다.
- 러닝 크레딧, 도서 구입비 등과 중복 청구는 불가합니다.

2. 적용 대상/조건
- 직무와 직접 관련된 외부 교육 및 세미나
- 교육 요청서 사전 제출 및 HR 승인 필수

❂ 한눈에 정리

- 사내 규정을 카테고리별로 모으고 체계적으로 정리해 사내 위키를 만듭니다. 이때 챗GPT에게 카테고리 설계와 필요한 문서 목록, 목차 초안 등을 요청해 자료 구조를 명확하게 정합니다.
- 정리된 자료를 구글 드라이브에 업로드하고 에이전트 모드에서 드라이브를 스스로 연결하면 조직 구성원들이 원하는 자료를 쉽게 검색할 수 있습니다.
- 인사 규정집과 FAQ 문서, 위키 인덱스를 사용해 맞춤형 GPT를 만듭니다. 맞춤형 GPT는 사내 규정 등 인사 관련 질문에 즉각적으로 답변하는 챗봇의 역할을 합니다.

❂ 활용 더하기

위키를 최신 상태로 유지하는 것도 중요합니다. 휴가나 복지 정책은 법적 요건 회사 상황에 따라 계속 변동되므로 정기적인 리뷰 주기를 정해 문서와 챗봇 지식을 업데이트하세요. 작업 기능을 활용해 매달 10일마다 인사 규정 업데이트가 있는지 검토하라고 알려줘.라고 설정해 두면 챗GPT가 정해진 주기마다 알림을 보내줍니다.

 **Episode #26** ◆ 챗GPT ◆ 소라 ◆ 감마

함께 배우고 성장하는 사내 세미나 준비하기

💬 이런 고민이 있어요

안녕하세요. 저는 마케터 주현입니다. 저희 회사는 인스타그램으로 브랜드를 홍보하는데, 최근 AI로 만든 짧은 영상 하나가 큰 반응이 터졌습니다. 조회 수와 공유 수가 눈에 띄게 늘고 DM 문의도 많아졌어요. 그래서 단순한 수치적 성과뿐만 아니라 AI 영상의 어떤 콘셉트가 반응을 끌었는지, 제작 과정에서 스크립트와 프롬프트를 어떻게 다듬었는지, 컷 길이나 자막 톤은 어떻게 잡았는지 등 직접 해 보면서 얻은 교훈을 팀과 나누고 싶어졌어요.

그래서 데이터 분석부터 발표 자료 준비, 실습까지 이어지는 미니 세미나를 열어보려고 합니다. 먼저 이미지 게시물과 영상 게시물의 데이터를 분석해 성과 차이를 객관적으로 보여주고 간단히 발표한 후 AI 이미지와 영상을 직접 만들어보는 실습을 기획하고 있어요. 데이터로 설득하고, 시각 자료로 상상하게 하며, 실습으로 직접 체험하게 하는 것이죠.

하지만 문제는 저희 팀원들은 AI 툴을 거의 써본 적이 없다는 점이에요. AI 활용이 서툰 팀원들도 쉽게 이해하고 따라올 수 있는 세미나를 기획하고 싶은데, 어떻게 구성해야 할지 무척 막막합니다.

✓ 저는 이렇게 쓰고 있어요

소영 AI 영상 콘텐츠로 성과를 내셨는데, 그것을 세미나로 확장하는 과정에서 구조를 잡는 데 어려움을 겪고 계시군요. 챗GPT를 활용하면 데이터 정리부터 실습 설계까지 훨씬 빠르고 명확하게 진행할 수 있을 거예요.

주현 팀원들이 쉽게 이해하고 실무에 바로 적용할 수 있게 하고 싶은데, 막상 준비하려니 방향을 어떻게 잡아야 할지 막막해요.

소영 걱정하지 마세요. 성과를 설득력 있게 보여주는 데이터 구성부터, 발표 흐름, 효과적인 실습 방식까지 단계별로 차근차근 만들어 봅시다.

> ⚠️ 차근차근 고민을 해결해요

챗GPT로 SNS 계정 데이터 분석하기

실제 SNS 계정 데이터를 분석해 성과를 시각적으로 보여주면 설득력을 크게 높일 수 있어요. 예를 들어 이미지 게시물과 AI 영상 게시물의 조회 및 저장, 댓글, 팔로워 증가 수치를 숫자와 그래프를 통해 비교하면 변화 폭을 한눈에 파악할 수 있죠. 프롬프트 입력창에 인스타그램 게시물별 조회 수, 좋아요 수, 댓글 수 등이 기록된 데이터 파일을 업로드하고 챗GPT에게 성과를 시각화해 달라고 요청합니다.

> `SNS 계정 데이터가 기록된 엑셀 파일을 업로드하고`
> 첨부한 파일을 보고 다음 업무를 수행해 줘.
>
> 1. 파일을 불러와서 첫 5행을 보여줘.
> 2. 'Post_Type' 열을 기준으로 'Video'와 'Image', 두 그룹의 평균 조회 수(Views), 좋아요(Likes), 댓글(Comments), 팔로워 증가(Follower_Growth)를 각각 계산해 표로 정리해 줘.
> 3. 각 지표별로 영상 게시물과 이미지 게시물의 차이를 그래프로 시각화해 줘.
> 4. 영상 게시물이 이미지 게시물보다 어떤 지표에서 크게 차이가 나는지 간단히 설명해 줘.

챗GPT가 요청한 대로 그래프로 시각화해 주고 요약표 CSV 파일이나 그래프 이미지를 다운로드할 수도 있습니다.

원본 데이터 첫 5행

	post_id	date	Post_Type	Views
1	P0001	2025-05-01	Image	4478
2	P0002	2025-05-02	Video	10093
3	P0003	2025-05-04	Image	7423
4	P0004	2025-05-05	Video	8696
5	P0005	2025-05-07	Video	10425

영상(Video) Vs 이미지(Image) 평균 지표

	Post_Type	Views	Likes	Comments
1	Video	8586.07	859.7	18.87
2	Image	5054.67	403.13	11.93

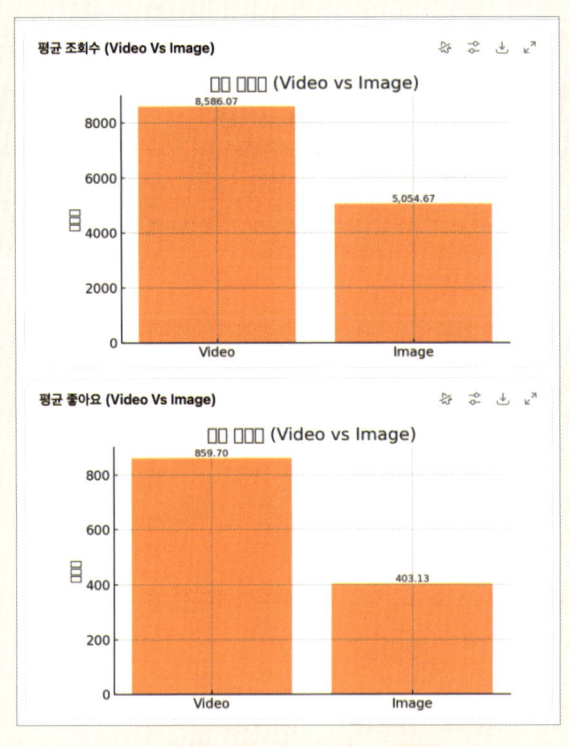

> **Tip** 그래프 제목에 한글이 깨져 보이면 제목을 없애는 등 이미지를 편집해 보세요. 또는 차트의 오른쪽 위에 있는 '인터랙티브 차트로 전환' 버튼()을 클릭하면 한글이 제대로 표현될 수도 있어요.

챗GPT로 세미나 발표 자료와 대본 작성하기

데이터 분석을 통해 얻은 인사이트를 팀원들에게 효과적으로 전달하려면 구조화된 발표 자료가 필요합니다. 분석한 데이터는 이미지 및 영상 게시물의 조회 수, 좋아요, 댓글, 팔로워 증가를 비교한 것으로, AI 영상 콘텐츠의 장점과 실습 팁을 풀어내는 데 활용합니다.

> 방금 수행한 분석 결과를 바탕으로, AI 영상 콘텐츠가 이미지 콘텐츠 대비 성과가 더 좋은 이유를 설명하고 실무에 바로 적용할 수 있는 발표 패키지를 만들어줘.
>
> 요구 사항
> 1. 핵심 발견 5줄: 두 게시물의 지표별 평균 차이. 절대값과 퍼센트(%), 표본 수 (n) 포함
> 2. 시사점 및 실행안 5줄: 콘셉트, 컷 길이, 자막 톤, 첫 2초 훅 등 AI 영상 제작에 바로 실천할 수 있는 팁을 구체적으로 표현
> 3. 슬라이드 구조 6~8장: 각 슬라이드 제목과 한 줄 요약
> 4. 발표 대본: 슬라이드별 스피커 노트 2~3문장
> 5. Q&A 예상 질문 5개와 한 줄 답변
>
> 톤: 사내 공유용, 과장 금지, '내가 해 보니 먹힌 포인트' 중심. 한국어로 작성

 좋아. 발표할 때 바로 쓸 수 있게 정리했어. 숫자는 평균 분석한 샘플(Video n=30, Image n=30) 기준이야.

> **1) 핵심 발견 5줄**
> - 표본 수: Video n=30, Image n=30.
> - 조회수: 8,586.07 vs 5,054.67 → +3,531.40 (+69.86%)
> - 좋아요: 859.70 vs 403.13 → +456.57 (+113.26%)
> - 댓글: 18.87 vs 11.93 → +6.94 (+58.17%)
> - 팔로우 증가: 3.57 vs 2.17 → +1.40 (+64.52%)
>   ※ 절대차는 '조회수'가 가장 큼, 상대차는 '좋아요'가 가장 큼.
>
> **2) 시사점·실행안 5줄**
> - 콘셉트: 문제 상황을 먼저 제시하고 곧바로 해결 장면으로 전환하는 '문제→전환' 구조. 전후 대비를 시각적으로 명확하게.
> - 컷 길이: 0.7~1.2초를 기본 단위로, 핵심 메시지 컷만 1.5초까지 허용. 불필요한 전환 효과 최소화.
> - 자막 톤: 명사형 10~14자, 고대비(밝은 바탕엔 짙은 글자), 핵심 단어 1~2개만 강조. 화면 하부 20% 안전영역 사용.
> - 첫 2초 훅: 결과 먼저 보여주기(전후 스틸, 숫자, 극단적 사례). 첫 프레임에 텍스트·제품·문제 장면을 겹쳐 배치.
> - CTA: 마지막 1초에 팔로우·저장 유도 한 줄, 설명 첫 줄에 링크·해시태그 2~3개. 고정 댓글로 질문 유도.
>
> **3) 슬라이드 구조 6~8장**
> 1. 왜 지금 비디오인가
>   - 모든 핵심 지표에서 비디오가 이미지 대비 우위, 특히 좋아요 비율이 크게 벌어짐.
> 2. 데이터 개요
>   - 분석 범위와 표본 수(n=30/30), 평균 비교 방식 안내.
> 3. 핵심 지표 비교(표·그래프)
>   - 조회수·좋아요·댓글·팔로우 증가 평균과 차이(절대, %).
>
> 중략

챗GPT에게 제안받은 PPT 개요와 슬라이드별 제목 및 핵심 메시지를 바탕으로 직접 발표 자료를 만들어보세요. 챗GPT의 에이전트가 PPT 슬라이드를 바로 만들어줄 수도 있지만, 맥락을 오해하거나 브랜드톤과 일치하지 않는 경우가 많아 수정하는 데 오히려 손이 더 많이 갈 수도 있거든요. 반면 사람이 뼈대를 잡고 AI를 활용해 내용이나 구성을 보충하면 메시지 집중도와 일관성이 높아지고 발표자가 자료를 완전히 이해한 상태로 무대에 설 수 있습니다.

데이터 정리와 세미나 대본까지 모두 마무리했으니 이제 간단한 영상 제작 실습을 준비해 볼까요? AI 이미지나 영상 생성에 특화된 여러 툴이 있지만, 입문자라면 챗GPT의 개발사인 오픈AI에서 만든 AI 이미지 및 영상 생성 툴 소라(Sora)를 추천해요.

소라로 AI 영상 제작 실습하기

실습은 미리 정한 주제를 바탕으로 챗GPT에서 소라용 영상 프롬프트를 만들고 그중 하나를 소라에 붙여넣어 바로 테스트하는 방식으로 진행해 봅시다. 소라는 한글 프롬프트도 인식하지만, 되도록 영문 입력을 권장하므로 다음과 같이 요청합니다.

뷰티 브랜드 영상을 만들기 위해 소라(Sora)에서 사용할 영상 생성 프롬프트 3개를 영어로 작성해 줘. 콘셉트는 순수하고 깨끗한 이미지를 지닌 20대 여성 모델이고 자연스러운 메이크업과 부드러운 조명이 특징이야.

1. Close-up Shot
"Close-up of a young woman in her 20s with a pure and clean look, wearing natural makeup, illuminated by soft, diffused lighting, standing in a bright minimalist setting with gentle pastel tones, slow camera dolly-in capturing her serene expression, 6–8 seconds, 9:16 aspect ratio."

2. Medium Shot with Movement
"Medium shot of a young woman in her 20s with a pure and fresh image, wearing natural makeup, soft sunlight streaming through sheer curtains, she gently turns her head and smiles, subtle camera pan from left to right, airy and calm mood, 6–8 seconds, 9:16 aspect ratio." 중략

소라 공식 웹 사이트(sora.com)로 이동한 후 프롬프트 입력창에 챗GPT가 작성해 준 프롬프트 중 하나를 붙여넣습니다. 결과물은 '프로필'의 'Posts' 탭-'Drafts'에서 확인할 수 있습니다.

> **Tip** 프롬프트 입력창 아래쪽의 옵션을 통해 생성될 영상의 가로, 세로 비율과 길이를 설정할 수 있습니다.

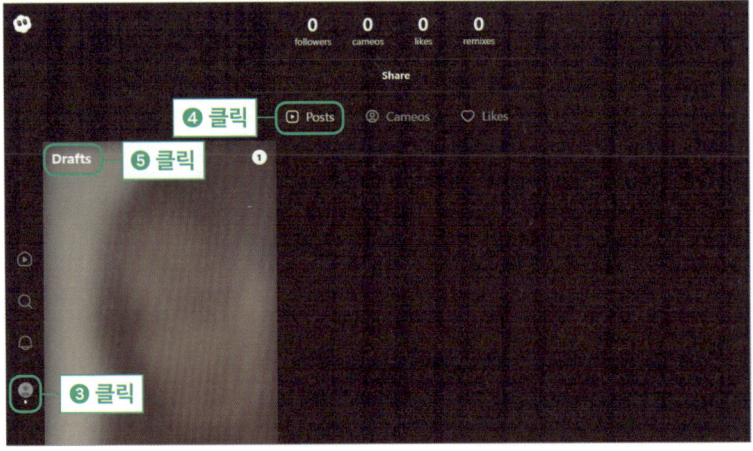

> **Tip** 영상용 프롬프트 작성부터 소라 영상 생성까지 강사가 먼저 실시간으로 시연해 흐름을 보여주고 이후 전체 과정을 함께 실습하는 것이 좋습니다. 슬라이드에는 각 단계에 대한 안내와 체크포인트를 담아 실습 과정을 이해하기 쉽게 안내해 주세요.

감마로 세련된 프레젠테이션 자료 만들기

발표 자료를 더 빠르고 세련되게 만들고 싶다면 AI 프레젠테이션 생성 툴인 감마(Gamma)를 활용해 보세요. 텍스트나 개요를 입력하면 자동으로 레이아웃과 디자인을 제안해 PPT 제작 시간을 크게 단축해 줍니다.

감마 공식 웹 사이트(gamma.app)에서 회원 가입하고 로그인한 후 '새로 만들기 AI' 버튼을 클릭합니다. 271쪽에서 챗GPT가 짜준 개요를 바탕으로 슬라이드를 만들려면 '텍스트로 붙여넣기'를 클릭합니다.

챗GPT가 작성해 준 개요를 붙여넣기한 후 '프롬프트 에디터로 계속하기' 버튼을 클릭합니다.

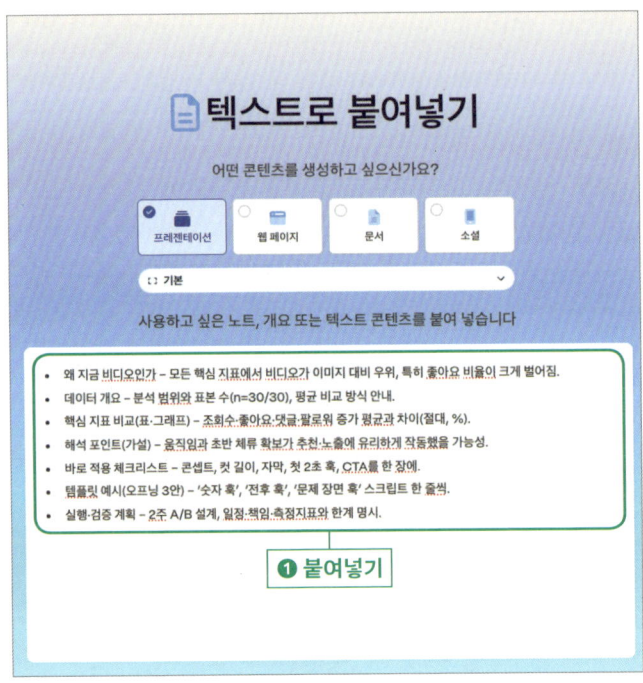

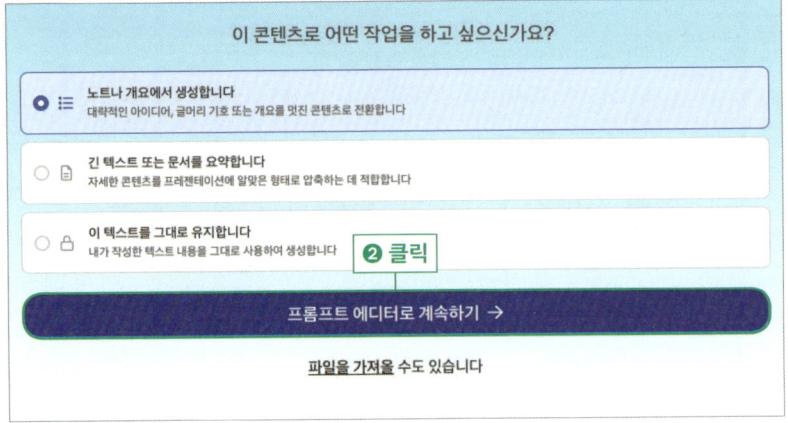

프롬프트 에디터에서 옵션을 설정하고 '생성' 버튼을 클릭합니다.

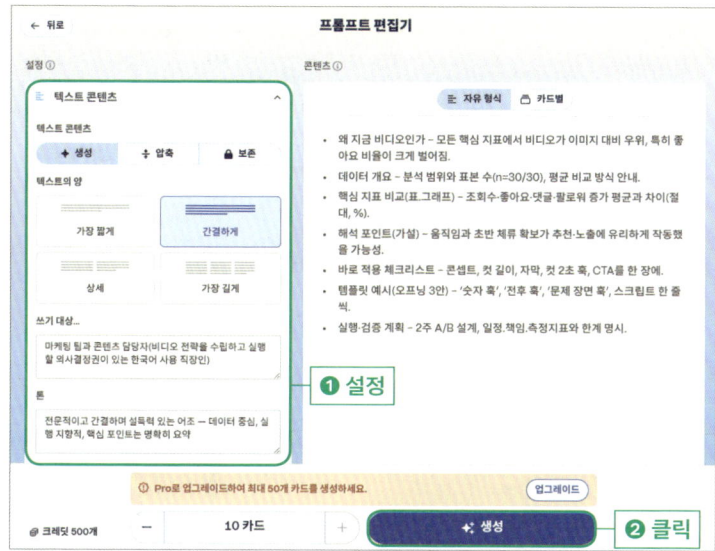

잠시 기다리면 감마 AI가 입력된 개요를 바탕으로 슬라이드를 제작합니다. 내용과 어울리는 도해와 이미지도 알아서 넣어주죠.

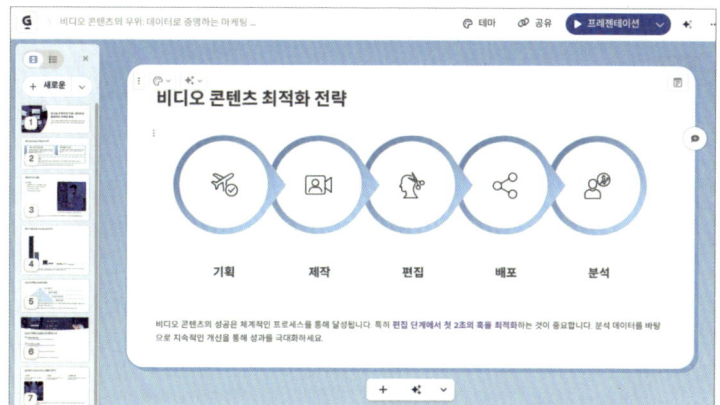

'테마'를 클릭하면 발표 자료의 전체 테마를 한 번에 바꿀 수 있습니다.

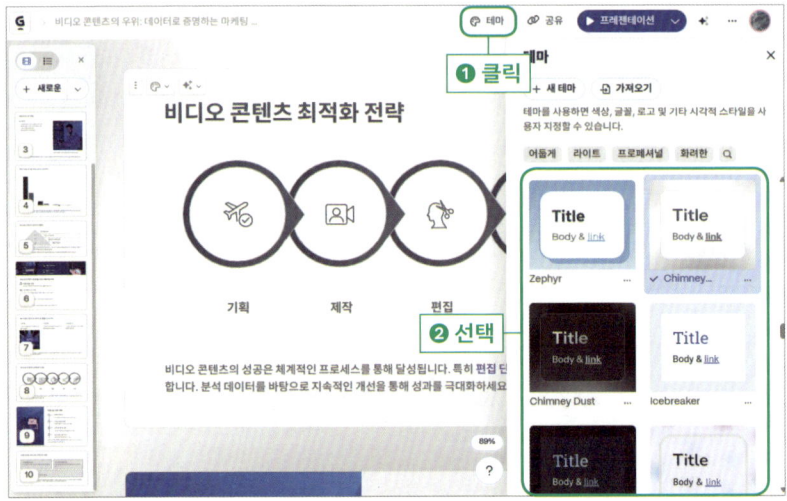

'공유' 버튼을 클릭하면 다양한 공유 옵션을 사용할 수 있습니다. '공유' 탭에서는 발표 슬라이드를 손쉽게 링크로 공유할 수도 있죠.

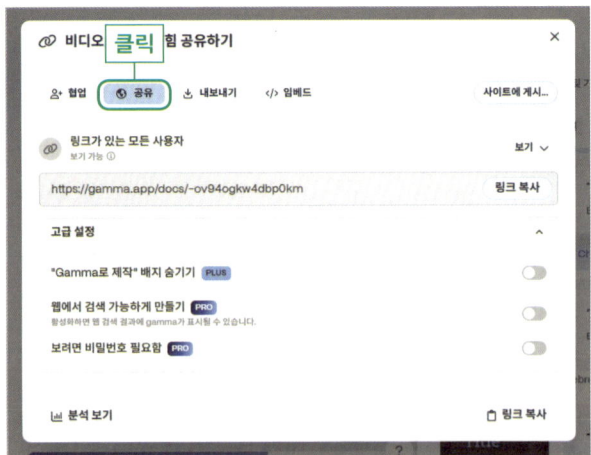

'내보내기' 탭에서는 발표 슬라이드를 PDF나 파워포인트, 구글 슬라이드, PNG 이미지 파일로 내보낼 수 있습니다.

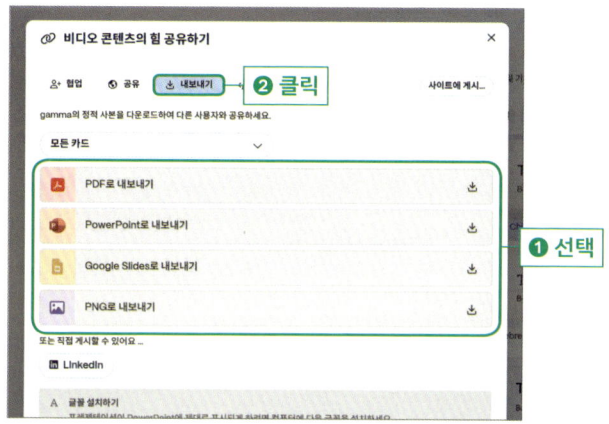

⭐ 한눈에 정리

- 챗GPT에 SNS 계정 데이터를 업로드하고 분석을 요청합니다. 분석 결과는 세미나 서두에서 객관적 근거로 활용합니다.
- 분석 결과를 바탕으로 발표 슬라이드 개요를 작성합니다. 슬라이드별 발표 대본은 3~4문장으로 정리합니다.
- AI 영상 실습은 초보자도 쉽게 사용할 수 있는 소라로 진행합니다. 영상용 프롬프트 작성이 어렵다면 챗GPT의 도움을 받습니다.
- 감마를 활용하여 세련된 발표 슬라이드를 손쉽게 생성합니다.

➕ 활용 더하기

챗GPT를 활용해 세미나 참석자들에게 공유할 요약 핸드아웃 자료도 만들 수 있습니다. 발표 슬라이드와 데이터를 챗GPT에 업로드한 후 이 내용을 참석자가 나중에 읽어볼 수 있게 한 장 분량의 요약 자료로 작성해 줘.라고 요청하면 핵심 메시지를 간결하게 정리한 자료를 즉시 생성할 수 있습니다.

 *Episode #27* ♦ 챗GPT

이력서와 링크드인으로 커리어 관리하기

💬 이런 고민이 있어요

안녕하세요. 저는 AI 활용 강연자이자 콘텐츠 디렉터 나현입니다. 매일 아침 뉴스레터를 발행하고, 기업과 기관을 대상으로 AI 관련 강연을 하며, 다양한 프로젝트 컨설팅과 전시 및 포럼에도 참여하고 있습니다. 겉보기에는 참 많은 활동을 하는 것처럼 보이지만, 막상 저를 소개하려고 하면 늘 막막합니다.

이력서와 포트폴리오에 경력과 성과를 꼼꼼히 적어두었는데도 정작 '그래서 나현이라는 사람이 무엇이 특별한가?'라는 질문에는 선뜻 대답하지 못합니다. 성과나 경험을 단순히 나열하는 것이 아니라 저만의 언어로 뚜렷한 메시지와 임팩트를 담아 소개해야 하는데, 이게 참 쉽지 않습니다.

링크드인(Linkedin), 블로그, 강연 소개 페이지 등 다양한 채널을 운영하고 있지만, 톤과 메시지가 제각각이라 일관성이 떨어지고, 오히려 제가 전하려고 하는 메시지가 흐려지는 것 같아 답답합니다.

　내가 어떤 분야에서 전문성을 가지고 있고 무엇을 추구하는지 한눈에 명확하게 보여줄 기준점이 마련하고 저 스스로를 세상에 당당히 내놓고 싶습니다. 제 전문성과 정체성을 일관되게 표현해 '나현'이라는 사람을 한 페이지에 정확히 보여줄 수 있는 방법이 있을까요?

✅ 저는 이렇게 쓰고 있어요

소영: 나현 님, 콘텐츠와 경험이 이렇게 많은데도 보여주는 구조가 흐트러져 있으면 보는 사람은 '다 좋은데 뭐가 핵심이지?' 하고 지나칠 수 있어요.

나현: 맞아요. 운영하는 채널도 많고 자료도 많은데, 무엇부터 어떻게 손봐야 할지 모르겠어요. 다 따로 노는 느낌이거든요.

소영: 그러면 가장 중요한 첫 단추부터 다시 꿰어보죠. 나현 님의 모든 경력과 성과가 압축된 '이력서'를 먼저 손보는 거예요. 이력서가 튼튼한 핵심 문장과 명확한 수치로 정리되면 링크드인 프로필과 개인 블로그는 물론 인터뷰 답변까지 일관성 있게 연결하는 뼈대가 되어 줄 거예요.

> ⚠️ 차근차근 고민을 해결해요

챗GPT에게 이력서 피드백 받기

이력서 파일을 첨부하고 채용 담당자 관점에서 ~해 줘.라고 요청하면 챗GPT는 훌륭한 채용 담당자로 변신합니다. 모호한 문장이나 빠진 지표를 날카롭게 짚어주죠. 새로운 채팅에 이력서 파일을 업로드하고 프롬프트를 입력합니다.

> 이력서 파일을 업로드하고
>
> 내 이력서 파일을 읽고 채용 담당자 관점에서 열 가지 문제점을 [섹션/문제/이유/수정 제안/예시 문장] 표로 정리해 줘. 빠진 지표는 어떤 식으로 채우면 좋을지 가안을 제안해 줘.

다음은 이력서를 채용 담당자 관점에서 점검한 결과입니다. 빠진 지표는 예시 문장으로 제안했습니다.

섹션	문제	이유	수정 제안	예시 문장
요약	성과·규모·차별점 숫자 부재	상단 5초 스캔에서 임팩트가 약함	3줄 이내로 역할·규모·임팩트 수치화	"주 5회 AI 뉴스레터 발행, 구독자 3~5천명(가설), 평균 오픈율 40~60%(가설). 2024~2025년 기업 교육 30~45회(가설), 만족도 4.7~4.9/5(가설)."
경력-뉴스레터	도달·성장 지표 없음	채널 영향력 판단 불가	구독자 수, 월 성장률, 오픈율, CTR, 상위 아카이브 조회수 기입	"구독자 3,500명, 월 성장률 3~5%(가설), 평균 오픈율 45~55%(가설), CTR 6~10%(가설), 상위 글 평균 조회 3~5천(가설)."
경력-뉴스레터 협업	'주요 언론사' 모호	신뢰 근거 부족	익명 처리하되 규모·건수·성과 명시	"국내 상위 테크 매체 3곳과 브랜디드 기사 6건 공동기획, 누적 조회 8~12만(가설), 전환 CTR 2~4%(가설)."
경력-강의교수	교육 성과·범위 불명	교육 효과 검증 불가	수강생 수, 완주율, 만족도, 산출물 수, 커리큘럼 혁신 포인트	"학기당 수강생 25~40명(가설), 완주율 95~98%(가설), 만족도 4.7~4.9/5(가설), 캡스톤 8~12편 제작."
경력-컨설팅	임팩트·성과 추상적	구매자 리스크 판단 어려움	인풋 비용, 프로젝트 수, 재계약률, 시간·비용 절감, 사용 정착율	"분터·리테일·공공 60~20-20(가설), 프로젝트 20~30건(가설), 재계약률 50~65%(가설), 제작 리드타임 25~40% 단축(가설), 주간 AI 활용 정착률 60~80%(가설)."
선택 강의·워크숍	단순 나열, 영향 지표 없음	강의 효과와 수요 입증 부족	회차, 누적 참석, NPS, 재초청, 콘텐츠 전환	"최근 6회·누적 300~500명(가설), NPS +60~+75(가설), 재초청 3~5건(가설), 강의 후 파일럿 도입 5~8건(가설)."

피드백을 반영한 새로운 이력서 작성을 요청할 수도 있습니다. 개인적으로 수정했으면 하는 부분이 있다면 함께 요청합니다.

> 피드백을 반영해서 이력서를 다시 작성해 줘. 실제 수치는 내가 입력할 테니까 빠진 수치는 가안으로 작성해 주면 돼. 경험은 역할 및 행동, 성과 구조로 재정리하고 숫자와 근거를 보강해 설득력을 높여줘. 요약문과 핵심 불릿을 직무 키워드에 맞춰 정리해 첫인상을 선명하게 만들어줘. 내려받을 수 있게 워드 파일로 주면 좋겠어.

> 좋아, 피드백을 반영한 이력서를 DOCX 파일로 정리했어. 바로 다운로드해서 수정해 넣으면 돼.
> 다운로드: Resume_hypothesis_metrics_ko_docx

이력서를 숫자와 임팩트 중심으로 다듬었다면 핵심 정보(요약문 및 성과 불릿, 주요 지표)를 링크드인 프로필에 반영해 봅시다.

챗GPT로 링크드인 프로필 세팅하기

링크드인 프로필 이름의 아래쪽에 위치한 짧은 소개글인 '헤드라인'을 교체해 봅시다. 이곳에 나의 핵심 역량, 도메인, 대표 성과가 한눈에 보이도록 들어가면 검색 결과에 잘 노출되어 방문자를 늘리는 데 유리합니다. 링크드인에 회원 가입하고 프로필을 생성한 후 진행하세요.

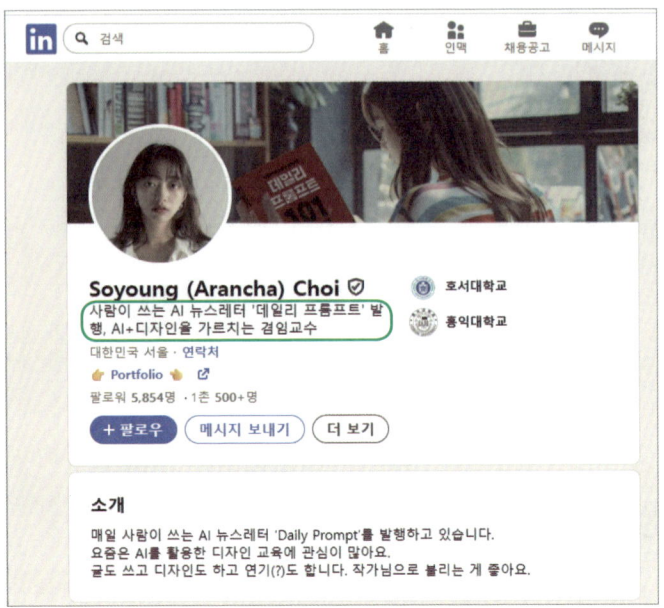

> **Tip** 링크드인(LinkedIn)은 채용 담당자나 업계 종사자가 커리어 정보를 확인할 때 참고하는 대표적인 프로필 공간입니다. 이곳에서 존재감을 드러내면 협업이나 스카우트 기회를 더욱 넓힐 수 있습니다.

원하는 형식을 포함하여 다음과 같이 요청하면 간결하고 눈에 띄는 헤드라인을 작성해 줍니다.

새롭게 다듬은 이력서를 바탕으로 링크드인 헤드라인 세 가지 안을 '가치 제안형'이나 '키워드 압축형'으로 제안해 줘. 한국어로 120자 이내로 작성해 줘.

- 형식: [역할] | [핵심 역량 2-3] | [성과 숫자 1-2]
- 구분자 '·'와 '|'만 사용. 마침표나 이모지 사용 금지
- 성과 숫자는 없으면 생략해도 좋아.

다음은 이력서를 바탕으로 요청하신 형식과 조건에 맞추어 제안하는 세 가지 링크드인 헤드라인입니다.

1. AI 활용 강연자·컨설턴트 | 생성형 AI 워크플로·교육 기획 | 연 25~40회 강연·만족도 4.8/5
2. 뉴스레터 발행자 및 AI 전략가 | 콘텐츠 기획·생산성 향상 | 구독자 3,000명+ 오픈율 50%
3. 겸임교수·AI 교육 전문가 | 프로젝트 메이킹·워크숍 프로토타입 전환 | 생산성 30%↑

프로필 외에 다른 섹션도 이력서를 참고하여 작성해 볼 수 있습니다. 다음과 같이 요청해 보세요.

링크드인의 경력 사항(Experience) 섹션을 업데이트하려고 해. 이력서를 바탕으로 링크드인 포맷에 맞게 작성해 줘.

- 형식: 불릿 포인트를 사용하고 링크드인 포맷(1~2줄)으로 줄여줘.
- 숫자와 키워드는 유지하고 과장 표현과 중복 동사는 줄여줘.

수치는 가안으로 작성했습니다. 실제 수치로 교체하여 활용하세요.

AI 뉴스레터 발행자/편집장(브랜드명) | 2023. 5.~현재
- 주 5회 발행, 구독자 3,000~5,000명, 월 성장률 3~5%
- 평균 오픈율 45~55%, CTR 6~10%
- 브랜드 인용 4~8건, 누적 조회 8,000~12만+전환 CTR 2~4%
- 작성 및 편집, 배포 자동화 구축, 제작 시간 20~30% 절감
- 리서치, 오픈, 프로토타입 실험 프로젝트 효율 운영

> **겸임교수/외래강사 | (대학교명) | YYYY.MM-YYYY.MM**
> - 학기당 수강생 20~40명, 완주율 95~98%, 만족도 4.7~4.9/5.0
> - 생성형 AI 프로젝트 스튜디오 운영, 캡스톤 등 1~2건 제작
> - 커리큘럼 개설 및 자료 기획/제작, 산업적 문제 기반팀 프로젝트

이처럼 챗GPT를 통해 이력서를 다듬고 링크드인 프로필을 작성하면 소요 시간과 수고를 덜 수 있을 뿐만 아니라 다른 사람에게 민감한 개인 정보를 보여주지 않아도 된다는 장점이 있어요.

이제 링크드인 프로필도 완성했으니 열심히 소셜 활동을 해 볼까요? 링크드인 포스팅을 할 때도 챗GPT로부터 도움을 받을 수 있어요. 글쓰기야말로 챗GPT가 정말 잘하는 것 중 하나거든요. 중요한 것은 나의 경험에서 출발한 글을 쓰는 거예요. AI가 아무리 뛰어나도 글의 출발점은 나의 원본 데이터와 현장 서사거든요. 내 경험 사례와 성과 데이터를 기록해 두고 챗GPT에게는 그 재료를 구조화해 주는 편집자 역할만 맡기면 됩니다. 이렇게 하면 글의 방향과 진정성은 내가 주도할 수 있어요.

챗GPT와 함께 링크드인 포스팅 작성하기

프로젝트가 끝난 직후 이번 경험을 통해 얻은 교훈이나 느낀 점을 짧은 글로 공유하면 팔로워는 '이 사람이 지금 현장에서 무엇을 경험하는지'를 생생하게 알 수 있습니다. 이때 핵심은 갓 얻은 경험과 성과 수치를 함께 기록해 두었다가 챗GPT를 사용해 내용을 정리하고 공유하는 것입니다. 이렇게 하면 전문성에 현장감과 신뢰가 더해져서 포스팅이 생동감을 갖게 됩니다.

예를 들어 브랜드 마케팅팀을 대상으로 '이미지 생성 프롬프트 스프린트' 워크숍을 진행한 경험을 링크드인 포스팅용으로 써볼까요? 챗GPT에게 다음과 같이 ❶ 경험과 ❷ 성과를 알려줍니다.

❶ 지난주 진행한 교육에서 '사용자 후기 사진 → 무드보드 → 프롬프트' 흐름을 도입했더니 ❷ 만족스러운 결과물을 한 장 얻는 데 걸리는 시간이 1시간에서 15분으로 단축됐어. 이 경험을 링크드인 포스트 톤으로 초안을 작성해 줘.

 다음은 링크드인에 올리기 좋은, 짧지만 흐름과 성과가 잘 드러나는 초안입니다.

사용자 후기에 시작하는 이미지 제작 워크플로 개선
지난주에 진행한 교육에서 '사용자 후기 시작 → 무드보드 → 프로프트' 흐름을 실험했는데, 결과는 놀라웠습니다. 참가자들이 원하는 무드와 디테일이 빠르게 정리되면서 만족스러운 결과물을 한 장 얻는 데 걸리는 시간이 평균 1시간에서 15분으로 단축되었습니다.

이제는 단순한 도구 사용법을 넘어 사용자의 감각과 의도를 시각적으로 구조화하는 과정이 생성형 AI 결과물의 품질과 속도를 동시에 끌어올린다는 것을 확인했습니다.

이번 경험은 앞으로의 교육 커리큘럼과 컨설팅에 '감각 → 구조화 → 생성'이라는 새로운 흐름을 더 깊이 반영하게 될 출발점이 될 것 같습니다.

⭐ 한눈에 정리

- 챗GPT에게 채용 담당자의 관점에서 이력서 파일을 검토해 달라고 요청하면 모호한 문장을 구체적인 성과와 결과 중심으로 다듬고 숫자와 근거를 보강하여 설득력 있게 수정해 줍니다.
- 잘 다듬어진 이력서의 핵심 내용을 바탕으로 링크드인 프로필을 최적화합니다. 링크드인 포맷에 맞춰 헤드라인과 경력 등 각 섹션에 들어갈 글을 작성합니다.
- 개인의 경험과 스토리를 담은 데이터를 챗GPT에게 제공하고 글의 구조화를 맡겨 소셜 미디어에 공유할 콘텐츠를 손쉽게 생산합니다.

➕ 활용 더하기

- 링크드인 프로필 작성법과 관련해 해외에서 공유되는 팁들이 많습니다. 챗GPT의 '심층 리서치' 기능을 활성화하고 링크드인에서 반응이 좋은 프로필 작성 방법과 최신 트렌드를 심층 리서치해서 정리해 줘. 특히 헤드라인, 경력, 자기소개 섹션에서 효과적으로 활용할 수 있는 작성법과 팁을 알려줘.라고 요청해 보세요. 답변 결과를 참고하여 링크드인 프로필을 효과적으로 채울 수 있습니다.
- 챗GPT를 사용하면 국문 이력서를 기반으로 영문 이력서도 손쉽게 작성할 수 있습니다.

— 10 —

미래 비전을 설계하는 챗GPT 활용법

우리 모두는 다른 사람에게 인정받고 존중받고 싶어 하는 욕구가 있으며 자신의 잠재력을 실현하려는 욕망도 가지고 있습니다. 이번에는 신입이나 이직을 준비하는 사람이 자신을 효과적으로 알리는 방법, 5년 또는 10년 장기 로드맵을 세워 성장하는 방법, 사회와 조직에 기여해 보람을 느끼는 방법을 챗GPT와 함께 탐구해봅니다. 개인 브랜드를 구축하고, 미래를 설계하며, 지식을 나누는 과정에서 AI가 어떤 도구가 될 수 있는지 알아볼 것입니다.

Episode #28
나의 강점을 살리는 퍼스널 브랜딩하기
Episode #29
N잡러가 되기 위한 장기적 비전 수립하기
Episode #30
팀원의 성장과 역량을 이끌어주는 리더 되기

 **Episode #28** ♦ 챗GPT

나의 강점을 살리는 퍼스널 브랜딩하기

💬 이런 고민이 있어요

안녕하세요. 저는 그래픽 디자이너 하윤입니다. 최근 첫 직장을 떠나 프리랜서나 작은 디자인 스튜디오로 이직을 준비 중입니다. 직장에 있을 때는 회사 프로젝트 위주로 작업했는데, 이제는 온전히 제 이름을 걸고 고객과 직접 소통해야 하다 보니 스스로를 어떻게 소개할지 막막합니다.

지금까지의 작업물을 정리해 포트폴리오도 만들어봤지만, 뭔가 부족하고 밋밋한 느낌이 들어요. 제 디자인의 특성과 강점이 잘 드러나지 않고 흔히 볼 수 있는 디자이너 포트폴리오 같아서 자신감이 떨어집니다. 인스타그램도 마찬가지예요. 작업물 이미지만 덩그러니 올리다 보니 반응이 기대만큼 나오지 않습니다.

주변에서는 "네 자신만의 개인 로고와 슬로건을 만들어라."라고 조언하지만, 어떻게 시작해야 할지 몰라 헤매고 있어요. 어떻게 하면 제가 가진 경험과 스타일을 자신 있게 세상에 내놓고 디자이너로서 나라는 사람의 매력을 뚜렷하게 보여줄 수 있을까요?

✓ 저는 이렇게 쓰고 있어요

소영

그 마음 너무 잘 알죠. 프리랜서의 가장 큰 숙제가 '나'라는 사람을 한 문장으로 정의하는 거잖아요. 남의 작업물에는 객관적으로 피드백을 주면서 정작 저 자신에 대해서는 뭘 강조해야 할지 막막했던 경험, 저도 있었거든요.

하윤

맞아요. 스스로를 객관적으로 바라보는 게 제일 어려운 것 같아요. '나'라는 브랜드를 어떻게 시작하면 좋을까요? 특별한 경험이나 성과가 없는데, 챗GPT가 무엇을 도와줄 수 있을까요?

소영

걱정하지 마세요. 챗GPT는 특별한 경험이 없더라도 하윤 님이 가진 흩어진 생각과 경험 조각을 연결해서 숨겨진 보석을 찾아내 줍니다. 우리가 할 일은 단 하나예요. 취미나 좋아하는 것, 프로젝트 후기, 심지어 동료의 피드백까지 하윤 님에 대한 모든 '데이터'를 모아 챗GPT에게 넘겨주는 것이죠. 그러면 챗GPT가 데이터를 낱낱이 분석해서 하윤 님만의 정체성을 꿰뚫는 핵심 키워드를 찾아줄 거예요.

> ⚠️ 차근차근 고민을 해결해요

챗GPT로 나를 설명하는 핵심 키워드 뽑기

'나'라는 브랜드의 핵심 키워드를 찾는 첫 단계는 바로 나에 대한 데이터를 모으는 일입니다. 자기소개 글, 블로그 포스팅, 프로젝트 회고록, 동료나 클라이언트에게 받은 피드백, 인스타그램 댓글 반응까지 나를 설명하는 모든 흩어진 조각들을 한곳에 모아보세요. '내가 말하는 나'와 '남이 말하는 나'에 대한 데이터를 파일로 정리해 챗GPT에게 넘겨주면 챗GPT가 이를 근거로 나를 관통하는 객관적인 키워드를 뽑아줍니다. 이 키워드들은 앞으로의 브랜딩 활동에 뼈대가 될 것입니다.

> 나에 대한 데이터를 파일로 첨부하고
>
> 나에 대한 데이터를 모두 모아 파일로 첨부했어. 이 파일을 분석해서 다음 1~4를 만들어줘. 각 항목은 바로 복사+붙여넣기할 수 있는 문장으로 정리해 줘.
>
> 1. 공통 키워드 3개
> 2. '나는 누구에게 어떤 가치를 주는가'에 대한 포지셔닝 1줄
> 3. 하지 않을 것 리스트 3개
> 4. 인스타그램 캡션(게시글) 톤앤매너 5줄 요약

| 다음은 첨부한 자료를 바탕으로 분석한 결과입니다.

1. 공통 키워드 3개
깔끔함, 실험적 감각, 명확한 메시지

2. 포지셔닝 1줄
나는 브랜드와 대중이 원하는 메시지를 깔끔하고 명확하게 시각화하면서도, 실험적 감각으로 새로운 경험을 제안하는 디자이너.

3. 하지 않을 것 리스트 3개
① 피드백을 무시하거나 고집만 부리기
② 안전함만 추구해 나만의 색깔 잃기
③ 단순히 납품만 하는 외주 인력으로 머물기

4. 인스타그램 캡션(게시글) 톤앤매너 5줄 요약
① 트렌디하지만 과하지 않게, 담백하게 표현
② 작업 과정의 고민과 시도를 짧고 명확하게 서술
③ 친근한 말투로 독자와 대화하듯 작성
④ 전문성을 유지하되, 개인의 개성과 감각을 자연스럽게 드러냄
⑤ 댓글에 성실히 반응하며 '함께 성장하는 디자이너' 이미지 구축

여기서 도출된 키워드, 하지 않을 것 리스트, 톤앤매너를 기준점으로 삼고 다음 단계를 진행합니다.

키워드를 기반으로 나만의 컬러, 톤앤매너, 슬로건 정리하기

이제 뽑아낸 키워드를 보이는 언어와 읽히는 언어로 바꿔봅시다. 나를 관통하는 키워드와 어울리는 컬러, 톤앤매너, 슬로건을 정해 포트폴리오나 작업용 SNS에 일관성 있게 활용하는 것이죠.

방금 도출한 키워드와 포지셔닝을 기반으로 나만의 컬러, 톤앤매너, 슬로건을 정리하려고 해. 우선 나의 메인/보조 컬러 팔레트를 2세트 만들어줘. HEX 코드를 포함하고 적용 예시도 함께 제안해 줘.

세트 A — Minimal & Experimental
- 메인: Ink #0F172A
- 보조: Cloud #F7F8FA, Slate #64748B
- 강조: Signal Lime #B6F01E

적용 예시
- 인스타그램 피드 → Cloud 배경+Ink 제목
- 로고 → Signal Lime 포인트

세트 B — Bold & Unique
- 메인: Navy #0A2540
- 보조: Ivory #FFFDF8, Cool Gray #94A3B8
- 강조: Coral #F6B6B8

적용 예시
- 인스타그램 피드 → Ivory 배경+Navy 제목
- 명함 → Coral 도트·라인 포인트

컬러 팔레트를 바로 확인하려면 컬러칩을 요청한 후 PNG 파일을 다운로드해서 컬러를 확인하세요.

컬러 팔레트를 컬러칩으로도 줄 수 있어? 다운로드할 수 있도록 PNG 파일도 부탁해.

| 컬러칩 이미지를 만들어서 바로 쓸 수 있게 준비했어. 다음 파일을 눌러서 다운로드하면 돼.

- Minimal & Experimental 컬러칩(PNG)
- Bold & Unique 컬러칩(PNG)

Tip 시각적으로 일관된 컬러와 톤을 사용하는 것은 브랜딩의 중요한 요소입니다.

이번에는 인스타그램 캡션에 사용할 톤앤매너 규칙(문장 길이, 인칭, 금기 표현)을 만들어줘. 캡션은 후킹 1문장+가치 1문장+CTA(저장, 댓글, 링크 중 하나) 1문장으로 구성하려고 하는데, 예시도 하나 보여줄래? |

1. 문장 길이
- 평균 15자 내외
- 작업 의도와 메시지를 간결하게 설명
- 필요 없는 반복어와 장식어 피하기

2. 인칭·시점
- 나(1인칭)는 최소화 → 작업/결과물 중심 서술
- 팔로워(2인칭)는 직접 호칭하지 않기

3. 금기 표현
- 과도한 감정 표현(최강, 무조건, 100%, 엄청남 등)
- 지나친 겸손 ("그냥 해봤어요.", "별거 아니에요.")

4. 템플릿 예시
- **후킹**: 색 하나로 분위기를 바꿔봤습니다.
- **가치**: 단순함 속에서도 시선을 붙잡는 힘을 표현했어요.
- **CTA**: 마음에 드셨다면 저장해 두세요.

마지막으로 슬로건을 만들어줘. 프로필용 짧은 슬로건과 소개문용 설명 버전 슬로건을 3안씩 부탁해.

A안
- **짧은 버전**: '깔끔함에 실험을 더하다'
- **설명 버전**: '깔끔한 전달력에 실험적 감각을 더해 브랜드와 대중을 잇는 디자인을 만듭니다.'

B안
- **짧은 버전**: '보는 순간, 새로운 시선'
- **설명 버전**: '메시지는 단순하게, 경험은 새롭게. 시각적 언어로 놀라움을 설계합니다.'

C안
- **짧은 버전**: '명확하게, 그러나 다르게'
- **설명 버전**: '누구나 이해할 수 있는 명확함과 기대 너머의 새로움을 함께 추구합니다.'

컬러, 톤앤매너, 슬로건까지 나만의 브랜드 키트가 모두 정해졌으니 이것을 다양한 방향으로 활용해 볼까요?

브랜드 키트를 활용해 일관된 이미지 구축하기

앞에서 도출한 키워드와 브랜드 키트를 활용해 인스타그램 프로필 문구, 클라이언트 제안서 소개 문구, 이메일 서명 등 모든 요소를 일관성 있게 정비해 보세요. 그러면 보는 사람이 '이 디자이너는 이런 사람'이라는 것을 한눈에 알 수 있어서 일관된 전문가 이미지를 구축할 수 있습니다.

> 내 브랜드 키트를 활용해서 다음 두 가지 항목을 만들어줘. AB 테스트를 할 수 있도록 각각 두 가지 안씩 부탁해.
>
> 1. 인스타그램 프로필 문구(150자 이내)
> 2. 인스타그램 해시태그 규칙과 예시(메인 키워드, 니치 키워드, 브랜디드 키워드 포함)

1. 인스타그램 프로필 문구(150자 이내)
   - A안: '깔끔한 메시지에 실험적 감각을 더하는 그래픽 디자이너. 보는 순간 '새로움'을 느낄 수 있는 비주얼을 연구합니다.'
- B안: '명확하게 전달하고 다르게 표현합니다. 브랜드와 대중을 잇는 디자인, 그리고 하윤만의 감각을 기록합니다.'

2. 인스타그램 해시태그 규칙과 예시
규칙
- 메인 키워드(3~4개): 디자인 영역과 직결, 항상 고정 사용
- 니치 키워드(3~4개): 프로젝트 성격 및 스타일별로 변주
- 브랜디드 키워드(1~2개): 하윤 님 고유 태그를 지속적으로 사용해 아카이빙
- 총 8~10개 유지, 해시태그는 본문이 아닌 첫 댓글에 배치

A안 예시
- 메인 키워드: #그래픽디자인 #모션그래픽 #비주얼아트
- 니치 키워드: #아이돌비주얼 #트렌디컬러 #실험적디자인
- 브랜디드 키워드: #하윤디자인 #하윤아카이브

B안 예시
- 메인 키워드: #브랜딩디자인 #비주얼커뮤니케이션 #컬러연구
- 니치 키워드: #네온그래픽 #미니멀디자인 #포트폴리오작업
- 브랜디드 키워드: #하윤작업실 #하윤비주얼

이번에는 클라이언트 제안서에 쓸 나 자신을 소개하는 문구를 2안 만들어줘.

- A안: "저는 메시지를 단순하고 명확하게 시각화하는 그래픽 디자이너 하윤입니다. 브랜드가 전하고자 하는 핵심을 빠르게 파악하고 군더더기 없는 디자인으로 대중에게 전달합니다. 동시에 실험적인 시도를 통해 익숙한 경험 속에서도 새로운 시선을 제안합니다."
- B안: "그래픽 디자이너 하윤입니다. 저는 브랜드와 함께 고민하면서 명확한 메시지에 창의적인 감각을 더하는 디자인을 만듭니다. 단순히 작업물을 납품하는 디자이너가 아니라 클라이언트와 함께 성장할 수 있는 파트너가 되고자 합니다."

마지막으로 이메일 마지막에 들어갈 서명을 만들어줘. 나의 브랜드 메시지도 포함해 줘.

하윤 | Graphic Designer
'깔끔함에 실험을 더하다'

T. 010-××××-××××
E. yourname@email.com
Instagram. @yourid
Portfolio. www.yourportfolio.com

ⓞ 한눈에 정리

- 흩어져있는 자기소개, 작업 회고, 동료 피드백 등 '나'를 설명하는 모든 데이터를 챗GPT에 입력하여 나의 정체성을 관통하는 핵심 키워드와 포지셔닝 문장을 명확하게 도출합니다.
- 키워드를 바탕으로 컬러 팔레트, 톤앤매너, 슬로건 등 나를 상징하는 '브랜드 키트'를 생성해 나만의 시각적, 언어적 가이드라인을 구축하고 모든 채널에 일관된 이미지를 적용합니다.
- 브랜드 키트를 인스타그램, 클라이언트 제안서, 이메일 서명 등 다양한 방향으로 활용하여 잠재 고객에게 신뢰감을 주는 일관된 전문가 이미지를 구축합니다.

⊕ 활용 더하기

나만의 키워드와 브랜드 키트를 활용해 인스타그램 하이라이트 항목과 콘텐츠 계획까지 일관성 있게 정비하여 잠재 고객에게 뚜렷한 첫인상을 남기고 브랜드 아이덴티티를 각인시키는 공간으로 만들어보세요. 잘 정비된 인스타그램은 그 자체로 명함과 포트폴리오가 됩니다.

 **Episode #29** ◆ 챗GPT

N잡러가 되기 위한
장기적 비전 수립하기

💬 이런 고민이 있어요

안녕하세요. 저는 스타트업 마케터 수빈입니다. 마케팅 경력은 5년이 넘었지만, 사실 마음 한편에는 늘 '작가'라는 꿈을 품고 있습니다. 반복되는 업무에 지쳐 커리어의 방향이 막연해질 때마다 마케터로서의 삶과 작가로서의 꿈 사이에서 더욱 갈피를 잡기가 힘들어요.

주변에서는 "장기적으로 OKR(Objective and Key Results)을 세워라.", "만다라트 플래닝으로 비전을 구체화하라."와 같은 조언을 해 줍니다. 좋은 방법인 건 알지만, '작가 되기'라는 막연한 목표를 어떻게 수치화하고 실천해야 할지 모르겠어요.

결국 '5년 후, 10년 후에 나는 어떤 모습일까?'라는 질문 앞에서 답을 찾지 못한 채 시간만 흘러가는 것 같아요. 저는 '마케터'와 '작가'라는 두 가지 길 사이에서 균형을 잡고 '작가'라는 꿈을 향해 나아갈 구체적인 로드맵을 만들고 싶습니다. 제 비전을 좀 더 명확하게 실현할 수 있는 방법이 있을까요?

✓ 저는 이렇게 쓰고 있어요

소영: 수빈 님, 바쁜 일상 속에서 커리어의 방향성을 잃고 불안해하고 있는 것 같아요.

수빈: 맞아요. '작가'라는 꿈이 워낙 모호해서요. 어떻게 구체적인 실행 계획을 세울지 엄두가 나지 않아요.

소영: 걱정하지 마세요. 챗GPT는 막연한 꿈을 구체적인 로드맵으로 만들어주는 훌륭한 파트너가 되어줍니다. AI와 함께라면 목표 설정뿐만 아니라 꾸준히 실행하고 관리하는 과정을 훨씬 쉽고 체계적으로 진행할 수 있답니다. 제가 실제로 커리어 코칭과 자기 계발 과정에서 활용했던, 챗GPT로 비전을 구체화하고 실행력을 높이는 몇 가지 해결 방법을 함께 나눠볼게요.

⚠ 차근차근 고민을 해결해요

만다라트 플래닝으로 아이디어 구체화하기

　만다라트 플래닝(Mandalart Planning)은 '생각을 확장하고 구체화하는' 매우 효과적인 방법입니다. 머릿속에만 있던 막연한 비전을 챗GPT와 함께 시각적인 구조로 만들어보세요. 3×3 핵심 목표를 중심으로 주변 8개의 아이디어를 채워 넣으면서 '마케터'와 '작가'라는 두 가지 목표를 달성하기 위한 구체적인 실행 방안을 설계할 수 있습니다. 챗GPT에게 다음과 같이 요청해 나만의 만다라트 플래닝 툴을 직접 만들고 작성까지 시작해 보세요.

만다라트 플래닝을 작성하고 이미지로 내보내기까지 가능한 HTML 페이지 코드를 만들어줘.
페이지 중앙에 3×3 구조의 그리드를 두고 각 셀에 텍스트를 입력할 거야. 가운데 셀은 핵심 목표, 주변 8개 셀은 세부 목표로 표시해 줘.
완성된 만다라트 플래닝을 PNG 이미지 파일로 저장할 수 있는 '이미지로 저장' 버튼을 포함해 줘.

</> 만다라트 플래너 (오프라인 · Png 내보내기 단일 파일)

오프라인에서도 바로 쓸 수 있는 단일 HTML 파일로 만들어 캔버스에 올려뒀어요. 그대로 저장해서 더블클릭하면 됩니다.

캔버스에 작성된 코드를 실행하려면 오른쪽 위에 있는 '다운로드' 버튼(⬇)을 클릭해 HTML 파일을 다운로드합니다.

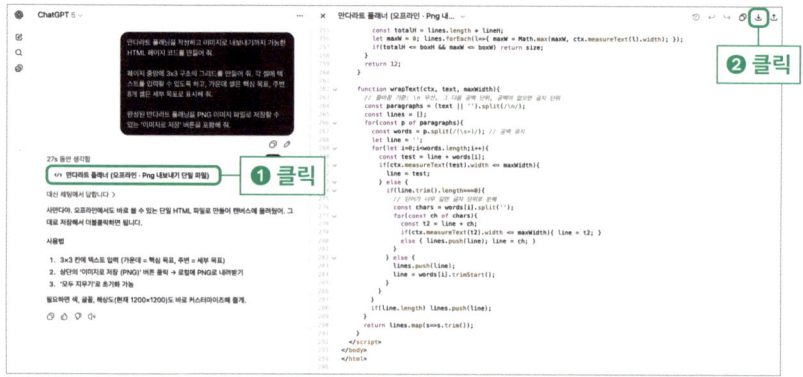

다운로드한 HTML 파일을 실행합니다. 만다라트 양식의 각 칸에 원하는 내용을 입력한 후 '이미지로 저장 (PNG)' 버튼을 클릭해 만다라트를 이미지로 저장할 수 있습니다.

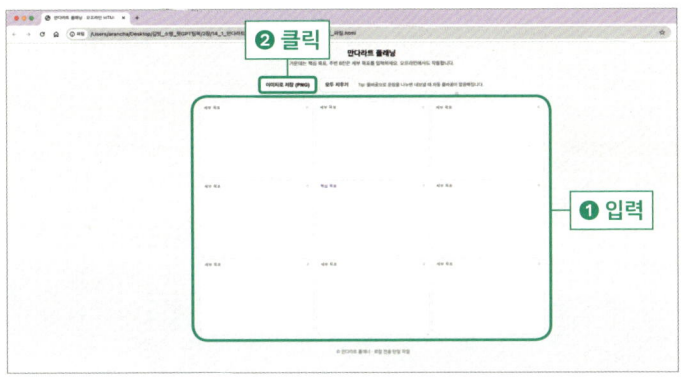

Tip '이미지로 저장(PNG)' 버튼을 클릭했는데 동작이 되지 않는다면 챗GPT에게 '버튼을 클릭해도 이미지 저장이 안 되니 코드를 수정해 줘.'라고 요청하세요.

만다라트를 어떻게 작성해야 할지 모르겠다면 챗GPT에게 작성 예시를 요청할 수도 있습니다. 이어서 다음과 같은 프롬프트를 입력합니다.

'5년 후 마케터의 전문성을 갖춘 작가 되기'라는 목표를 9×9 만다라트 플래닝 형식으로 작성해 줘.
가운데 핵심 목표는 '마케터이자 작가로서 성장하기'로 하고 그 주변에 8개 세부 목표를 설정한 후 각 세부 목표마다 8개의 실행 과제를 채워줘.
자바스크립트를 사용하지 않고 모든 셀 내용을 포함한 정적 HTML 표 형태로 만들어서 다운로드할 수 있는 HTML 파일로 제공해 줘.
표는 3×3 블록 사이 경계선은 두껍게, 중앙의 핵심 목표 셀과 세부 목표 셀은 배경색으로 구분해 줘.

완성된 정적 HTML 표를 다운로드하세요.
mandalart_marketer_writer.html

가운데 핵심 목표는 '마케터이자 작가로서 성장하기'로 채워두었고 주변 8칸에 세부 목표와 확장 실행안도 적어두었어요. 파일을 더블클릭해 웹 브라우저에서 확인하세요.

> **Tip** 여기서 '자바스크립트 없이 정적 HTML'로 요청한 이유는 초보자도 다운로드한 후 웹 브라우저에서 간편하게 바로 열어볼 수 있도록 하기 위해서입니다. 자바스크립트를 넣으면 복잡한 실행 과정이 필요할 수 있습니다.

HTML 파일을 다운로드한 후 웹 브라우저에서 열면 다음과 같이 만다라트 예시를 확인할 수 있습니다.

> **Tip** 특별히 원하는 만다라트 양식이 있다면 이미지로 첨부한 후 HTML 페이지 생성을 요청해 보세요. 해당 이미지 속 만다라트 디자인을 참조하여 코드를 작성합니다.

OKR 설정 및 월별 실행 로드맵 만들기

만다라트 플래닝으로 비전의 큰 그림을 그렸다면 이제 'OKR(Objective and Key Results)'을 활용해 구체적인 실행 계획을 세울 차례입니다. '마케터'와 '작가'라는 두 가지 목표를 균형 있게 달성하기 위해 챗GPT는 연간 목표를 분기별, 월별로 실행할 수 있는 단위로 세분화하고 각 단계별로 점검할 지표까지 제안해 줍니다. 이렇게 체계적인 로드맵을 만들면 막연했던 목표가 현실적인 할 일 목록으로 바뀝니다.

방금 만든 만다라트 플래닝의 '개인 브랜딩 강화'와 '글쓰기 실력 향상'이라는 세부 목표를 중심으로 2025년 하반기 OKR을 세워줘.

1. Objective(목표): 마케터이자 작가로서의 영향력 확장
2. Key Results(핵심 결과): 구체적인 수치로 측정할 수 있는 세 가지 결과 지표 (마케팅/작가 활동을 포괄하는 지표)
3. 월별 실행 로드맵: OKR 달성을 위한 7~12월까지의 구체적인 실행 계획을 표로 정리해 줘.

좋아요. 주어진 두 가지 세부 목표(개인 브랜드 강화, 글쓰기 실력 향상)를 축으로 2025년 하반기 OKR을 구성하면 이렇게 정리할 수 있습니다.

1. Objective(목표)
마케터이자 작가로서의 영향력 확장
→ 개인 브랜드를 강화하고 글쓰기 실력을 고도화하여 업계 안에서의 신뢰와 영향력 확대

2. Key Results(핵심 결과 지표)

- 브랜드 인지도 제고: 주요 SNS 채널(LinkedIn, Instagram) 팔로워 합계 + 30% 증가(예 5,000명 → 6,500명)
- 콘텐츠 반응 향상: 장·단문 콘텐츠 평균 인당 참여 반응(좋아요+댓글/조회) 5% 이상 달성
- 작가 활동 확장: 외부 기고 및 강연, 인터뷰 누적 6회 이상 진행 및 기록화
- 2025년 하반기 월별 실행 로드맵

월	개인 브랜딩 강화 활동	글쓰기 실력 향상 활동
7월	- 브랜드 핵심 메시지 재정리 - SNS 채널별 톤앤매너 통일 - 프로필·소개 페이지 업데이트	- 주 3편 글쓰기 드릴(500자) - 기존 콘텐츠 리라이팅 2편 - 글쓰기 피드백 세션 1회
8월	- 1개 플랫폼 집중 성장 캠페인 시작 - 인플루언서/업계 전문가 2명과 협업 콘텐츠 제작	- 주 4편 글쓰기 드릴(500자) - 장문 에세이 1편 작성·발행 - 스토리텔링 기법 실습
9월	- 팔로워 참여형 이벤트(질문·투표) 진행 - 외부 미디어 인터뷰 1회	- 주 4편 글쓰기 드릴 - 시리즈 글 3편 작성 - 피드백 루프(멘토·동료) 운영
10월	- SNS 광고·리타게팅 테스트 - 브랜드 연계 오프라인 모임 개최 ↓	- 주 5편 글쓰기 드릴 - 콘텐츠 포맷 실험(카드뉴스, 칼럼) - 에세이 1편 출판 준비

중략

    챗GPT가 생성한 만다라트나 OKR은 막막했던 목표 설정에 훌륭한 '뼈대'를 제공합니다. 목표를 구체적으로 나누고 실행할 수 있는 단계로 쪼개는 전체적인 '구조'는 신뢰할 수 있습니다. 하지만 '주 1회 블로그 포스트 발행', '마케팅 관련 프로젝트 2개 참여'와 같은 구체적인 '내용'에 사용자의 실제 상황과 역량, 그리고 시간 배분 계획까지 반영할 수는 없습니다. 따라서 챗GPT의 결과물을 훌륭한 초안이라고 생각하고 본인의 현실 상황에 맞게 구체적인 수치나 내용을 직접 수정해야 합니다. AI가 제공하는 논리적 구조에 나만의 디테일을 더하는 것, 이것이 바로 AI와 협

업하여 계획을 더욱 현실적으로 만드는 핵심입니다.

자, 막연했던 '마케터이자 작가'라는 꿈이 만다라트와 OKR을 거치면서 현실적인 목표로 다가오나요? 막연한 목표에 구체적인 뼈대를 세웠다는 것만으로도 이미 크게 진전한 거예요. 그런데 이렇게 계획을 세워도 혼자 꾸준히 나아가는 게 쉽지는 않습니다. 이번에는 챗GPT로 수빈 님의 로드맵을 하나의 강력한 '스토리'로 만들어 동기를 부여하고 매일매일의 성장을 기록하며 지치지 않게 해 주는 성장 일지를 만들어봅시다.

챗GPT로 비전 내러티브와 성장 일지 만들기

만다라트와 OKR이 길을 안내하는 '지도'라면 비전 내러티브는 '왜 이 길을 걷고 있는지'를 상기시키는 나만의 스토리가 됩니다. 챗GPT는 깊이 있는 질문을 던져 스스로 비전 내러티브를 완성할 수 있도록 돕는 '커리어 코치' 역할을 해 줍니다. 이 과정을 통해 만들어진 이야기는 나만의 강력한 동기 부여 엔진이 되어줍니다.

> 내가 스스로 비전 내러티브를 작성할 수 있도록 나에게 다음 질문을 하나씩 던져줘. 내가 답변하면 그 내용을 바탕으로 다음 질문을 이어 나가 줘.
>
> - 지금까지 쌓아온 경험 중 앞으로 나아가려고 하는 길에서 가장 큰 강점이 될 만한 것은 무엇인가요?
> - 당신의 전문성과 역량을 통해 궁극적으로 세상에 어떤 긍정적인 가치를 제공하고 싶나요?
> - 현재의 모습과 5년 후의 꿈꾸는 모습이 어떻게 조화를 이룰 것 같나요?
> - 최종적으로 어떤 사람으로 기억되고 싶나요?

| 좋아요. 그러면 첫 번째 질문부터 시작할게요.

Q1. 지금까지 쌓아온 경험 중 앞으로 나아가려고 하는 길에서 가장 큰 강점이 될 만한 것은 무엇인가요?

마케터로서 쌓아온 '브랜드를 설계하는 분석력'과 '독자(소비자)의 마음을 읽는 감각'입니다. 특히 캠페인을 통해 얻은 시장 트렌드에 대한 이해가 글의 주제를 날카롭게 만드는 데 큰 도움이 될 것 같아요. |

 | 좋아요. 그 강점이 앞으로의 비전에서 중요한 토대가 될 수 있겠네요. 그러면 다음 질문으로 넘어갑니다.

Q2. 당신의 전문성과 역량을 통해 궁극적으로 세상에 어떤 긍정적인 가치를 제공하고 싶나요?

단순히 흥미로운 이야기가 아닌 사람들의 행동을 움직이는 설득력 있는 메시지를 전달하고 싶습니다. 마케팅의 전략과 사고를 글쓰기에 접목해서 제 글이 세상에 긍정적인 변화를 일으키는 가치를 만들어내고 싶어요. |

 | 좋아요. 메시지와 전략을 결합해 변화를 이끄는 비전을 품고 있군요. 그러면 이어서 세 번째 질문입니다.

Q3. 현재의 모습과 5년 후 꿈꾸는 모습이 어떻게 조화를 이룰 것 같나요?

마케팅은 저의 이야기에 '전략'을 더해주고 글쓰기는 저의 마케팅에 '영향'을 더하는 방식으로 서로 조화를 이룰 것 같습니다. 하나의 경험이 다른 분야의 깊이를 더해주는 선순환을 만들어낼 거예요.

 아주 인상적인 조화네요. 전략과 영향이 서로를 북돋우는 선순환이라니 비전의 핵심을 잘 드러내고 있어요. 그러면 마지막 질문입니다.

Q4. 최종적으로 어떤 사람으로 기억되고 싶나요?

브랜드를 설계하고 독자의 마음을 읽는 마케터이자, 동시에 이야기를 설득력 있게 전하는 작가로 기억되고 싶습니다. 마케팅과 글쓰기를 융합해 사람들에게 의미 있는 메시지를 전한 사람으로 남고 싶어요.

 좋아요. 이제 네 가지 답변을 하나로 엮어서 당신만의 비전 내러티브를 정리해 드릴게요.

비전 내러티브

저는 마케터로서 쌓아온 브랜드 설계의 분석력과 독자의 마음을 읽는 감각을 기반으로 시장 트렌드에 대한 깊은 이해를 글쓰기에 녹여냅니다.
이 분석과 감각은 단순히 흥미로운 글을 쓰는 데 그치지 않고 사람들의 행동을 움직이는 설득력 있는 메시지를 전달하는 데 쓰입니다.

현재 저는 마케터의 전략적 사고와 글쓰기의 영향력이 서로를 북돋우는 선순환을 만들어가고 있습니다. 5년 후 이 두 영역은 완벽히 융합되어 더 깊고 넓은 영향력을 발휘하게 될 것입니다.

결국 저는 브랜드를 설계하고 독자의 마음을 읽는 마케터인 동시에 이야기를 설득력 있게 전하는 작가로 기억되려고 합니다. 마케팅과 글쓰기를 융합해 의미 있는 메시지를 전한 사람이 되는 것이 저의 비전입니다.

챗GPT로 회고 루틴 구축하기

매월, 또는 분기별로 OKR 목표가 담긴 파일을 업로드하고 이번 달 OKR은 잘 달성되었나?, 다음 분기에는 어떤 부분을 보완해야 할까?와 같은 질문을 던져보세요. 챗GPT는 과거의 기록을 바탕으로 객관적인 피드백을 제공하고 다음 목표를 설정하는 데 도움을 줍니다. 우선 OKR 목표, 월별 성장 일지, 진행한 프로젝트 목록 등 한 달 또는 한 분기 동안의 성과와 기록이 담긴 파일을 PDF, TXT, 엑셀(XLSX, XLS) 등 분석할 수 있는 형태로 정리해 프롬프트창에 업로드합니다.

> OKR 목표와 성과 기록 파일을 첨부한 후
> 첨부된 파일은 지난 9월 동안의 OKR 목표와 실행 기록이야. 너는 이 기록을 바탕으로 나에게 객관적인 피드백을 제공하고 다음 10월 목표 설정을 돕는 커리어 코치 역할을 맡을 거야. 다음 순서대로 회고를 진행해 줘.
>
> 1. **성과 분석**: 목표 대비 주요 성과와 미흡했던 부분을 구체적인 근거와 함께 분석해 줘.
> 2. **강점 및 보완점**: 이 기록을 통해 나의 강점은 무엇이고 앞으로 보완해야 할 점은 무엇인지 인사이트를 제공해 줘.
> 3. **다음 목표 제안**: 지난 기록과 나의 목표(마케터이자 작가)를 고려해 다음 {{기간: 예시) 9월}}에 집중할 만한 목표와 실행 방안을 세 가지 제안해 줘.

1. 성과 분석
목표 대비 주요 성과
- **마케팅 영역**: 신규 캠페인 제안서 초안 80% 완성, 내부 브레인스토밍까지 진행. 주제와 방향성 설정에서 AI 리서치 툴을 효과적으로 활용하여 논리적 구조를 완성한 점이 강점
- **글쓰기 영역**: 블로그 주 1회 발행 목표(4회 중 3회 달성). 《콘텐츠 마케팅의 3가지 법칙》 글이 공유 50회, 댓글 15개로 높은 반응을 얻으면서 마케터 경험이 콘텐츠 설득력 강화로 이어짐

미흡했던 부분
- **목표 완성도**: 마케팅 OKR은 80%에서 마무리, 글쓰기 OKR은 한 번 누락. 특히 3주 차 긴급 프로젝트로 인한 시간 관리 부재가 원인
- **병행의 어려움**: 마케팅과 글쓰기를 완벽하게 병행하다 피로 누적 및 목표 미달. 시간 및 에너지 배분 계획의 구체성이 부족
- **실행 후속 조치**: 제안서 초안 이후 발표 계획이나 마감 일정 관리가 명확히 기록되지 않음 [중략]

⭐ 한눈에 정리

- 챗GPT를 활용해 만다라트 플래닝, OKR 등 앞으로의 커리어 방향성을 다듬기 위한 체계적인 로드맵을 구축합니다.
- 만다라트 플래닝으로 비전을 구체적인 아이디어로 확장하고 시각적인 목표 구조를 만듭니다.
- OKR을 활용해 연간 목표를 월별로 실행할 수 있는 단계로 세분화하고 구체적인 지표를 설정하여 실행력을 높입니다.
- 챗GPT의 코칭을 받아 비전 내러티브를 스스로 완성합니다. 목표를 향한 여정의 동기를 잃지 않고 나아갈 강력한 자기만의 스토리를 만들 수 있습니다.
- OKR 목표는 주기를 정해 챗GPT와 함께 회고하고 피드백을 받습니다.

➕ 활용 더하기

원하는 미래의 모습을 미리 상상해 구체적으로 묘사해달라고 챗GPT에게 요청하면 생생한 미래 일기를 작성해 줍니다. 예를 들어 지금부터 나는 5년 후의 내가 되어 하루를 회고하는 형식의 일기를 작성하려고 해. 현재 이루고 싶은 목표는 [목표]이고, 나는 이 목표를 달성해서 [5년 뒤 자신의 바람직한 상태]를 이루었어. 내가 하루 동안 경험한 업무, 만난 사람, 느낀 감정 등을 구체적으로 담아서 마치 실제 있었던 하루처럼 실감 나게 일기를 작성해 줘.라고 프롬프트를 입력해 보세요. 이를 통해 장기 비전을 더욱 실감나고 명확하게 설정하고 목표 달성을 위한 동기 부여와 지속성을 높일 수 있습니다.

Episode #30　　　　　　　　　　　　　　　　♦ 챗GPT

팀원의 성장과 역량을 이끌어주는 리더 되기

 이런 고민이 있어요

　안녕하세요. 저는 마케팅팀 신임 팀장 도현입니다. 승진 후 새로운 캠페인과 보고서를 준비하면서 동시에 팀원들과 꾸준히 소통하며 성장하려고 하니 하루가 눈코 뜰 새 없이 바쁩니다.

　마음 같아서는 각 팀원의 강점과 목표를 정확히 파악해서 한 명 한 명 맞춤형 피드백과 성장 로드맵을 주고 싶지만, 현실은 긴급한 업무와 일정에 쫓겨 여유가 없습니다. 점심시간을 활용한 '런치 앤 런(Lunch & Learn)' 같은 교육과 소통 프로그램도 시도해 보려고 했지만, 어떤 콘텐츠로 운영해야 할지 감이 잡히지 않더라고요. 그리고 팀원들 간에 선후배 멘토-멘티 관계를 만들고 싶다는 생각도 해 봤는데, 누구를 어떻게 매칭해야 자연스럽고 효과적일지 확신이 없어 선뜻 시작하기가 어렵습니다.

　팀원들의 성장을 돕고 역량을 키워주는 것이 저의 가장 중요한 역할이라고 생각하지만, 매일 쏟아지는 업무 속에서 구체적으로 무엇부터 어떻게 시작해야 할지 고민 중입니다. 이상적인 마케팅팀을 만들기 위해 지금 당장 실천할 수 있는 현실적이고 효율적인 방법이 필요합니다.

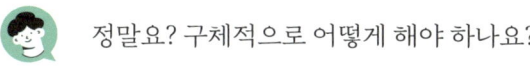

소영: 새로운 리더가 되면 팀원들을 위해 할 일이 많죠. 챗GPT를 도현 님만의 든든한 '멘토십 도구'로 활용하면 많은 시간을 절약하면서도 팀원들에게 맞춤형 지원을 제공할 수 있어요.

도현: 정말요? 구체적으로 어떻게 해야 하나요?

소영: 지식 공유 세미나 기획부터 최적의 멘토-멘티 매칭, 팀원 개개인을 위한 맞춤형 성장 피드백까지 크게 세 가지 방식으로 나눠 살펴볼게요.

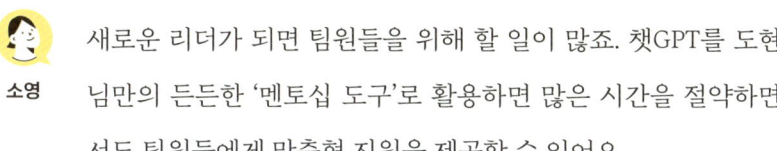

챗GPT로 '런치 앤 런' 세미나 기획하기

바쁜 업무 시간 중에도 팀원들의 성장을 돕고 싶다면 점심시간을 활용해 가볍게 지식을 나누는 '런치 앤 런(Lunch & Learn)' 세미나를 기획해 보세요. 챗GPT를 활용하면 혼자서도 주제 선정부터 세션 초안까지 빠르게 만들 수 있습니다. 먼저 챗GPT와 함께 팀원들이 흥미를 가질 만한 최신 트렌드나 실무 주제를 브레인스토밍하고 세미나 주제를 추천받아 보세요. 다양한 관점의 주제를 준비하면 팀원들의 참여율을 높이는 데 큰 도움이 됩니다.

> 나는 마케팅팀 팀장이야. 다음 달 팀원들과 함께할 런치 세미나 주제 다섯 가지를 추천해 줘. 최근 우리 팀이 데이터 분석 역량을 강화하고 신입 팀원들이 콘텐츠 기획에 어려움을 겪고 있다는 점을 고려해 줘. 참여자는 2~5년 차 실무자들로 구성되어 있어. 세미나 후에는 팀원들이 실무에 바로 적용할 아이디어를 얻었으면 좋겠어.

다음 달 현재 세미나 주제로, 데이터 분석 역량 강화와 콘텐츠 기획 난항이라는 팀 상황을 반영해 다음 다섯 가지를 추천할게요. 모두 2~5년 차 실무자가 바로 실무에 직접 적용할 수 있는 아이템입니다.

1. 데이터 기반 콘텐츠 아이디어 발굴
- **목적**: 단순한 감이 아니라 데이터로 기획의 방향성을 설정하는 방법 습득
- **내용**: 검색 트렌드, 소셜 리스닝, 웹 분석 데이터를 활용해 주제 후보를 도출하고 검증하는 프로세스 실습
- **즉시 적용 포인트**: 팀에서 사용하는 데이터 툴로 1~2개월 안에 기획할 초안까지 작성

2. 퍼널 분석으로 보는 콘텐츠 성과 진단
- **목적**: 제작한 콘텐츠가 고객 여정에서 어떤 역할을 했는지 분석하는 능력 강화
- **내용**: 노출>클릭>전환까지의 퍼널 데이터를 시각화하고 병목 구간 발견과 소개
- **즉시 적용 포인트**: 지난달 캠페인 성과를 각자 퍼널 차트로 분석해 개선 아이디어 제안 [중략]

> **Tip** 챗GPT가 좀 더 구체적이고 팀에 딱 맞는 세미나 주제를 제안하도록 만들려면 우리 팀의 '맥락(Context)'을 추가해 주는 것이 중요합니다.

선정된 주제를 바탕으로 챗GPT에게 30분 분량의 세미나 진행 초안을 요청하세요. 인트로, 핵심 사례, 실습, Q&A로 구성된 구체적인 개요를 받으면 별도의 자료 준비 없이도 알찬 세미나를 진행할 수 있습니다. 사례를 수집할 때는 프롬프트 입력창에서 심층 리서치를 활성화합니다. 챗GPT가 리서치 범위를 물어보면 원하는 범주를 답변합니다.

심층 리서치를 활성화하고

'AI 도구를 활용한 콘텐츠 아이디어 확장'을 주제로 30분짜리 런치 세미나를 진행하려고 해. 다음과 같은 순서로 세션 초안을 만들려고 하는데, 두 가지 핵심 사례를 리서치해 줘. 분량은 다음과 같이 부탁해.

- 인트로(5분): 주제 소개 및 흥미 유발
- 핵심 사례(15분): 두 가지 성공적인 사례 분석
- 실습(5분): 우리 팀에 적용할 아이디어 브레인스토밍
- Q&A(5분): 질의응답 및 토론

어떤 산업이나 콘텐츠 유형에 초점을 맞춰 성공 사례를 찾을까요? 예를 들어 마케팅, 뉴스레터, 소셜미디어, 교육, 브랜딩 등 특정 분야가 있을까요? 또한 국내 사례도 포함되기를 원하나요, 아니면 글로벌 사례 위주로 찾을까요?

마케팅 사례가 필요하고 국내 위주로 찾아줘.

잠시 기다리면

국내 마케팅 분야에서 AI 도구를 활용해 콘텐츠 아이디어를 성공적으로 확장한 두 가지 사례를 정리했습니다. 사례별로 어떤 AI 도구를 활용했고, 어떤 방식으로 마케팅 콘텐츠에 적용했으며, 그 결과 어떤 성과를 냈는지를 중심으로 정리했습니다.

챗GPT로 '멘토-멘티' 매칭하기

팀원들이 서로에게 배우며 성장하는 문화를 만들고 싶지만, 누가 누구와 잘 맞을지 고민이라면 챗GPT에게 도움을 받아보세요. 챗GPT는 팀원들의 강점과 배우고 싶은 점을 분석해 최적의 멘토-멘티 관계를 추천해 줍니다. 먼저 팀원들에게 멘토링을 받고 싶은 주제와 멘토로서 제공할 수 있는 분야를 설문으로 받습니다. 이 데이터를 챗GPT에 입력할 수 있는 엑셀 파일 등의 형태로 정리해 첨부합니다.

팀원들의 자료를 첨부하고

마케팅팀 팀장으로서 팀원들의 성장을 돕는 멘토링 프로그램을 만들고 싶은데, 누가 누구와 잘 맞을지 고민이 많아. 첨부는 우리 팀원들의 멘토링 희망 주제와 멘토로서의 강점을 정리한 데이터야.

1. 이 데이터를 분석해서 팀원들이 서로에게 가장 많이 배울 수 있는 '최적의 멘토-멘티' 5쌍을 추천해 줘.
2. 매칭이 어려운 경우 그 이유와 함께 대안도 제시해 주면 좋겠어.
3. 추천 이유를 멘토와 멘티의 연결점을 중심으로 2~3줄로 구체적으로 설명해 줘.

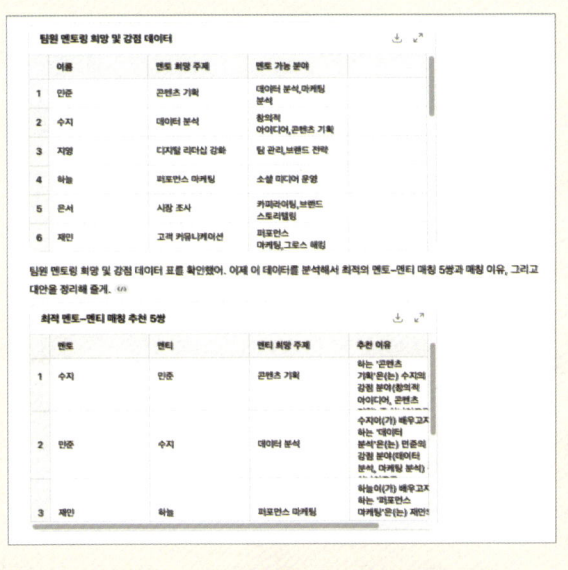

중략

317

답변 속 표에서 오른쪽 위에 있는 '확장' 버튼(⬈)을 클릭하면 다음과 같이 상세하게 확인할 수 있습니다.

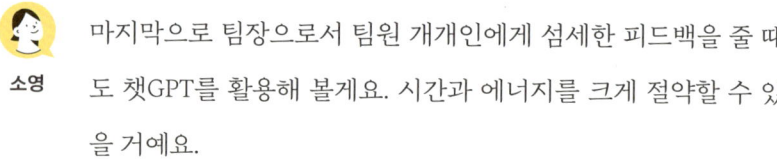

소영 마지막으로 팀장으로서 팀원 개개인에게 섬세한 피드백을 줄 때도 챗GPT를 활용해 볼게요. 시간과 에너지를 크게 절약할 수 있을 거예요.

도현 자칫 딱딱하고 형식적인 내용이 되진 않을까요?

소영 챗GPT는 팀원의 성과 데이터나 목표를 바탕으로 피드백 초안을 만들어주는 보조 도구일 뿐이에요. 중요한 건 초안에 팀장의 시각을 더해 내용을 보완하고 1대1 미팅을 통해 진솔하게 대화하는 과정입니다. AI는 효율성을 높여주는 도구가 되고 도현 님은 팀원과의 관계를 강화하는 진정한 리더십을 발휘할 수 있습니다.

챗GPT로 팀원별 맞춤형 피드백 생성하기

팀원에게 건설적이면서도 동기 부여가 되는 피드백을 전달하고 싶지만, 바쁜 업무에 치여 고민할 시간이 부족하다면 챗GPT의 도움을 받아 보세요. 팀원의 성과 데이터를 입력하면 긍정적인 평가와 함께 구체적인 성장 제안을 담은 피드백 초안을 빠르게 만들어줍니다. 여기에 팀장님의 통찰력과 따뜻한 격려를 덧붙인다면 효율적이면서도 진심이 담긴 피드백을 전달할 수 있습니다.

먼저 팀원들의 최근 성과, 도전 과제, 목표 등을 정리해 챗GPT에 입력합니다. 팀원과의 1대1 면담 내용을 요약하거나 목표 달성 여부를 기록한 자료를 활용해 보세요. 피드백은 '강점 → 개선 제안 → 격려' 순서로 구성하면 효과적입니다. 먼저 잘한 점을 구체적으로 짚어주고 이어서 개선이 필요한 부분을 명확하게 제안한 후 마지막에는 앞으로의 성장을 응원하는 메시지를 더하면 팀원이 이를 수용하고 실행에 옮길 가능성이 더욱 높아집니다.

팀장으로서 팀원 '민준'의 최근 성과에 대해 피드백을 작성하려고 해. 다음은 민준 님의 3개월 성과와 목표에 대한 요약 데이터야.
- **성과**: 지난 분기 캠페인에서 데이터 분석을 통해 타깃 고객을 10% 더 확장함
- **도전 과제**: 새로운 콘텐츠 기획에 참여했으나 초반 아이디어 구상 단계에서 어려움을 겪음
- **목표**: 앞으로 3개월간 콘텐츠 기획 역량을 강화해 보고 싶어 함

이 데이터를 바탕으로 다음 내용을 포함한 피드백 초안을 작성해 줘.
- 민준 님의 성과에 대한 구체적이고 긍정적인 평가
- 콘텐츠 기획 역량 강화를 위한 건설적인 두 가지 제안
- 팀장으로서의 격려와 앞으로의 기대를 담은 마무리

민준 님, 지난 분기 캠페인에서 데이터 분석을 통해 타깃 고객을 10% 확장한 성과는 매우 인상적이었습니다. 특히 세부 데이터를 기반으로 고객 세그먼트를 재정의한 과정이 캠페인 성과에 직접적으로 기여했다고 판단됩니다. 앞으로 목표로 삼은 콘텐츠 기획 역량 강화를 위해 다음 두 가지 의견을 제안합니다.

1. **아이디어 발산 훈련**: 주 1회 30분 정도 특정 주제를 두고 가능한 한 많은 아이디어를 도출하는 '브레인스토밍 세션'에 참여해 보시기를 권합니다. 완성도를 따지지 않고 양을 늘리는 경험이 창의적 발상을 넓히는 데 도움이 될 것입니다.
2. **우수 사례 분석**: 국내외 성공적인 콘텐츠 캠페인 3~5건을 선정하여 기획 의도, 스토리 구조, 비주얼 콘셉트를 분석하고 이를 기반으로 새로운 기획안을 작성해 보는 연습을 권합니다.

이번 목표를 통해 기획과 창의성 영역까지 폭을 넓히신다면 팀 안에서 핵심 멀티 플레이어로 성장하실 수 있으리라 믿습니다.

⭐ 한눈에 정리

- 챗GPT로 런치 앤 런(Lunch & Learn) 세미나의 주제 선정부터 세션 초안까지 빠르게 기획합니다. 바쁜 일정 속에서도 팀원 교육과 교류를 이어갈 수 있습니다.
- 팀원들의 멘토링 희망 주제와 개인별 강점을 데이터로 정리해 챗GPT에 입력하고 최적의 멘토-멘티 조합을 통해 효과적인 관계 형성을 돕습니다.
- 팀원 개개인의 성과와 목표를 바탕으로 챗GPT가 작성한 '맞춤형 피드백 초안'을 활용해 짧은 시간 안에 구체적이면서도 진심이 담긴 피드백을 전달합니다.

➕ 활용 더하기

- 프로젝트 기능을 활용해 팀원별 성과 데이터 파일, 면담 기록, 목표 등을 한 번 업로드해 두면 이후에도 대화 맥락이 유지되어 피드백과 성장 관리의 효율성이 크게 향상됩니다.
- 신임 팀장이라면 'Team Icebreaker Facilitator' 같이 아이스브레이킹 질문을 추천해 주는 맞춤형 GPT를 활용해 보세요. 대화 목적(관계 형성, 취미 공유, 업무 스타일 파악 등)을 입력하면 질문 리스트나 대화 주제를 제안해 줍니다.